HEYNE<

GREGOR DOLAK

Anna Netrebko

Opernstar der neuen Generation

WILHELM HEYNE VERLAG
MÜNCHEN

Umwelthinweis:
Dieses Buch wurde auf chlor- und säurefreiem Papier gedruckt.

Taschenbuchausgabe 03/2006
Copyright © 2006
by Wilhelm Heyne Verlag, München,
in der Verlagsgruppe Random House GmbH
Printed in Germany 2006
Umschlaggestaltung: Hauptmann & Kompanie Werbeagentur, München - Zürich
Umschlagfoto: Peter Rigaud
Satz: C. Schaber Datentechnik, Wels
Druck und Bindung: GGP Media GmbH, Pößneck
ISBN-10: 3-453-64020-9
ISBN-13: 978-3-453-64020-7
http://www.heyne.de

*Für das A und O meines Lebens:
Gewidmet meiner lieben Frau Alex
und unserem kleinen Sohn Oskar*

Inhalt

Ouvertüre: Prima Donna Anna   11
Oper einer Wunderstimme in neun Akten und drei Pausen

I. Akt   Zweimal im Jahr Geburtstag   17
*Als Kind in der südrussischen Provinz pflegt Anna eine ausufernde
Phantasie. Sie schreibt Romane, inszeniert Theaterstücke,
träumt von einer Zukunft als Prinzessin, Malerin, Akrobatin –
nur nicht als Sängerin*

II. Akt   Oper-estroika   41
*Die Sowjetunion geht zugrunde, Annas Aufstieg fängt gerade
erst an. Statt des russischen Traums erwartet sie in Leningrad der
Albtraum des Verfalls. Vor dem harten Alltag flüchtet die
Gesangsschülerin in die heile Welt der Oper*

Bester Stimmung   51
*Opernführer für die Pause: kleines Einmaleins aus
Operngeschichte, Werkekanon und Gesangslehre. Und: Worin
liegt die Einzigartigkeit der Netrebko-Stimme?*

III. Akt   Tonleiter nach oben   71

Am Konservatorium durchläuft Anna Netrebko die harte russische Schule des Gesangs. Sie übt wie besessen, auch mit unkonventionellen Methoden. Und hat im entscheidenden Moment das Glück des Tüchtigen

Invasion der schönen Russinnen   87

Blick hinter die Kulissen des Mariinskij-Theaters: Wie die weltweit erfolgreichste Exportfabrik für neue Spitzenstimmen funktioniert

IV. Akt   Schwerstarbeit im Akkord   101

Unaufhaltsam baut die neue Primadonna ihre Karriere auf. Russland erobert sie im Handstreich, die USA rollt sie von West nach Ost auf. Kurz vor dem Höhepunkt aber schlägt das Schicksal zu: Annas Mutter stirbt an Krebs

Die drei Sopranistinnen   121

Idol, Rollenmodell, Mentorin: Wie sich Anna Netrebko an den legendären Primadonnen Maria Callas, Mirella Freni und Renata Scotto orientiert

V. Akt   West-östliche Diva   137

Crescendo bei den Salzburger Festspielen: In Mozarts »Don Giovanni« gelingt Anna der triumphale Durchbruch auf internationalem Parkett. Dabei hätte sie ihre große Chance beinahe verpasst

VI. Akt Himmel voller Gagen 159

Weltkarriere im Fortissimo: Anna Netrebko, der Popstar der Oper. Rund um den Globus singt sie in den ersten Häusern, verkauft hunderttausende CDs und begeistert Millionen im Fernsehen. Die Musikgemeinde feiert die neue »Wunderstimme«

VII. Akt Strategie Superdiva 195

Agenten, Impresarios, Analysten: Mit Anna Netrebko fasst der Geist der Wall Street auf dem Opernparkett Fuß. Wie Management und Unterhaltungsindustrie das Goldkehlchen vermarkten

VIII. Akt Sex, Drogen & Bausparvertrag 209

Anna privat: Escada und Eskapaden – die Star-Sängerin feiert wild und shoppt exzessiv. Tief in der Party-Queen aber schlummern bürgerliche Träume: Eigentumswohnung und Ehe

IX. Akt La Traviata – Bewährungsprobe für die Kameliendame 227

Sommer 2005 in Salzburg: Die Erwartungen an Anna sind gewaltig. Doch die Sängerin hält stand

Da capo – Annas Zukunft, die Zukunft der Oper 233

Ein Interview über Entwicklungen im Musiktheater, Annas künftige Pläne und ihre geheimen Wünsche

Anhang 241

Was, wann, wo? – Rollendebüts der Anna Netrebko 241

Diskographie und Videographie 244

Bildnachweis 247

Register 252

Ouvertüre: Prima Donna Anna

Oper einer Wunderstimme in neun Akten und drei Pausen

Jede wirklich großartige Oper beginnt mit einer unwiderstehlichen Überraschung. Einem Kitzel für Augen und Ohren, für alle Sinne. Einem musikalischen Schlüsselreiz, der die (Ouver-)Türe zur Geschichte öffnet, den Zuschauer im Sog des Fortissimos in die Handlung zieht, packt und dort unweigerlich festhält. Einem Aufhorcher, Hingucker, Sesselfessler.

Mit genau einem solchen Paukenschlag betritt am 27. Juli 2002 die Sopranistin Anna Netrebko das internationale Opernparkett. Der jungen Russin gelingt an diesem Sommerabend das heiß ersehnte Vorspiel für ihre künftige Karriere – der große Durchbruch. Diese Premiere von Salzburg stellt ein Meisterwerk in sich selbst dar. Unvergesslicher Ohrenschmaus und Blickfang zugleich. Startpunkt für einen beispiellosen Aufstieg zum Sängerolymp.

Schon Stunden bevor sich der Vorhang hebt, drängt die Prominenz ins Theater. Erwartungsvolles Raunen füllt die Straßenschlucht vor dem Großen Festspielhaus. Damen in wogenden Roben nippen am Champagner. Mit ernsten Gesichtern debattieren Herren im Smoking das bevorstehende Ereignis. Handkuss hier, Bussi dort.

Allerdings hat niemand die Sängerin auf der Rechnung, die kurz darauf die Bühne der Opernwelt betritt, um sie so schnell nicht wieder zu verlassen. Vielmehr fiebern alle einem ganz anderen sängerischen Großereignis entgegen. Denn vor dem Auftakt der Festspiele hat die Plattenfirma Deutsche Grammophon ihre Neuentdeckung des Jahres meterhoch auf den Litfasssäulen entlang der sonnigen Salzburger Straßen plakatiert: Magdalena Kožená, eine Blonde mit bravouröser Stimme und schlankem Körper. Doch bis die junge Tschechin in Martin Kusejs Neuinszenierung von Mozarts »Don Giovanni« überhaupt ins Rampenlicht tritt, hat ihr längst die andere die Schau gestohlen. Nicht mal zwei Minuten, nachdem die dramatisch todessüchtige Ouvertüre des Dramas um den Frauenverführer Don Juan verklungen ist, steht sie da: Anna Netrebko, im schwarz-weiß-gelb konturierten Prada-Minikleid mit rosa Fransensaum. Und singt so makellos schön, so berückend eindringlich, spielt so mitreißend körperlich, dass sich viele im Parkett verwirrt anschauen.

Von Reihe 17 aus erlebe ich dieses umwerfende Debüt und beobachte, wie Annas Überraschungseffekt im Publikum einschlägt. Meine Sitznachbarn tuscheln und blättern im Besetzungszettel: Ist die Hübsche dort oben schon das angekündigte Ereignis? Keine Blonde – eine Schwarzhaarige? Nicht Magdalena Kožená, sondern die ... hm, Netrebko?

Als Bauernmagd Zerlina kommt die Kožená im »Don Giovanni« erst viel später dran. Zu spät, wie sich zeigt. Denn Anna Netrebko ist schon da. Den Zeugen der sich anbahnenden Sensation geht schon die erste Phrase von Giovannis Angebeteter Donna Anna unter die Haut, das die Russin mit vollem Körpereinsatz singt: »Non sperar, se non m'uccidi, / Ch'io ti lasci fuggir mai« (Hoffe nicht, wenn du mich nicht tötest, / dass ich dich je entkommen lasse).

Mit dieser Drohung und allem, was an diesem Abend folgt, wird Donna Anna Netrebko ihre Zuhörer nicht wieder loslassen. Diesem Timbre, diesem Klang, diesem Temperament kann sich das Publikum bei Leben und Tod nicht entziehen. Binnen weniger Stunden verwandelt sich die Unbekannte Anna in die neue

Primadonna La Netrebko. In jene Sängerin, die fortan Fans weltweit in ihren Bann ziehen wird, hunderttausende CDs und DVDs verkaufen, Millionen Zuschauer vor den Fernseher locken und eine in jeder Hinsicht steile Karriere schaffen wird. Zur bejubelten Superdiva fürs neue Jahrtausend. Zur Hoffnungsträgerin der darbenden Klassikindustrie. Zur singenden Königin der Klatschspalten.

Prima Donna Anna – in allen möglichen Bedeutungen, die diese Formulierung nach ihrem Debüt in Salzburg zulässt. »Die neue Callas«, jubeln die Feuilletons schon bald, berichten vom »Ohrgasmus im Liebes-Akt« und der »singenden Sexbombe«. Kräftig unterstützt von der Sängerin, die im Interview bekennt: »In meinen Träumen singe ich nackt.« Star-Dirigent Zubin Mehta, selbst ein anerkannter Frauenschwarm, erklärt öffentlich: »Anna verdient die ganze Aufmerksamkeit. Ich liebe sie – als Künstlerin.« Sexappeal allein erzeugt indes nicht eine solch gewaltige Flut an Ovationen. Anna Netrebko verfügt über mehr stimmliche Tiefe und darstellerisches Talent als die meisten ihrer Sängergeneration. Ihr Leben ist große Oper, für die ihr Salzburger Entree lediglich die Ouvertüre war.

Dabei fing nicht alles erst mit dem »Don Giovanni« an. Woher aber stammt die Wundersopranistin, die keinem ein Begriff war? Warum erobert ausgerechnet sie das breite Publikum und nicht Konkurrentinnen wie die Kožená? Welche Faktoren gehen in dieser Person eine wunderbare Verbindung ein, die ihre turbulente und wahrscheinlich noch lange anhaltende Erfolgsstory ermöglichen?

Erstaunlich schnell verengt sich der Blick der Medien auf bruchstückhafte Episoden: Im Mariinskij-Theater von St. Petersburg hat Anna – im Russischen korrekt »Anja« ausgesprochen – die Böden geschrubbt, bis sie dabei angeblich von Dirigent Valery Gergiev entdeckt wurde. Einen Modelwettbewerb soll sie gewonnen haben, mit Prinz Charles, Russlands Präsident Wladimir Putin und Rockstar Robbie Williams schon geflirtet haben. Die hippe Opernprinzessin mit der Aschenputtel-Vergangenheit.

All dies ist wahr, wenn auch nur zur Hälfte. Diese Fassade aus Gerüchten und Geschichten baut sie selbst auf, um dahinter mehr zu verstecken, als solche Anekdoten glauben machen: die Empfindlichkeit einer hoch talentierten, extrem ehrgeizigen Künstlerin, die der eigene Erfolg bisweilen ganz schön überfordert.

Mit Lust und Laune führt Madame Anna das Leben großer Pop-Diven wie Madonna oder Britney Spears. Sie leistet sich Kaprizen, kleine Affären, gerne auch Exzesse. Aber sie verfügt über größeres stimmliches Format als die meisten Chart-Königinnen. Die Seriosität ihrer Zunft verbindet sie mit der Leichtigkeit der Popkultur. Sie dreht Videoclips im Stil von MTV und singt zugleich halsbrecherisch schwere Partien auf der Opernbühne: Anna als Edelhure Violetta in Verdis »La Traviata«, Anna als Musetta in Puccinis »La Bohème«. Sie trainiert hart, verdient Spitzengagen und lässt es zur Entspannung richtig krachen. Auf ausgedehnter Shopping-Tour durch die Boutiquen, auf Sauftour durch Bars und Clubs.

Charmant erschließt Bella Anna dem Genre Oper neue Publikumsschichten, ohne dabei die alten zu vergrätzen. Auf der Bühne pflegt sie das anspruchsvolle italienische und russische Repertoire ebenso wie unbekümmerte Promenadenkonzerte im Sommer unter freiem Himmel. Alles, was leicht und luftig klingt, fällt ihr scheinbar leicht. Als nicht zu singen erscheinen der Sopranistin allenfalls Richard Wagners wuchtige Gesamtkunstwerke.

Keine Frage, diese Frau ist die große Chance fürs Musiktheater im neuen Millennium! Mit ihr scheinen die Erfolge der drei Tenöre Luciano Pavarotti, Plácido Domingo und José Carreras im Single-Format wiederholbar. Denn die Glaubwürdigkeit der seriösen Opernbühne verbindet sie mit Massen-Appeal für Stadien und Openair-Arenen.

Anna Netrebko – von der Putzfrau zum Topstar? Aber wie hat sie es so weit nach oben geschafft? Wie gelangte sie aus der südrussischen Provinz von Krasnodar an die Weltspitze? Um ein Haar hätte sie diesen Aufstieg verpasst. Ihre große Chance, den Auftritt bei den Salzburger Festspielen, wollte sie eigentlich absagen. Mit freundlichem Druck mussten ihre Entdecker sie zu ihrem (Karriere-)Glück praktisch zwingen.

Je gründlicher ich für dieses Buch Annas Biografie recherchierte, desto stärker fesselte mich der überdrehte Hype um ihre Person. Mich hat ihr engagierter Einsatz für die Kunstform Oper beeindruckt und gleichzeitig das florierende Geschäft mit dieser Sängerin fasziniert. Um ein großes journalistisches Porträt zu zeichnen, habe ich unbekannte Details aus Kindheit und Jugend, aus ihrer wilden Zeit in St. Petersburg und auf den Bühnen der Welt zusammengetragen, nach Hintergründen geforscht, Aussagen von Verwandten, Bekannten, Kollegen, Vertrauten eingeholt: Vater Jurij Netrebko beschreibt Annas frühe Talente. Mentor Gergiev schildert Entdeckung und Aufstieg des Wundersoprans. Ihr Manager Jeffrey Vanderveen offenbart seine geheime Vermarktungsstrategie. Ausführlich kommen Jugendfreundinnen, Kommilitonen, Gesangslehrer, Bühnenpartner, Dirigenten, Produzenten zu Wort – und natürlich Anna Netrebko selbst in einem langen Interview, das ich im Frühjahr 2004 mit ihr geführt habe.

Für ihre tatkräftige Hilfe bei dieser Arbeit danke ich meiner Moskauer Kollegin Irina Charitonowa. Sie hat mir unermüdlich Quellen in Russland erschlossen. Auch bei den Chefredakteuren des Nachrichtenmagazins »Focus«, Helmut Markwort und Uli Baur, möchte ich mich für ihre Unterstützung herzlich bedanken.

Das legendäre Theater der Maria Callas und des Enrico Caruso gehört einer zunehmend mythenverklärten Vergangenheit an.

Künftig dominieren coole Diven wie die Netrebko dieses Metier. Die Oper mit ihren Emotionen, ihren anrührenden Melodien und hinreißenden Geschichten von Liebe und Macht stirbt dabei aber nicht. Mag auch die Entertainment-Industrie ihre Spuren in dieser jahrhundertealten Kunstform hinterlassen, sie mit immer gewaltigeren Spektakeln in Kino und Fernsehen unter Druck setzen. Auf der Opernbühne tobt das wahre, echte Leben. Große menschliche Regungen können wir wie mit dem Vergrößerungsglas betrachten. Direkter, unmittelbarer als Cinemascope und Multiplex sie je zeigen.

Ein wahres Erlebnis, das sich niemand entgehen lassen sollte. Kennern der Materie möchte dieses Buch interessante Aspekte, aufschlussreiche Anekdoten, hintergründige Einblicke in die Karriere eines Spitzentalents in der Star-Maschinerie Oper liefern. Zugleich soll es Neulingen, denen die Welt von Mozart, Verdi & Co. wie ein Buch mit sieben Siegeln erscheint, die Geheimnisse des Musiktheaters entschlüsseln. Auf unterhaltsame Art möchte ich ihnen einige Grundbegriffe des Metiers erklären und die Entwicklung schöner Stimmen am Beispiel der charismatischen Sängerin aus Krasnodar beschreiben. Ein gut informierter Blick vor und hinter die Kulissen, ein Türöffner ins exotische Land der Arien, ein Wegweiser durch den Gefühlskosmos der Musik. Auf den Spuren von Donna Anna Netrebko.

Februar 2005   GREGOR DOLAK

I. Akt   Zweimal im Jahr Geburtstag

*Als Kind in der südrussischen Provinz pflegt Anna
eine ausufernde Phantasie. Sie schreibt Romane, inszeniert
Theaterstücke, träumt von einer Zukunft als Prinzessin,
Malerin, Akrobatin – nur nicht als Sängerin*

Aus welchem Grund würden Sie jemandem, der noch nie eine Oper von innen gesehen hat, empfehlen, das schleunigst nachzuholen?
ANNA NETREBKO: *(atmet tief durch)* Puh, das ist jetzt wichtig. *(Lange Pause)* Also, Oper ist eine große, riesige, tiefe Sache für deine Seele. Eine echte Herzensangelegenheit. Wenn du diese geheime Schachtel für dich öffnest, wird das dein Leben verändern. Unter Umständen wirft es dich völlig aus der Bahn. Die Musik wirbelt deine Gefühle durcheinander, der Gesang lässt dich nicht mehr zur Ruhe kommen. Als ob du tief in die Philosophie vordringen würdest oder dich bis in unbewusste Regionen deiner Psyche wagtest. Aber Achtung: Oper ist nicht einfach nur modisch und flashy – sie ist ein ernster Stoff. Eine Droge, an der du bis ans Lebensende hängen bleibst.
Haben Sie denn schon als Jugendliche die Oper geliebt?
ANNA NETREBKO: *(lacht)* Nein, überhaupt nicht. Sobald im Radio diese anstrengende Musik mit den langen, schauerlichen Gesängen lief, habe ich weggedreht. Zu Hause in Krasnodar gibt es kein Opernhaus. Nur ein Operettentheater, das ich in meiner Kindheit sehr gerne mit Freundinnen besucht habe. Aber erst, als ich selbst singen lernte, haben mich Verdi, Mozart, Wagner fasziniert. Oper ist ja keine einfache Sache.
Worin liegt das Problem?
ANNA NETREBKO: Um Oper zu verstehen und zu lieben, musst du

eine Menge über sie wissen. Die Leute können sich nicht einfach ins Theater setzen und erwarten: So, jetzt weht mich mal über den Haufen.

Aber wer sich um die Musik bemüht, wer sich einhört und einliest, der wird auch belohnt: Das alltägliche Leben läuft oft so oberflächlich und sinnentleert dahin. In der Oper kann man seine Batterien wieder aufladen. Wenn ich singe, möchte ich den Leuten Energie spenden. Damit alle den Weg in diese Traumwelt finden.

Ein Märchenland, in dem Kinder ehrfürchtig staunend die Schätze der Kultur entdecken, ist die Industriestadt Krasnodar im äußersten Süden Russlands nicht gerade. Raffinerien und Fabriken bestimmen das Ortsbild, Fertigungshallen für landwirtschaftliche Maschinen und sozialistische Wohnblocks. Nur im alten Stadtkern finden sich kleine Parks und lauschige Alleen. Wer von hier aus die graue Realität der Umwelt bunt sehen will, muss sie mit viel Phantasie einfärben. Wem beispielsweise Luftschlangen fehlen und ein Geburtstagskuchen voller Kerzen, hilft einfach mit der Kraft der Illusion nach. So wie Anna Netrebko.

Im Frühjahr 1978 stehen dreißig Kinder lärmend vor der grün überwucherten Stadtvilla im Zentrum von Krasnodar. Alle freuen sich auf Annas Fest. Mutter Larissa Iwanowna Netrebko staunt nicht schlecht, als sie die ganze Klasse ihrer Tochter am Gartentor entdeckt.

»Was wollt ihr denn?« Die kleinen Gäste schreien im Chor: »Anna hat uns zum Geburtstag eingeladen.« Die Mama fasst es kaum. »Meine Frau war natürlich sehr überrascht«, erinnert sich Vater Jurij Nikolajewitsch Netrebko, »aber sie hat sich nichts anmerken lassen.« Denn Annas 7. Geburtstag ist erst ein halbes Jahr später, im Herbst.

Noch heute lacht ihre älteste Freundin Irina Sajtschuk über den vorverlegten Geburtstag: »Das war Anna pur. Sie hatte wirklich eine blühende Phantasie. Ihre Mutter war natürlich völlig perplex, aber sie hat sich schnell daran gemacht, den Tisch für die Schulkinder zu decken.« Eine turbulente Party steigt, die Kinder singen für die Klassenkameradin. Mittendrin: Anna. Ohne schlechtes Gewissen, voller Freude. Die Imagination sprengt die Wirklichkeit. Ihre Vorstellungskraft ist so stark ausgeprägt, dass sie selbst daran zu glauben beginnt.

Immerhin schafft es die kleine Geschichtenerfinderin auf diese Weise, zweimal im Jahr Geburtstag zu feiern. Dieses Schlüsselereignis offenbart bereits mehrere Wesenszüge des späteren Opernstars. Einerseits: Anna Netrebko steht gerne im Mittelpunkt, notfalls auch mit Hilfe eines kunstvoll inszenierten Schauspiels. Andererseits: Um ihr Publikum anzulocken und zu fesseln, geht sie mit vollem Risiko über die Grenzen des Machbaren hinaus. Angst vor dem Absturz legt sie dabei nicht an den Tag. Dieses Mädchen hat wirklich Nerven.

Menschen mit dem Bedürfnis, zum anderen Ende des Regenbogens vorzudringen, brauchen in Krasnodar (von russ.: krasnyj = rot) eine Menge Einbildungskraft. Die Region Kuban, deren Hauptstadt der Ort mit rund 765 000 Einwohnern ist, war die Kornkammer der ehemaligen Sowjetunion. Über Flughafen und Güterbahnhof beliefern die einstigen Kolchosen noch heute 69 Staaten mit Getreide, Reis, Obst, Tee, Sonnenblumen, die im mediterranen Klima östlich des Schwarzen Meeres gut gedeihen. Spärlich blühen in der Kommune dagegen die Künste. Zwar existieren in Krasnodar Schauspiel- und Operettenhaus, sogar eine ganze Reihe von Kosakenchören. Große Oper findet jedoch keinen fruchtbaren Boden in der Provinz.

Am 18. September 1971 wird Anna Netrebko in dieser Vielvölkerstadt geboren, in der Russen, Ukrainer, Armenier, zugewanderte Griechen unweit der heutigen Krisenregion Kaukasus friedlich zusammenleben. Eine Woche vor ihrer Geburt ist im fernen Moskau der ehemalige Chef des Zentralkomitees, Nikita

Chruschtschow, auf seiner Datsche gestorben. Seine Tauwetter-Politik gehört zu diesem Zeitpunkt jedoch schon der Vergangenheit an. Längst bestimmen die Betonkommunisten um Nachfolger Leonid Breschnew das reformfeindliche Klima in der UdSSR. Nur abgemildert durch das warme Klima dringt der Kalte Krieg ins südliche Wirtschaftszentrum Krasnodar vor. Unter Generalsekretär Breschnew wird der Zugriff von Staat und Partei auf den Alltag der Menschen fester.

Seit Mitte der 60er-Jahre arbeiten Annas Eltern, das Akademiker-Paar Netrebko, in staatlichen Unternehmen. Vater Jurij als Geologe für einen Betrieb, der die Bodenbeschaffenheit von Grundstücken für öffentliche Bauvorhaben prüft. Mutter Larissa als Ingenieurin bei der Telefongesellschaft. Zusammen mit ihrer drei Jahre älteren Schwester Natascha wächst die kleine Anna in einem mäßig wohlhabenden, aber intellektuell geprägten Haushalt auf. Beide Eltern haben in Leningrad studiert, achten auf Bildung und Erziehung ihrer Mädchen. Im Wohnzimmer steht ein Klavier, ein Plattenspieler mit einer ansehnlichen Musiksammlung und ein Schrank voller Bücher.

Die Familie lebt in einer Ende des 19. Jahrhunderts erbauten Villa, die ein üppiger Garten umgibt. Anfangs gehört ihnen nur die Hälfte des Hauses, die Mutter Larissa von einer verstorbenen Freundin geerbt hat. Später kaufen sie auch die zweite Hälfte dazu. Annas Großmutter und Onkel väterlicherseits wohnen ebenfalls dort, samt Hund und Katze. Eine russische Großfamilie unter einem Dach.

Wie im gesamten Land fehlt in Krasnodar Wohnraum. Der Fall, dass sich drei Generationen eine Wohnung teilen, ist normal – im sowjetischen Durchschnitt allerdings auf einer Fläche von 53 Quadratmetern. Insofern geht es den Netrebkos besser als vielen anderen. Freilich unter bedrückenden Umständen. Die 18-jährige autoritäre Herrschaft des Stalinisten Breschnew bezeichnet Michail Gorbatschow später einmal als »Zeit der Stagnation«. Innenpolitisch nimmt Breschnew alle Reformen der Ära Chruschtschow zurück. Außenpolitischen Respekt verschafft sich das Regime mittels militärischer Härte. Wirtschaftlich geht es mit dem Land zusehends bergab. Zwar lässt das Zentralkomitee die Schwerindustrie ausbauen. Die gesamte Sowjetunion bezieht aus der Region Kuban Traktoren, Maschinen und Lebensmittel. Doch der private Konsum bleibt weit hinter westlichem Niveau zurück.

Das Einkommen des Ehepaares sichert den Netrebkos einen nicht unbedingt üppigen, aber komfortablen Lebensstandard. Jedenfalls weit über dem damaligen Durchschnitt. Anna und Natascha teilen sich ein Kinderzimmer, in dem sie zusammen in einem großen Bett schlafen. Sehr nahe beieinander, manchmal zu nah. Während die Ältere von sanftem, ruhigem Naturell ist, auf Freundinnen zart und raffiniert wirkt, lebt die Jüngere ihr wildes und mitunter lautes Temperament voll aus.

Heftiger Streit zwischen den beiden Schwestern eskaliert regelmäßig wegen Nataschas Puppen, die sie auf ihrem Kleiderschrank aufbewahrt. Streng untersagt sie Anna, mit den geliebten Babies zu spielen. Ein Verbot, das die kleine Schwester großzügig ignoriert, solange die Große nicht daheim ist. Dummerweise schafft sie es nie, die Figuren nach dem Spielen wieder unbemerkt auf ihren Platz zu betten. Da Natascha stets akribisch kontrolliert, erwischt sie Anna häufig. Dann fliegen die Fetzen. Die unvermeidlichen Streitereien trennt der im Grunde liberal gesinnte Vater gelegentlich autoritär, auch mal handgreiflich. Alltag für die Rivalinnen im gemeinsamen Spielzimmer.

Die beiden Mädchen müssen vieles teilen, auch den Freundeskreis. Im Garten der Familie tobt meistens eine ganze Rasselbande. Die Netrebko-Schwestern sind weithin beliebt, weil die Nachbarskinder bei ihnen Baumhäuser bauen und zelten dürfen, sich wild und unbeschwert vergnügen können. Im Rückblick erscheint vielen der damaligen Freunde das Grundstück der Familie wie ein Kinderparadies, das Haus wie eine Villa Kunterbunt, umgeben von einem richtigen Abenteuerspielplatz.

Erzählen Sie von Ihrer Kindheit.
ANNA NETREBKO: Es war eine sehr aufregende und schöne Zeit. Aufgewachsen bin ich in Südrussland, in Krasnodar. In einer wunderbaren Familie. Meine Eltern sind die besten Eltern der Welt. Das denken wahrscheinlich viele von ihren Eltern. Aber ich liebe meine ganz besonders.
Unglücklicherweise ist meine Mutter vor ein paar Jahren gestorben. Mein Vater ist ein liebenswerter Mann und heute unglaublich stolz auf mich. Ich schicke ihm alle Artikel aus Zeitungen über mich, die er in einer Art Archiv aufbewahrt. Inzwischen ist das zu einer ganz ansehnlichen Sammlung angewachsen. Er liest alles ganz genau und schimpft mich, wenn ich mal wieder eine freche Lippe riskiert habe.
Würden Sie Ihre Kindheit als behütet beschreiben?
ANNA NETREBKO: Ich war als Kind außerordentlich glücklich. Damals gab es noch die Sowjetunion, das kommt einem heute wie ein weit entferntes Land vor. Alle Kinder liebten Lenin und Marx. Ich war eine überzeugte Propagandistin *(lacht)*. Wie alle unsere Freunde waren wir bei den jungen Pionieren. Alle mussten das rote Halstuch und eine Uniform tragen. Das fand ich als Mädchen ausgesprochen chic. Ich war furchtbar stolz auf mein Land *(lacht)*. So wurden wir im Kindergarten und in der Schule eben erzogen.
Erschien Ihnen der Sozialismus denn irgendwann nicht mehr so attraktiv?
ANNA NETREBKO: Viel habe ich darüber nie nachgedacht. Für mich kam es völlig überraschend, als 1989 die Berliner Mauer fiel. Eine große Sache im Fernsehen, da war ich schon mit der Schule fertig und in St. Petersburg. Aber mich hat es hart getroffen, weil ich aufrichtig an den Kommunismus geglaubt habe.

Stammen Sie aus einer wohlhabenden Familie?
ANNA NETREBKO: Luxuriös lebten wir nicht gerade. Aber ich bekam alles, was ich brauchte. Genug zu essen, hin und wieder kleine Feste in unserem Haus. Wir durften viele Freunde einladen, unsere Eltern waren da sehr offen. Oft kamen Leute zu uns zu Besuch, Bekannte unserer Eltern. Meine Mutter hat alle bekocht, mein Vater schenkte Wein aus. Es ging immer sehr lustig zu. Glückliche Zeiten, besser kann man sich seine Kindheit nicht wünschen.
Kommt Ihre gesellige Ader aus diesem offenen, fröhlichen Haus?
ANNA NETREBKO: Seit damals bin ich es gewohnt, immer viele Freunde um mich zu haben. Das liebe ich noch immer: Mit einer großen Gruppe ausgehen, ins Kino, in die Clubs oder zum Bowling. Für mich ist das ein außerordentlich wichtiger Teil des Lebens. Ohne die Leute, die ich gerne mag, komme ich auf Dauer nicht aus. Ich brauche Leben um mich.
Wovon haben Sie als Kind geträumt?
ANNA NETREBKO: Als Mädchen habe ich viele Bücher gelesen, viele Filme gesehen. Und ich habe mich in meiner Phantasie immer in Prinzessinnen-Welten hineingeträumt. Aschenputtel und all die anderen Geschichten. Ich habe mir immer gewünscht, eines Tages in einem großen Schloss zu leben, wunderschöne Kleider anzuziehen. Mit Pferden im Stall. Und natürlich sollte irgendwann der schöne Prinz vorbeigeritten kommen. Das waren so meine Träume. Früher war ich sehr romantisch.
Und? Haben Sie das Gefühl, diesen Träumen jetzt näher zu kommen?
ANNA NETREBKO: Diese Romantik ist mir später abhanden gekommen. Der Prinz hat sich ja lange Zeit nicht blicken lassen. Meinen ersten Freund hatte ich erst mit 23 Jahren. Sehr spät, nicht? Da habe ich eben beschlossen, dass ich meinen Spaß und meine Zufriedenheit in mir selbst suchen muss. Ich denke, dass ich ein glücklicher Mensch bin, weil viele meiner Träume jetzt ja tatsächlich wahr werden. Ich trage wirklich schöne Kleider und ver-

diene eine Menge Geld. Mehr als ich ausgeben kann. So viel, dass ich einiges davon mit meinen Freunden von früher teile. Die sind nicht so reich wie ich. Russland ist zurzeit eine sehr schwierige Heimat.

Wollten Sie als Kind schon Sängerin werden?

ANNA NETREBKO: Eigentlich eher Schauspielerin. Nur war es nicht so leicht, die Aufnahmeprüfung an der Theaterakademie zu schaffen. Solange ich mich erinnern kann, wollte ich immer schon auf der Bühne stehen. Das verkündete ich jedem, der es hören wollte. Schon mit drei oder vier Jahren habe ich ständig getanzt, gesungen, gespielt. Mit anderen Kindern führten wir oft vor unseren Eltern kleine selbst geschriebene Theaterstücke auf. Fünf Jahre lang habe ich als Akrobatin geturnt, Sportgymnastik gemacht und gleichzeitig im Kinderchor gesungen. Da wusste ich noch gar nicht, was daraus einmal werden kann.

Hat denn niemand Ihre schöne Stimme bemerkt?

ANNA NETREBKO: Nein. Oft habe ich zu hören bekommen, dass ich keine hätte. Daran erinnere ich mich sehr genau. Erst viel später hat sich herausgestellt, dass da doch ein Riesenpotenzial ist. Verrückt.

Früh entwickelt Anna künstlerisches Talent, kräftig gefördert von ihrer Mutter. Der Schwerpunkt im Intellektuellenhaushalt Netrebko liegt eindeutig auf dem geschriebenen Wort, weniger auf Musik oder Gesang. Schon mit drei Jahren kann Anna die ersten Wörter lesen. Später wird eine leidenschaftliche und ausufernde Romanlektüre die Lieblingsbeschäftigung des Mädchens, bei der sie sich in entfernte Welten träumt. Grimms Märchen kennt sie schon von ihren Schallplatten und führt sie mit ihren Freundinnen szenisch auf. Mit selbst gebastelten Kostümen und Requisiten.

Anna selbst beschreibt ihre Kindheit als behütet. Um sie herum jedoch herrscht der Kalte Krieg, der »russische Winter« der Ära Breschnew. Unterdessen lebt die Grundschülerin unbeschwert in den Tag hinein. Im Jahr 1979 marschiert die Rote Armee in Afghanistan ein. Die Lebensverhältnisse in Krasnodar leiden unter zunehmender Mangelverwaltung.

Doch die Netrebkos bemühen sich, ihre Töchter vor äußeren Einflüssen abzuschirmen. Zeichenblock, Malkasten, Buntstifte, Wachskreiden bringen Farbe in den Alltag der Kinder, während das Umfeld grau in grau erscheint. Zusammen mit Schwester Natascha pinselt und malt Anna hingebungsvoll. Im Kunstunterricht ein großes Ölbild, auf dem ein Mädchen vor einem düsteren, braunschwarzen Hintergrund ein brennendes Zündholz in die Luft streckt: »Das Mädchen mit den Streichhölzern«. Ein Gemälde von unübersehbarer Symbolkraft. Als erstes künstlerisches Werk findet dieser frühe Netrebko ein größeres Publikum: Die Lehrerin hängt das Bild in der Schulaula auf.

Schon damals hatte die extrovertierte junge Malerin das Bedürfnis, das sie später in die weite Welt hinausbegleiten sollte: Ihr Licht wie auf dem Bild über alle anderen erstrahlen zu lassen. Sie würde gerne mit dem Feuer spielen, öffentliche Aufmerksamkeit erregen, irgendetwas Aufregendes unternehmen. Nur, was?

Vorerst findet Anna kein Ventil für ihre romantischen Schwärmereien. Die Literatur wird zum Fluchtpunkt ihrer Teenagerphantasien. Anna verschlingt Romane von Alexandre Dumas – »Die drei Musketiere«, »Der Graf von Monte Christo« – und erfindet für ihre Puppen Abenteuer in dieser Art. Mit 15 Jahren liest sie zum ersten Mal Leo Tolstois Kolossalroman »Krieg und Frieden«. Zu Annas Lieblingsfigur avanciert die lebenslustige, temperamentvolle Natascha Rostowa, die ihren Verlobten in einer verhängnisvollen Affäre hintergeht und in den Wirren von Napoleons Feldzügen vor Moskau verliert. Später soll die Frauenfigur aus Prokofjews Vertonung des Tolstoi-Stoffes zu einem ihrer größten Welterfolge als Opernsängerin werden. Davon ahnt die begeisterte Leserin zu diesem Zeitpunkt allerdings noch nichts.

Einstweilen schreibt die junge Künstlerin selbst Kurzgeschichten, sogar einen Roman: »Die große Intrigantin«. In kühner stilistischer Mischung aus Dumas und Tolstoi, handschriftlich abgefasst in Dutzenden von Schmierheften aus der Schule. Ein Werk voller Liebe und Verrat, starker Frauen und blendend aussehender Traumhelden. Unverkennbar kehrt hierin die Rostowa als Widergängerin aus Netrebkos innerem Kosmos zurück. Ihr erstes literarisches Werk illustriert sie auch noch innerhalb weniger Tage.

Während die frühen Talente der Netrebko auf eine Profession irgendwo zwischen Romancier, Regisseurin und Illusionistin hindeuten, spielt Musik nur eine untergeordnete Rolle. Allerdings entdeckt sie bereits im Grundschulalter die Strahlkraft der Bühne. Bei jeder Gelegenheit übt sie mit ihrer Freundin Irina kleine Theaterstücke ein.

Mit ihr besucht sie auch regelmäßig das Operettentheater der Stadt, wo die beiden die rührseligen Stücke des ungarischen Komponisten Emmerich Kálmán begierig aufsaugen: »Die Csárdásfürstin«, »Die Herzogin von Chicago« und ganz besonders »Das Veilchen vom Montmartre«. Anna und Irina sitzen so oft im Parkett, dass sie praktisch das gesamte Repertoire des Hauses auswendig lernen. Fasziniert ist Anna weniger von den Melodien als vielmehr von den glamourösen Darstellerinnen, die vom ganzen Saal bewundert und beklatscht werden. Ihr eigenes, immer drängender hervorstechendes Bedürfnis, vor anderen im Mittelpunkt zu stehen, beflügelt diese Erfahrung. Irina gegenüber schwärmt Anna zum ersten Mal von einer Zukunft als Schauspielerin.

»Anna war immer unsere Dirigentin«

*Ihre älteste Freundin Irina Sajtschuk erinnert sich an die
gemeinsame Kindheit in Krasnodar: Puppen- und Theaterspiele
und Sommerferien am Schwarzen Meer*

Anna und ich, wir kennen uns schon eine halbe Ewigkeit.
Unsere Väter waren seit der Schule enge Freunde, genauso
wie unsere Mütter. So wurden selbstverständlich auch wir die
dicksten Freundinnen.

Zwei- oder dreimal die Woche haben wir zusammen gespielt.
Samstags meist bei uns zu Hause, sonntags bei den Netrebkos. Oft
unternahmen wir mit unseren Familien Ausflüge, Wanderungen mit
Picknicks auf dem Land. Allerdings hat Anna furchtbare Angst vor
Spinnen. Deshalb zog es uns nie in den Wald. Auch die Ferien
verbrachten wir meistens zusammen. Unsere Eltern packten uns ins
Auto und fuhren ans Schwarze Meer. Das liegt ja nicht weit von
Krasnodar entfernt. Für manche Leute ist die Küste dort die Riviera
von Russland.

Zu Hause bei den Netrebkos ging es immer unglaublich gastfreundlich zu. Großzügig und hilfsbereit – so war Annas Mutter.
Und voller Mitgefühl. Sogar für die abgelegten Verehrer von
Annas älterer Schwester Natascha. Die hat sie oft bekocht, selbst
wenn schon Schluss war. »Das ist doch auch jemandes Kind«, sagte
sie immer. Und sie hat exzellent gekocht, viel und gut.

Wenn Anna krank war, saß ihre Mama praktisch ununterbrochen
am Bett. Eine herzliche und charismatische Frau. Man nahm unwillkürlich ihren Standpunkt ein, wenn sie sprach. Andererseits
reagierte sie immer sehr emotional und empfindlich. Aber immer
humorvoll. Zu Familienfesten und Annas Geburtstagen hat Frau
Netrebko meist eine Art Wandzeitung herausgebracht, auf die
sie Fotos von Freunden, Verwandten und Bekannten geklebt und
lustige Anekdoten daneben gekritzelt hat.

Annas Eltern waren im Prinzip sehr liberal, notfalls aber auch streng. Ihr Vater konnte durchaus autoritär aufbrausen: »Heute Abend gehst du nicht aus, Punktum!« Er ist ein Mann mit einer Aristokratenseele, der es gut verstand, seine Töchter sanft auf den richtigen Weg zu bringen und sie auch zu bremsen, wenn sie es zu toll trieben. Meistens hatten die Mädchen aber die freie Wahl und durften selbst entscheiden.

Früh schon war Annas künstlerische Begabung zu spüren. Sie war ganz anders als die meisten Kinder in unserem Alter. Immer aktiv, für ihr Alter klug und sehr einfallsreich. Vielleicht ist sie keine Intellektuelle, aber sie hat eine schnelle Auffassungsgabe und große Entschlussfestigkeit. Auf jeden Fall liebte sie in allem die Rolle der Dirigentin, der Chefin.

Bei ihr zu Hause hatten wir eine Menge Spaß. Manchmal zündete der Vater vor dem Haus ein Lagerfeuer an und wir tobten im Garten herum und sprangen darüber. Oder wir verkleideten uns als Gespenster, um die Nachbarn zu erschrecken. Anna war oft als kleine Hexe unterwegs. Das passt zu ihr. Hinter ihrem Haus haben wir ein Baumhaus gebaut und im Sommer ein Zelt aufgeschlagen. Dort haben sich alle Kinder aus der Nachbarschaft versammelt und Gruselgeschichten erzählt. Anna mochte es gern, immer alles zu organisieren und bei allem die Anführerin zu spielen. Und sie wurde sehr zornig, wenn man ihren Befehlen nicht nachkam.

Große Bedeutung hatten unsere Puppen. Wir haben sie selbst gebastelt, Kleider für sie gezeichnet und ausgeschnitten. Selbst in den Urlaub haben wir Kisten solcher Püppchen mitgenommen und stundenlang damit gespielt. Anna hat auch immer Geschichten für sie erfunden, in der Art der Romane von Alexandre Dumas. Sie liebte seine Bücher, auch wenn ihr Lieblingsroman »Der Reiter ohne Kopf« von Main Raid war. Solche Abenteuergeschichten haben wir szenisch umgesetzt, als wir 14 oder 15 waren.

Schon als kleines Mädchen hat Anna ein Faible für die Bühne entwickelt. In Krasnodar gibt es eine Schauspielbühne, ein Operetten-

und ein Puppentheater. Alle drei haben wir leidenschaftlich gerne besucht. Und danach haben wir alles nachgestellt oder eigene Geschichten inszeniert. Regisseur musste natürlich Anna sein. Schon mit fünf Jahren fing das an. Da haben wir unsere Märchenplatten nachgespielt. Die »Bremer Stadtmusikanten« und so weiter.

Ihr Lieblingszeichentrickfilm war später die »Prinzessin im Unterwasserreich«, ein Manga-Comic aus Japan, den hat sie heiß geliebt. Prinzessinnen spielten sowieso ein wichtige Rolle in ihrer Phantasie, die sie in kleine Theaterinszenierungen einfließen lassen konnte. Mit selbst gebastelten Kostümen und Requisiten. Geschminkt waren wir natürlich auch.

Anna war klein, leicht und zerbrechlich. Deshalb wollte sie immer die Prinzessin sein. Und ich sollte den Prinzen abgeben, weil ich größer war als sie. Nur äußerst selten war Anna bereit, die Rollen zu tauschen. Unfreiwillig komisch muss das ausgesehen haben: ich, die schlaksige Prinzessin – sie, der kleine Prinz. Solche Aufführungen hat Anna auch mit vielen anderen Kindern auf die Bühne gestellt.

»Wie schön wäre es doch, einmal Schauspielerin zu sein!«, seufzte sie damals, wenn wir aus der Operette heimschlenderten. Leidenschaftlich und toll war sie im Imitieren und Persiflieren von Showstars: Audrey Hepburn, Liza Minnelli, Barbra Streisand, Louis de Funès. Sehr kokett. Mit ihrer variablen Stimme konnte sie diese Stars täuschend gut nachahmen.

Wenn wir uns heute treffen, sprechen wir hauptsächlich über sie, ihre Reisen, Auftritte, wichtige Ereignisse. Aber Anna bemüht sich immer, das Gespräch auch auf andere Themen zu lenken. Sie steht zwar gerne im Mittelpunkt. Aber bei ihren alten Freundinnen ist ihr das unangenehm. Sie fragt mich immer aus, wie es mir geht. Wenn einem aus unserem Freundeskreis etwas Schlimmes passiert oder wenn sie von einer Ungerechtigkeit hört, kann sie das richtig verstimmen.

Politik und solches Zeug bereden wir nie. Lieber quatschen wir über Filme, Bücher. Sie erzählt gerne Geschichten aus ihrem Leben – und sie ist eine sehr talentierte Erzählerin.

Es ist nicht schwer, sie zu rühren. Mit einer traurigen Filmszene, einer melodramatischen Fernsehschnulze oder ergreifender Musik. Manchmal singt sie sogar mit Tränen in den Augen. Hinter Annas Charisma steckt ein empfindlicher Mensch. Das hat sie von ihrer Mutter. Alle ihre Freundinnen sind sehr feinfühlige, gutherzige Frauen. Meist ist sie aber gut aufgelegt und sehr lustig. Wenn sie lacht, schlägt sie sich mit der flachen Hand aufs Knie.

Singen will sie für uns nicht. Privat käme das nie für sie in Frage. Stattdessen führt sie uns Videos ihrer Auftritte vor. Von Krasnodar aus betrachtet ist das eine ferne, exotische Welt, in der sie sich heute bewegt. Aber ich gönne es ihr von Herzen.

In diese ferne Welt dringt Anna dank ihres gesanglichen Talents vor, das sie anfangs widerstrebend, dann immer freudiger entdeckt. Schon ihre Urgroßmutter war eine bekannte Sängerin an der Oper von Nowosibirsk in Sibirien. Auch Annas Mutter singt gerne im Kreis von Bekannten und Verwandten. Leichte Arien, Schlager, Volkstümliches. Dass auch die Tochter Noten im Blut hat, beweist sie als Achtjährige auf dem alten deutschen Piano ihres Vaters, eines guten Hobbymusikers.

Das Klavierspielen bringt sich das Mädchen autodidaktisch bei. Mit der rechten Hand spielt sie nach Gehör Melodien, die ihr gefallen. Mit der Linken begleitet sie sich intuitiv nach Gefühl. Unterricht an der Musikschule erhält sie nicht, weil die Eltern fürchten, sie sträube sich eigenwillig gegen pädagogischen Druck.

Die Eltern glauben lange nicht recht an die stimmlichen Fähigkeiten ihrer Tochter. Doch wie alle Klassenkameraden singt auch Anna im Chor der Kubanskaja Pionerija. Mit zehn Jahren sammelt sie bei den Jungpionieren der Region Kuban erste Bühnenerfahrung. Die Attraktion dieses Debütauftritts besteht für Anna weniger im Gesang als vielmehr in der Möglichkeit, aus dem lästigen Kollektiv auszubrechen.

Als Solistin des Chors steht sie abgehoben vom uniformierten Ensemble im hübschen Ausgehkleid vor den Zuhörern und trägt russische Lieder vor. Eine Grunderfahrung, die bis heute ihre künstlerische Motivation prägt. Hauptsache ist für die Jugendliche, auf der Bühne zu glänzen. Der Gesang dient ihr als Vehikel, dort hinaufzugelangen. Lebhaft erinnert sich Nina Magdaliz, bis heute Moderatorin im Konzertsaal von Krasnodar, an Annas Solodebüt im Jahr 1981: »Man sah ihr an, dass ihr das unheimlichen Spaß bereitet. Anna war schon damals ein kleines Sternchen.« Und sie hat das Talent, als Solistin auf dem Podium zu singen.

Mit dem bis weit über die Stadtgrenzen bekannten Pionierchor bereist die Teenagerin zahlreiche Städte in der südlichen Sowjetunion, fährt einmal sogar zu einem Jugendtreffen nach Leipzig. Der Gedanke an eine Gesangskarriere kommt ihr aber nicht in den Sinn. Auch weil sie mit Freundin Irina in den 80er-Jahren Popmusik bevorzugt, insbesondere italienische Schmachtsongs von Al Bano & Romina Power oder Gianna Nannini.

Ihr großes Aha-Erlebnis auf der Bühne hat die Netrebko als 16-Jährige – bezeichnenderweise nicht im Theater, sondern beim Schönheitswettbewerb: Zur Wahl der »Miss Kuban« traut sich ihre Schwester Natascha nicht alleine. Deshalb bearbeitet sie Anna tagelang, bis diese sie begleitet. Die Mädchen gelten in Krasnodar mit ihrem schwarzen Haar und den dunklen Rehaugen als ausgesprochene Schönheiten. »Die Schwestern sind einmalig apart. Natascha hat sogar acht Jahre lang als Mannequin gearbeitet«, berichtet die Leiterin des örtlichen Modegeschäfts, Tatjana Wassiljewa.

Zum Model-Wettbewerb erscheint Anna verspätet. Als sie am Laufsteg auftaucht, ist die erste Auswahlrunde bereits abgeschlossen, doch die Veranstalter entschließen sich, kaum haben sie die hübsche Teenagerin zu Gesicht bekommen, die Statuten lockerer auszulegen: Anna zieht trotz ihrer Verspätung in die Endrunde ein. Auf den Gedanken, sich womöglich eine Niederlage einzuhandeln, kommt sie erst gar nicht. »Sie hat keine Angst vor Misserfolgen, und das macht sie stark«, sagt Freundin Irina.

Stattdessen landet sie unerwartet einen Miss-Erfolg – und gewinnt den zweiten Preis: einen Fernseher. Da der erste Platz bereits der Tochter eines örtlichen KGB-Funktionärs zugesagt ist, wird im Saal getuschelt, der zweite sei so gut wie der erste. Dritte wird Natascha, für die der Wettbewerb den Weg in die berufliche Zukunft ebnet. Während Anna in den 90er-Jahren die Opernbühne erobert, modelt Natascha jahrelang in Krasnodar. Ein Däne, den sie auf einer ihrer Schauen kennen lernt, heiratet Natascha später. Mit ihm und einer gemeinsamen Tochter lebt sie inzwischen in Dänemark.

Weniger erfolgreich agiert die zukünftige Operndiva Anna derweil in der Oberschule Nr. 19 von Krasnodar. Das Mädchen gibt gerne den Klassenclown und ist bei vielen Lehrern schlecht angeschrieben. Die kontaktfreudige, unruhige Schülerin schwätzt während des Unterrichts viel. In Mathematik bringt sie lausige Leistungen. Auch für Naturwissenschaften interessiert sie sich kaum. Gerüchte, sie rauche heimlich mit den Jungs aus der Klasse, machen die Runde. Um Vorwürfen aus dem Weg zu gehen, meidet ihre Mutter irgendwann die Klassenversammlungen.

Auf der Abschlussfeier ihres Jahrgangs jedoch versöhnt die in Verruf geratene Schülerin selbst ihre größten Gegner im Lehrerkollegium. Aus ihrem reichhaltigen Operetten-Repertoire trägt sie Melodien vor – unter dem Jubel sämtlicher Lehrer und Klassenkameraden. Ein Erlebnis von nachhaltiger Wirkung, weil Anna zum ersten Mal auf der Bühne mit ihrer Stimme ein großes Publikum entzückt. Darunter auch Menschen, die ihr nicht gut gesonnen sind.

Den exzellenten Gesang hat sie sich in neun Jahren im Spielzug der Kuban-Jungpioniere angeeignet. So langsam erahnt sie die Möglichkeiten, die ihr dieses Talent eröffnet. Die Ausflüge mit dem Chor haben der Schülerin neue Horizonte erschlossen. Entgegen anfänglicher Zweifel erscheint ihr Gesang mehr und mehr als reizvolle Lebensaufgabe. Mit der sie die Welt zu sehen bekommt – und es der Welt endlich mal richtig zeigen kann. Vor allem den Männern.

»Im Chor der Engelsstimmen«

Die Chorleiterin der Kubanskaja Pionerija, Ljubow Tschussowa, bringt die talentierte Anna auf die Idee für ein Leben in der Musik

Krasnodar ist eine enge Provinzstadt, aber unser kleiner Chor hat den Kindern ganz neue Perspektiven eröffnet. Im Nachhinein habe ich das Gefühl, wir sind in sämtlichen Orgelsälen der Sowjetunion aufgetreten. Wir haben an der Ostsee konzertiert, in Moldawien und an der kaukasischen Schwarzmeerküste.
Eine unserer Reisen führte nach Wolgodonsk, wo sie uns in einem Hotel für Flieger der Roten Armee untergebracht haben. Da hatte ich ein irres Erlebnis mit Anna: Nachts bin ich aufgestanden, um meinen Rundgang durch die Zimmer zu machen. Aber Anna war nicht in ihrem Bett, also habe ich sie gesucht. In der Lobby fand ich sie schließlich – im Nachthemd stand sie vor den Piloten, lauter raue russische Kerle, und hat gesungen und getanzt für sie. Unglaublich!

Aber so war sie schon immer. Kein schlechtes Mädchen, aber sie entzog sich jeder Lenkung von außen. Richtig undiszipliniert. Uns Gruppenleiter hat sie oft provoziert. Heute würde ich so ein Kind nicht mehr mitnehmen.
Aber ich habe sie gemocht und mich irgendwie für sie verantwortlich gefühlt. Dieses Mädchen hat ihr ganzes Leben lang Glück gehabt. Ich kenne sie schon, seit sie sieben Jahre alt war und zu uns in den Palast der Jungpioniere kam. Wir haben mit den Kindern Klassik gesungen, Jazz und Pop. Viel Beethoven, Bach, Mozart, Gluck. Und Anna war davon begeistert. Sie hatte ein gutes Gehör und einen festen Stimmapparat. Hin und wieder kamen mir im Chor solche Engelsstimmen unter, aber ich muss sagen, sie war nicht wesentlich begabter als andere. Nur viel fleißiger.
Auf die Idee mit der Gesangskarriere habe ich sie so um 1986 gebracht. Da waren wir für vierzig Tage im Ferienlager Artek auf der Krim, in einem Elite-Sommerlager für sowjetische Jungpioniere. Dort habe ich den Leningrader Komponisten Oleg Chromuschin kennen gelernt. Ihm gefiel unser Kollektiv. Anna sollte eigentlich demnächst in die Abiturklasse aufsteigen. Aber in der Schule hat sie nicht sonderlich geglänzt, und ansonsten hatte sie auch keine weitere Spezialausbildung absolviert, etwa eine Handwerkslehre. Deshalb fragte ich Chromuschin. Und der erwiderte, seine Frau arbeite an der Musikfachschule in Leningrad, dort gebe es eine Fakultät für Musikkomödie. Das sei doch genau das Richtige für so eine Freche wie die Anna.

Auf Anraten von Chorleiterin Tschussowa, die auch an Annas Oberschule Musik unterrichtet, verzichtet die Realschulabsolventin aufs Abitur und entschließt sich mit 16 Jahren zum Studium an dem Leningrader Institut. Anna möchte gerne Operetten-Diseuse werden. Von den Kuban-Pionieren erhält sie

Empfehlungsschreiben. Komponist Chromuschin vermittelt einen Vorstellungstermin an der Fachschule.

So bewirbt sich die Teenagerin zu einem Gesangsstudium ins 1900 Kilometer von Krasnodar entfernte Leningrad, heute St. Petersburg. Fernab der Eltern, fernab aller Freunde. Ein neues Leben voller Chancen und Risiken und genau das Richtige für die Draufgängerin. Ihre Eltern sind alles andere als begeistert von dieser Idee. Doch weil sie nur das Beste für ihr Kind im Sinn haben, unternehmen sie keine Anstrengungen, den Herzenswunsch ihrer Tochter zu verhindern.

»Lebendig und dickköpfig«

Dass seine Tochter Gesang studieren will, behagt Vater Jurij Netrebko überhaupt nicht. Doch schließlich vertraut er seiner Jüngsten

, Als Anna mir damals ihre Berufspläne offenbarte, war ich äußerst skeptisch, das muss ich zugeben. Immer wieder habe ich sie gewarnt: Pass auf, Anna, das ist ein hartes Brot! Jeder Schlosser, auch wenn er kein besonders guter ist, verdient seinen Lebensunterhalt. Ein schlechter Sänger aber niemals.
Aber sie war schon als Kind sehr lebendig und dickköpfig, oft laut. Das hat ihrem Papa nicht sehr gefallen. Damals half es noch, wenn ich ihr hin und wieder einen Klaps gegeben habe. Aber da hätten Sie sie sehen sollen. So was passte ihr gar nicht. Sie nahm das sehr übel und schrie herum. Seitdem sage ich immer im Spaß: Wahrscheinlich war ich dein erster Gesangslehrer.
Wann sie mit dem Singen begann, habe ich ehrlich gesagt nicht richtig mitbekommen. Im Kindergarten war sie jedenfalls schon im Chor. Von der ersten Schulklasse an war sie dann auf der Suche: Akrobatik, Turnen, die verschiedensten Sportarten, sogar Reiten. Viel gelesen hat sie außerdem und sogar Romane verfasst. Ganz dicke,

volle Hefte. Phantastische Texte, die mich immer an Jules Verne oder Walter Scott erinnert haben. Gezeichnet hat sie auch sehr gut.
Anna ist in einem guten Umfeld aufgewachsen, denke ich, in einer sehr glücklichen Familie. Mit meiner Frau Larissa habe ich eine sehr harmonische Ehe geführt. Zum Geburtstag schenkte ich ihr immer nur eine einzige Rose. Dafür aber die schönste, die ich in der ganzen Stadt finden konnte. Auf eine ähnliche Art haben wir den Mädchen – Anna und ihrer Schwester Natascha – beigebracht, wie man richtig lebt und Beziehungen pflegt. Großer Luxus gehört nicht dazu. Die Kinder hatten zusammen ein Zimmer und schliefen gemeinsam in einem großen Bett. Wenn ich mich nachts herangeschlichen habe, konnte ich sie manchmal gar nicht unterscheiden. So ähnlich sahen sich die beiden. Noch heute ist das so.
Anna und Natascha waren nicht nur Schwestern, sondern auch dicke Freundinnen. Beide waren sehr kontaktfreudig und besaßen einen gemeinsamen Freundeskreis. Die Kinder aus der Nachbarschaft spielten oft in unserem Haus. Im Keller hatten sie ihre »Gruselhöhle«, in die sie mit flackernden Kerzen hinuntergestiegen sind. Wir hatten immer einen Hund und eine Katze. Anna liebt Tiere. Nur vor Spinnen graut ihr schrecklich, davor hat sie eine richtige Phobie.
Dank meiner Frau war unser Haus immer voller Freunde. Im Garten unserer Villa haben wir oft Feste gefeiert. Noch heute, wenn Anna nach Hause kommt, sitzen wir gerne im Garten zu Tisch. Mit Borschtsch oder gefüllten Paprika. Allerdings müssen wir vor ihrer Ankunft das Grundstück nach Spinnennetzen durchkämmen. Oft gehen wir auch in der Stadt spazieren. Gott sei dank ist sie in Krasnodar ja noch kein Star. Niemand erkennt sie hier auf offener Straße.
Eine Musterschülerin war Anna nicht gerade. Eigentlich mochte sie nur Geschichte, Literatur, Malen und Sport. Den Rest hat sie vernachlässigt. Entsprechend gespalten war ihr Verhältnis zu manchen Lehrern. Die einen himmelten sie an, mit anderen focht sie dauernd Kämpfe aus. Vor allem mit ihrer Klassenleiterin fand sie

keine gemeinsame Sprache. So ab der 7. Klasse ist meine Frau dann gar nicht mehr zu den Elternabenden gegangen. Da wurde zum Teil unglaublicher Unsinn über Anna verbreitet: Dass sie heimlich mit den Jungs rauche und was weiß ich noch.
An den Tag, an dem sie uns nach der Schule in Richtung Leningrad verlassen hat, erinnere ich mich noch ganz genau. Das war im August, ein heißer Tag. Da war sie noch 16 Jahre alt, weil erst im September ihr Geburtstag ist. Larissa hat geweint, mir war irgendwie übel.
Nach Leningrad, also heute St. Petersburg, haben wir sie immerhin halbwegs gerne ziehen lassen, weil wir in der Stadt Freunde haben. Ich habe dort die Hochschule für Bergbau besucht und noch immer einige Bekannte.
Ihr Plan war eigentlich, Gesang für die Operette zu studieren. In Krasnodar haben wir nämlich ein Operettentheater, das sie ausgesprochen liebte. Aber keine Oper. Erst auf dem Konservatorium gelangte Anna zur Überzeugung, dass ernstes Musiktheater ihr Ding ist. Zu meinem großen Erstaunen hat sie damals ja im Mariinskij-Theater geputzt, um kostenlos Aufführungen besuchen zu können. Dabei muss dieser Entschluss in ihr gereift sein. Ihre Mutter und ich haben sie oft in Leningrad besucht. Und ihre Professorin prophezeite uns: Wenn alles glatt läuft, kommt dieses Mädchen noch sehr weit. Das versöhnte mich mit ihrem Berufsziel.
Ein Strebertyp war Anna nie. Aber wenn es um den Gesang ging, entfaltete sie erstaunlichen Fleiß und Beharrlichkeit. Ich glaube, das kam in dem Moment, in dem sie verstand, dass sie Zuschauern damit Freude bereiten kann. Plötzlich wollte sie alles lernen und alles können. Das hat mich außerordentlich beeindruckt.

Das selbstbewusste Mädchen will in St. Petersburg den russischen Traum leben. So wie es junge Amerikanerinnen nach New York oder Los Angeles zieht, unternehmungslustige Deutsche nach Berlin. Die Millionenmetropole an der Ostsee lockt mit aufregendem Großstadtleben und einer schillernden Theaterszene. Anna bewirbt sich für die bekannte Leningrader Musikfachschule Rimskij-Korsakow. Singen möchte sie später einmal im leichten Unterhaltungsfach, Operette oder Musical, am besten in Verbindung mit Tanz. Eine Oper hat sie bis dahin noch nicht von innen gesehen.

Dieses Versäumnis holt Anna gleich nach ihrer Ankunft nach. Sie besucht das prächtige Petersburger Mariinskij-Theater, das später zu ihrem Schicksalsort werden soll. Der Abend gerät für den Neuankömmling zum Erlebnis von bleibender Durchschlagskraft. Verdis Mohr Otello, der an seiner Eifersucht und am Rassismus der anderen zugrunde geht, hinterlässt bei Anna einen tiefen Eindruck. Die Shakespeare-Vertonung bringt sie auf den Gedanken, ihre Zukunft auf der Opernbühne zu suchen.

Können Sie sich an die erste Oper erinnern, die Sie als junges Mädchen besucht haben?
ANNA NETREBKO: Eine Aufführung von »Otello«. Ganz am Anfang meiner Petersburger Zeit muss das gewesen sein. Der Sänger war so ein umwerfender Schauspieler, dass ich in der Todesszene die Luft angehalten habe. Wie der starb, wie der überzeugend um sein Leben rang! Das hat mich völlig umgehauen. Als der Vorhang fiel, habe ich nicht mehr zu atmen gewagt. Die meisten Menschen um mich herum auch. Zwei oder drei Minuten lang herrschte absolute Stille. Die Leute waren richtig schockiert. Bis allen förmlich die Puste wegblieb. Danach hob ein unglaublicher Applaus an, wie Donner. Ich glaube, in diesem Moment wusste ich: Das möchte ich auch lernen, das hier liebe ich durch und durch. Nichts hat mich je stärker berührt als dieser Abend in der Oper.
Hatten Sie niemals Zweifel an diesem Entschluss?

Anna Netrebko: Geändert hat sich dieses starke positive Gefühl nie mehr. Noch heute besuche ich ein Theater, höre Musik – und bin ganz von selbst untröstlich glücklich. Genauso widersprüchlich, wie es klingt. Oper ist das wahre Leben.

Was fasziniert Sie so sehr daran?

Anna Netrebko: Opernmusik empfinde ich als sehr berührend und gefühlvoll. Als ich anfing zu singen, musste ich oft weinen. Daran könnte ich wirklich zugrunde gehen, habe ich gedacht. Dabei muss man eigentlich absolut kalt bleiben, wenn man auf der Bühne singt. Das muss wie per Computer im Kopf ablaufen. Reine Mathematik. Nur so kann ich Eindruck beim Publikum machen. Wenn du zu gefühlig wirst, versteht das keiner im Saal.

Widerspricht nicht reine Berechnung der Emotionalität der Musik?

Anna Netrebko: Natürlich muss da mehr als Mathematik passieren. Es gibt solche Sänger: tolle Technik, schöne Stimme, alles hundertprozentig perfekt. Aber sie berühren die Menschen nicht. Ein wirklich großer Sänger braucht mehr, eben das gewisse Etwas, das die Menschen zu Tränen rührt. So wie Maria Callas. Selbst auf alten Aufnahmen bringt sie mich manchmal zum Heulen.

Wie verlief Ihr erster Schritt in die Petersburger Opernwelt?

Anna Netrebko: Sehr tapsig *(grinst)*. Ich bin in die Stadt gezogen, um Musik zu studieren. Da war ich gerade mal 16 Jahre alt. Und ich wollte sofort im Theater auftreten. Also bin ich dort hingefahren und habe gesagt: Nehmt mich, als Statistin! Die im Besetzungsbüro haben mich angeglotzt und gesagt: Also gut, wenn du meinst, heute Abend ist Vorstellung. Du trittst als hintere Hälfte des Feuervogels auf *(lacht schallend)*. In Rimskij-Korsakows Oper »Der goldene Hahn«. Dieses Vieh aus Pappe hatte vier Extremitäten – und ich verkörperte das Gesäß und die beiden Hinterbeine. O Gott *(lacht)*, das war mein Debüt in der Oper. Als Hinterteil von Geflügel. Da wusste ich: Von nun an geht es nur noch bergauf.

II. Akt   Oper-estroika

Die Sowjetunion geht zugrunde, Annas Aufstieg fängt gerade erst an. Statt des russischen Traums erwartet sie in Leningrad der Albtraum des Verfalls. Vor dem harten Alltag flüchtet die Gesangsschülerin in die heile Welt der Oper

Der Weg nach oben beginnt für die Netrebko ein halbes Jahr vor ihrem prägenden »Otello«-Erlebnis: Zur Aufnahmeprüfung an der Musikfachschule Rimskij-Korsakow im Frühjahr 1988 reist Anna in Begleitung ihrer Mutter nach Leningrad. Der Zerfall der Sowjetunion zeichnet sich bereits ab.

Seit 1985 regiert Reform-Generalsekretär Michail Gorbatschow das Land. Zu der Zeit, als Anna sich an dem Petersburger Institut bewirbt, verkündet Gorbatschow das Ende der »Breschnew-Doktrin«, die den Staaten des Ostblocks die Gründung eigenständiger Demokratien untersagt hatte. Der Kalte Krieg geht seinem Ende entgegen, damit allerdings auch der innere Zusammenhalt von Annas Heimatland. Unaufhaltsam rückt Russlands Niedergang näher. Unter diesen widrigen Umständen beginnt die junge Frau ihren Aufstieg zur »Wunderstimme«.

Die Netrebko-Eltern kennen Leningrad gut, beide haben ja dort studiert. Gerade deshalb sind sie jedoch misstrauisch und voller Sorge, ihre Tochter in der Millionenstadt unbeaufsichtigt zu lassen. Praktischerweise haben sie dort noch einige Freunde aus ihrer Studentenzeit. Also beherzigen sie ihre eigene Erziehungsregel: Anna soll tun, »was ihre Wahl ist«. Die Teenagerin ist beseelt vom Gedanken an eine Karriere in der russischen Metropole, in der reizvolles Hochkulturleben neben einem mindestens ebenso anziehenden Künstler-Underground pulsiert.

Eine rasante Karriere wird Anna in der harten Konkurrenz dieser Opernszene nicht erleben. Mühsam gewöhnt sich die bislang nachlässige Schülerin an Disziplin und Ordnung. Üben, trainieren muss sie künftig täglich, Rollen einstudieren, stundenlang Läufe und Triller wiederholen, ihr Gehör für richtige und falsche Töne schulen, hart arbeiten und obendrein zum Lebensunterhalt putzen gehen.

Ab ihrem Erstsemester 1988/89 wird sie kleine Etappensiege feiern, aber auch Niederlagen verschmerzen – wird singen, singen und nochmals singen. Vierzehn Jahre soll es dauern, bis die junge Sängerin im Sommer 2002 bei den Salzburger Festspielen ganz oben ankommt. Eine entscheidende Phase, die sie von allzu schnell durchgestarteten Kolleginnen klar abhebt. Fernab ihrer Heimat durchläuft die junge Russin eine unerbittliche Schule. Auf der jahrelangen Suche nach ihrem Ziel hat sie die Liebe ihres Lebens gefunden: Ein männlicher Verehrer war noch nicht dabei – nein, sie verehrt die Musik, und sie liebt es mehr als alles andere, auf der Bühne verehrt zu werden.

Zum Vorsingen an der Fachschule fliegen Larissa und Anna Netrebko mit gemischten Gefühlen – sorgenvoll die eine, aufgekratzt und gespannt die andere. Den Termin beraumt das namhafte Institut nur als Test an, bei dem die Vielzahl der Bewerber vorab ausgesiebt wird, um hoffnungslose Fälle sofort auszuschließen. Als Anhängerin des ungarischen Komponisten Emmerich Kálmán hat die Bewerberin aus Krasnodar die Partie der verruchten Varieté-Chansonette Sylva Varescu aus dessen Operette »Die Csárdásfürstin« vorbereitet. Einige Brillierstücke dieser Figur, mit der sich das feurige Mädchen durch und durch identifiziert. Auch eine Arie aus Kálmáns weniger bekanntem »Veilchen vom Montmartre« trägt sie der Jury im Konzertsaal der Musikfachschule vor.

»Heia! In den Bergen ist mein Heimatland« und derlei Schnulzetten sind eigentlich kein Programm, mit dem sich gestrenge

Vertreter des seriösen Gesangs um den Finger wickeln lassen. Doch die Bewerberin singt die erotisch angehauchten Partien, für die sie stimmlich und darstellerisch viel zu jung ist, so naiv und bewegt, dass die Chefin des Auswahlkomitees Anna sofort akzeptiert. Selbst unter der dicken Schicht übertriebener Interpretation erkennt Musikpädagogin Tatjana Lebed das Potenzial dieser Aspirantin. Die eigentliche Aufnahmeprüfung darf sie sogar überspringen.

»Von Gott geküsst«

Aus nächster Nähe verfolgt Annas erste Gesangslehrerin Tatjana Lebed ihre ersten Schritte in die Welt der Musik

Nie werde ich vergessen, wie ich Anna Netrebko zum ersten Mal gehört habe. Ein überaus interessanter und bedeutender Moment für mich als Lehrerin. Sie war damals 16 Jahre alt, ein schönes, sehr charmantes, vitales Mädchen. Sie kam mit ihrer Mutter Larissa Iwanowna zu einer Vorprobe, die wir vor der eigentlichen Aufnahmeprüfung veranstalten. Irgendwie waren die beiden süß. Die Mutter brachte eine Menge Zeugnisse, Diplome mit, Urkunden vom Kinderchor der Kubanskaja Pionerija.
Der damalige Direktor unserer Schule, Andaschkowskij, ließ mir freie Hand. Jemand hatte ein gutes Wort für Anna eingelegt, sie uns wärmstens empfohlen. Sie muss in ihrer Heimatstadt schon bekannt gewesen sein, schätze ich. Dort gibt es ja mehrere gute Theater.
Sie sang – und ich war berührt. Sofort habe ich gehört, dass sie über eine sehr schöne Stimme mit ungewöhnlicher Klangfarbe verfügt. Schöne Obertöne, ein dunkler Klang. Weil sie aber ein sehr erwachsenes Repertoire vortrug, habe ich gleich bemerkt, dass die Stimme altersbedingt noch nicht voll entfaltet ist. Dafür war sie noch zu jung.

Anna besitzt eine angeborene musikalische Intuition. Sie begriff von Anfang an, wie man Mozart richtig singt. Eine außergewöhnliche Fähigkeit. Und sie ist unglaublich begabt für Fremdsprachen. Sie sang schon damals Italienisch, als ob sie es fließend beherrsche.
Ein phänomenales Gedächtnis kommt dazu. Ihre ersten Gesangsrollen erlernte sie anhand des Klavierauszugs spielend zu Hause. Gewohnt hat sie zunächst im Wohnheim des Petersburger Konservatoriums. In einem Zimmer zusammen mit Slata Bulytschowa, die heute als Solistin am Mariinskij-Theater arbeitet. Die beiden wurden dicke Freundinnen.
Natürlich war ihre Mutter sehr besorgt, ihre Tochter in der großen Stadt zu lassen. Ganz allein, ohne Verwandte in der Nähe. Larissa hat mich dann zu Annas »zweiter Mama« ernannt. Ich habe damals häufig mit ihr telefoniert, vom Fortschritt ihrer Tochter berichtet. Wie sie mir erzählte, hat Annas Erfolg ihr Lebenskraft verliehen. Das war sehr wichtig für sie, als sie später so schwer krank wurde. Eine Tragödie.
Drüben am Konservatorium gibt es ein Opernstudio, in dem aber die Studenten nur widerwillig mitwirken. Also haben sie auch die Jüngeren von unserer Musikfachschule zugelassen. Auf diese Weise gelangte Anna in die Aufführungen einiger Kinderopern. Sie war mit Feuereifer dabei.
Von der Opernbühne war sie danach vollauf begeistert. Um am Mariinskij-Theater alle Aufführungen anschauen zu können, hat sie dort sogar zu putzen begonnen. Praktisch alles hat sie dort verschlungen, sowohl Oper als auch Ballett.
Weil sie so engagiert war, fiel Anna auch alles in den Schoß. Die Aufnahmeprüfung fürs Konservatorium bestand sie dementsprechend leicht. Sie hat beide Teile der Elvira-Partie aus Bellinis »Die Puritaner« gelernt und vorgesungen. Sehr souverän. Alle Lehrer dort waren so angetan, dass regelrecht ein Streit entbrannte, wer sie als Studentin in seine Klasse bekommt. Schließlich ist sie bei

Tamara Dmitrijewa Nowitschenko gelandet, eine hervorragende Pädagogin. Allerdings hat Anna ihr Studium nicht abgeschlossen, weil die weltweiten Gastspiele des Mariinskij-Theaters sie zu sehr abgelenkt haben. Schade.
Der Dirigent Valery Gergiev hat sie mitgenommen nach San Francisco. Dort haben sie »Ruslan und Ludmila« von Glinka gegeben. Von der Pracht der Aufführung war Anna berauscht und niedergeschmettert zugleich. Sie hat die Ludmila gesungen, und ein junger, sehr attraktiver Sänger den Ruslan. Von dem hat sie mir ausführlich erzählt, als sie wieder nach Petersburg zurückkehrte. In San Francisco lernte sie auch ihren Manager kennen, der sie bis heute betreut.
Im Ausland ist Anna nicht ohne Grund sehr beliebt. Dort schätzen die Menschen den Klang ganz anders, die Kantilene, den Stimmabschnitt im hohen Register, der bei Anna besonders schön ausgeprägt ist.
Sie neigt gar nicht dazu, schnell mit sich zufrieden zu sein. Sie war total begeistert, wie hart und diszipliniert die Sänger in Amerika an ihren Rollen feilen. »Toll, wie die arbeiten«, hat sie mir erzählt, »so muss man schuften. Sonst wird nichts draus.« Sie geht sehr kritisch mit sich selbst um. Der häufigste Satz, den ich von ihr höre, lautet: »Nein, das kann ich noch nicht.«
Anna ist außerdem rührend dankbar. Zu meinem 40-jährigen Dienstjubiläum haben alle Studenten einen Festabend im kleinen Philharmoniesaal unserer Schule gestaltet. Anna ließ alles stehen und liegen, um dabei zu sein. Da war sie am Mariinskij schon eine bekannte Sängerin. Und weil sie an der Feier teilnahm, war der Saal auch voll.
Bis heute treffen wir uns regelmäßig. Ich würde sagen, wir sind richtige Freundinnen geworden. Wenn sie nach St. Petersburg kommt, schaut sie immer bei mir in der Fachschule vorbei. Manchmal gehen wir auch zusammen essen. Ein anderes Mal hat sie mich in ihre neue Wohnung eingeladen. Anna hat selbst gekocht.

Dabei ist sie – wie sonst auch – sehr eigenwillig. Sie brutzelt gerne ungewöhnliche Gerichte mit schier unvereinbaren Zutaten.
Ich empfinde es als großes Glück, einem Menschen wie Anna im Leben zu begegnet zu sein. Sie wurde von Gott geküsst.

Normalerweise dauert die Grundausbildung an der Rimskij-Korsakow-Musikfachschule vier Jahre, ein weiteres nimmt die Vorbereitung zur Aufnahmeprüfung am Konservatorium in Anspruch. Doch Anna bewältigt das Pensum innerhalb von nur zwei Jahren. Kern dieses Grundstudiums, ohne das die wenigsten an die Hochschule gelangen, ist eine solide Stimmbildung.

Mit viel Atemtechnik und kontrollierten Wechseln vom Brust- ins Kopfregister üben die Lehrer mit ihren Schützlingen die richtige Körperspannung, mit der Koloraturen, lange Melodiebögen, Sprünge zu schaffen sind. Kaum eine Phase in der Entwicklung einer Sängerin prägt sie so lang anhaltend. Frühe Fehler sind nur schwer wieder zu korrigieren. Umso behutsamer muss dieser kräftezehrende Prozess vonstatten gehen, da die Muskeln um die Stimmbänder noch schwach und fragil sind.

Ohnehin ist die Stimme sehr verletzlich. Entsprechend kann frühe Überbeanspruchung eine Sängerin für immer ruinieren. Die Schüler müssen lernen, den gesamten Körper als Instrument zu begreifen und einzusetzen. Damit sie die optimale Balance zwischen Bauch- und Brustatmung finden, das Gespür für Hals, Stimmbänder und den richtig dosierten Luftdurchfluss entwickeln. Vom Pianissimo bis ins Forte. Denn am Konservatorium sollen sie sich später schwerpunktmäßig mit Rollenstudium, individuell zugeschnittener Erweiterung ihrer Gesangstechnik sowie der Entwicklung ihres charakteristischen Timbres beschäftigen.

Kleine Rollen können die Neulinge der Musikfachschule schon bei Übungsinszenierungen am Konservatorium übernehmen. So wirkt Anna im Opernstudio in einem Dramolett nach Rudyard Kiplings »Rikki-Tikki-Tavi« mit, in dem sie die Mungokatze Rikki spielt. Ihre Freundin Slata, die sie an der Fachschule kennen gelernt hat, übernimmt die Rolle der bösen Schlange. Da die Vorläufergeschichte zu Kiplings Klassiker »Das Dschungelbuch« altersgemäß genau zu den Teenagern passt, stürzt sich Anna mit ganzer Kraft auf die musikalische und szenische Gestaltung. Sich auf der Bühne auszudrücken bestätigt sie erneut in ihrer großen Leidenschaft.

Ihre Durchsetzungsfähigkeit beweist sie im Alltag neben der Schule. Im Wohnheim erobern die beiden Klassenkameradinnen ein exklusives Doppelzimmer. »Es war nicht einfach, ein Zimmer nur für zwei zu bekommen. Aber Anna hat das für uns durchgefochten«, erzählt Slata. Andere Mitschüler müssen in Mehrbetträumen mit bis zu sechs Personen unterkommen. Anna wird bei Schulleiter Andaschkowski so beharrlich vorstellig, bis er das Vorzugszimmer genehmigt.

Mit Slata »erbt« sie von den Vorgängerinnen im Schlafzimmer auch einen Job, der ungeahnte Möglichkeiten offeriert: Sie heuern im Mariinskij-Theater als Putzfrauen an. Die Arbeit gefällt den beiden zwar überhaupt nicht, vor allem im Winter, wenn die Besucher Schneematsch und Dreck an den Schuhen ins Foyer mitschleppen. Doch die Studentinnen erhalten neben ihrer Bezahlung freien Zugang zu allen Proben und Aufführungen des Opernhauses.

Beim Putzen wurde Anna zwar nicht für die Oper entdeckt, wie viele Zeitungen bis heute unbeirrbar berichten. Aber beim Putzen entdeckt sie die Oper für sich. Im rauen Leben in der Großstadt zu Zeiten von Glasnost und Perestroika dienen ihr die Nachmittage und Abende im Theater als willkommene Ablenkung von der russischen Dauerkrise.

Unter Staatschef Michail Gorbatschow schlittert die Planwirtschaft der Sowjetunion in den unvermeidlichen Kollaps. Der

Machtzerfall mündet in einen erfolglosen Militärputsch gegen den Generalsekretär. Als erste Republiken spalten sich 1991 – nur 150 Kilometer von Annas Wohnort entfernt – Litauen, Lettland und Estland von der UdSSR ab. Weitere folgen. Arbeitslosigkeit, Armut und Gewalt greifen auch in St. Petersburg um sich. Zeitweilig herrscht Mangel an Grundnahrungsmitteln wie Brot und Milch. Unsanft erwacht die zur gläubigen Kommunistin erzogene Anna Netrebko in der Realität. Und flieht bei jeder Gelegenheit in die heile Welt der Oper.

Stimmt es denn, dass Sie beim Putzen vom Dirigenten des Mariinskij-Theaters entdeckt wurden, wie oft zu lesen ist?
ANNA NETREBKO: Eine blöde Aschenputtel-Geschichte, die ich wohl nie mehr loswerde. Ich habe dort geputzt, das ist richtig. Das war übrigens mehr so, als ob du einen ganzen Swimmingpool reinigen müsstest anstatt nur einen Fußboden. Im Foyer herrscht ein ständiges Kommen und Gehen. Alles schwamm vor lauter Schnee, Matsch und Dreck. Maestro Gergiev hat mich zwar entdeckt, aber bestimmt nicht dort am Boden kniend. Vorgesungen habe ich ihm erst viel später, als ich gar nicht mehr geputzt habe. Und er erinnerte sich an mich: »Oh, singen können Sie also auch«, sagte er.
War die Oper für Sie eine Möglichkeit, der harten Realität um Sie herum zeitweilig zu entkommen?
ANNA NETREBKO: Die Oper hat mich von dieser trüben Realität befreit. Nicht im übertragenen, sondern im wahrsten Sinn des Wortes. In meiner Studienzeit, von 1988 bis 1994, machte Russland eine wirklich deprimierende Phase durch. Schlimm. Deshalb bin ich 24 Stunden lang ins Theater gegangen, nur um dort und nicht auf der Straße zu sein. Die Musik hat mich abgelenkt.
Woran können Sie sich noch gut entsinnen?

Anna Netrebko: Wegen der Musik erinnere ich mich an diese Zeit überhaupt nicht mehr allzu genau. Vor lauter Oper habe ich nicht so viel von den Vorgängen außerhalb des Mariinskij mitbekommen. Ich habe mich ganz einfach in Gedanken in eine andere Welt geflüchtet. Das hat vieles einfacher und erträglicher für mich gemacht. Deshalb habe ich während meines Studiums in St. Petersburg wohl damit angefangen, die Böden im Mariinskij zu putzen. Einfach weil ich dort sein, alle Proben und Aufführungen miterleben wollte. Nur auf diese Art konnte ich problemlos ins Theater gehen, ohne dafür bezahlen zu müssen. Also habe ich die Böden geschrubbt und mich immer wieder heimlich in die Proben geschlichen.

Haben Sie Gorbatschow und seine Umwälzungen als so traumatisch erlebt?

Anna Netrebko: Einmal bin ich ganze zehn Stunden dort im Dunkeln gesessen und habe nur zugeschaut. Ich saß da, hörte sie singen und war einfach nur glücklich. Damals war das Leben in St. Petersburg irgendwie beängstigend. Draußen war es eiskalt, minus 20 Grad. In den Geschäften gab es nur ungenießbare Pasta, die kein Mensch essen konnte. Für Butter, Brot und Zucker brauchte man Lebensmittelmarken. Um überhaupt etwas zu essen zu bekommen, mussten wir Schlange stehen.

Und überall Killer. Für ein paar hundert Dollar konnten Leute jemanden umbringen lassen. Wirklich furchtbar. Aber diese Zeit verging so rasend schnell für mich, weil ich alles durch die Augen von Opernfiguren gesehen habe. Ich besuchte das Theater, hörte Musik – und war happy.

Die ganze Perestroika war auf lange Sicht bestimmt notwendig. Aber Russland hat dieser Umbruch sehr hart getroffen.

Hat Sie dieser gesellschaftliche Zerfall geprägt?

Anna Netrebko: Ich fand das wirklich beängstigend. Das Gefühl, dass dir die Basis unter den Füßen wegbröckelt, verlierst du nie wieder. Diese anhaltende Unsicherheit.

Also war es gut, dass es Theater gab?
ANNA NETREBKO: Unbedingt. Als ich im Mariinskij war, habe ich verstanden, dass das ganze Leben völlig anders sein kann. O ja. Das Leben kann hell und strahlend sein und nicht immer nur düster. Es gibt eine Sonne, die sogar scheint, wenn es bei dir dunkel ist. Dann ist sie nur auf der anderen Seite der Erde, aber morgen früh kehrt sie zurück. Alle können glücklich und sorglos sein. In der Oper wenigstens.

Bester Stimmung

Opernführer für die Pause: kleines Einmaleins aus Operngeschichte, Werkekanon und Gesangslehre. Und: Worin liegt die Einzigartigkeit der Netrebko-Stimme?

Von der jungen Studentin zur allseits bejubelten »Primadonna von nebenan«, zur Sopranistin mit einzigartigem Talent, unverwechselbarem Timbre und herausragender Bühnenpräsenz – innerhalb eines Jahrzehnts hat die Sängerin Anna Netrebko diese beachtliche Karriere aufgebaut. Sie ist zum Star avanciert, der bei Fachleuten und Laien mächtig Eindruck hinterlässt. »Anna ist der strahlendste Stern unter den Newcomern. Mit einer Stimme, die von der Tiefe bis in extreme Obertöne reicht«, lobt Ioan Holender, Intendant der Wiener Staatsoper, nach ihrem Salzburger Höhenflug.

Im Hoch-Tief-Bau kennt sich auch Star-Architekt Stephan Braunfels bestens aus, Erbauer der Pinakothek der Moderne in München. »Von den ergreifendsten Tiefen bis zu den strahlendsten Höhen geht von ihr ein Zauber aus«, schwärmt der Opernaficionado und einer der hartnäckigsten Verehrer der Russin.

Was aber hebt Anna Netrebkos Schönklang derart aus der Menge ihrer Konkurrentinnen heraus? Was sind die Charakteristika ihres Könnens? Wo liegt die stimmliche Basis ihrer Kunst jenseits aller Hysterie ihrer Fans? Wie erarbeitet sich eine junge Künstlerin die Vielzahl der Opernklassiker? Wo verläuft der geheime Pfad durchs Repertoire der Werke zum Erfolg?

Operngesang ist – vor allem im Spitzenbereich – eine höchst individuell geprägte Kunst. Der Unterschied zwischen einer guten Sängerin und dem Topstar mag mitunter nur in Nuancen des Klangs oder des Stimmvolumens liegen. Der bestechende Netrebko-Faktor besteht jedoch in der übergreifenden Verbindung, die natürliches Timbre und erstklassige Technik mit außerordentlicher Bühnenpräsenz eingehen. Allein ihre Stimme ist zwar makellos, aber nicht einzigartig auf dieser Welt. Worauf es ankommt, ist die glückliche Kombination aus Gesang, darstellerischen Qualitäten und fotogenem Äußeren. Eine famose Sänger-Schauspielerin also mit untrüglicher Bühnenintuition und technisch perfektioniertem Klangglanz in der Kehle.

Ein weiteres Geheimnis ihres Erfolgs besteht in ihrem Opern-Portfolio. Die Netrebko singt bis auf Ausnahmen durchwegs Glanzpartien in äußerst populären Werken. Abseitige Experimente, gar zeitgenössische Literatur wagt sie fast nie. Ein Blick auf die beliebtesten Stücke in deutschen Opernhäusern gibt Aufschluss.

Volkes Stimme

Beliebteste Opernwerke nach Anzahl der Theaterbesucher von 1990 bis 2003 (Deutschland, Österreich, Schweiz)

	Werke	Besucher
1.	Wolfgang Amadeus Mozart, »Die Zauberflöte«	5,8 Mio.
2.	Engelbert Humperdinck, »Hänsel und Gretel«	3,1 Mio.
3.	Georges Bizet, »Carmen«	2,7 Mio.
4.	Giacomo Puccini, »La Bohème«	2,6 Mio.
5.	Wolfgang Amadeus Mozart, »Die Hochzeit des Figaro«	2,5 Mio.

Werke	Besucher
6. Giuseppe Verdi, »La Traviata«	2,4 Mio.
7. Wolfgang Amadeus Mozart, »Don Giovanni«	2,2 Mio.
8. Gioacchino Rossini, »Der Barbier von Sevilla«	2,0 Mio.
9. Carl Maria von Weber, »Der Freischütz«	1,9 Mio.
10. Giacomo Puccini, »Tosca«	1,8 Mio.

Quelle: Deutscher Bühnenverein

In sieben Werken dieser Top Ten feiert die Netrebko ihre größten Erfolge: In der »Zauberflöte« beherrscht sie sowohl die atemberaubende Königin der Nacht als auch deren Tochter Pamina. Das Bauernmädchen Micaela in »Carmen« hat sie schon früh am Mariinskij-Theater gegeben. Ihr Debüt an diesem Haus absolvierte sie zuvor als Susanna in der »Hochzeit des Figaro«. Seither ist die Figur zu einer ihrer Paraderollen avanciert. Als Musetta in »La Bohème« und Kurtisane Violetta in »La Traviata« feiert sie ihre wohl größten Publikumshits von San Francisco bis München. Im »Don Giovanni« gelang ihr als Donna Anna bei den Salzburger Festspielen der internationale Durchbruch. Zuvor hat sie in dieser Mozart-Oper häufig die Magd Zerlina gesungen. Auch die Rosina im »Barbier von Sevilla« interpretiert sie gelegentlich.

Dazu kommen noch schwierige Haupt- und Titelrollen in Mozarts »Idomeneo«, »La Clemenza di Tito«, Verdis »Rigoletto«, »Falstaff«, Donizettis »Lucia di Lammermoor«, »Der Liebestrank«, Offenbachs »Hoffmanns Erzählungen« sowie auf ihrem russischen Spezialgebiet in Glinkas »Ruslan und Ludmila«, Rimskij-Korsakows »Die Braut des Zaren«, Prokofjews »Krieg und Frieden«. Ein eindrucksvolles Portfolio, mit dem die Vokalistin beim Publikum großen Effekt erzielt. Natürlich basiert ihr Erfolg nicht ausschließlich auf dieser populären Auswahl. Auch Kolleginnen bedienen sich schließlich in der Feinkostabteilung des Repertoires. Doch die Partien der Netrebko sind erkennbar auf spektakuläre Kulinarik ausgelegt und beileibe nicht auf riskante Experimente mit schwer verdaulicher Kost aus der Moderne. Ihre Brillierstücke stammen allesamt aus dem 18. und 19. Jahrhundert, also aus der Blütezeit der Oper.

Wie kann die Oper ihre einstige Popularität wieder erlangen?
ANNA NETREBKO: Das Kino hat in vielerlei Hinsicht die Rolle übernommen, die früher die Oper hatte. Große Emotionen vergrößert die Leinwand wie eine Lupe. Aber das Geschehen findet quasi hinter einem Vorhang statt – eben nur auf der Leinwand. Auf der Theaterbühne siehst du dagegen echte Menschen, die fiktive Geschichten glaubhaft spielen oder singen. Diese Direktheit wird die Oper nie verlieren. Darin liegt ihre Chance für die Zukunft. Deshalb kann sie auch nie wirklich aussterben. Auch wenn die heutigen Komponisten nicht mehr so umwerfende Werke schaffen wie Verdi, Wagner oder Mozart.

Warum hat die Oper ihre frühere Rolle verloren?
ANNA NETREBKO: Weil sich das Tempo unserer Zeit fortwährend beschleunigt. In die Oper zu gehen ist für mich immer wie in der Kirche die heilige Messe zu besuchen. Ein bisschen altmodisch, aber immer noch sinnstiftend. Alles dauert sehr lange, jeder einzelne Schritt der Liturgie wird zeitaufwändig zelebriert.
Die Musik aus dem Orchestergraben hebt uns wie die Orgel in der Kirche näher zu Gott. Nur dass dieser Gott eben nicht aus der Bibel kommt, sondern aus den Libretti von Donizetti und Beethoven. Das Problem ist, dass sich die Leute heute weniger Zeit nehmen – ob für die Wunder Christi oder die Geheimnisse des Theaters. Ich bin selbst ein nervöser Mensch.

Wie meinen Sie das?
ANNA NETREBKO: Manchmal sitze ich selbst total unaufmerksam im Theater, denke über dies und das nach. Wir kommen alle so

abgehetzt dort an und sind unkonzentriert. Das ist dieses unselige Fernsehtempo, bei dem ständig ein Schnitt auf den anderen folgt. Die Oper aber erfordert Aufmerksamkeit und Geduld, sonst verpasst man das Beste.

Reichen Konzentration und Geduld wirklich aus, um die Oper begreifen zu können?

ANNA NETREBKO: Grundsätzlich schon. Da die meisten Opernhäuser den gesungenen Text mittlerweile auf Übertitelungsanlagen über der Bühne projizieren, kann jeder der Handlung entspannt folgen. Je mehr die Leute über die Stücke und das gesamte Metier wissen, desto mehr Spaß wird es ihnen auch bereiten. Dieses Grundwissen ist heute nicht mehr sehr weit verbreitet. Wenige Menschen können Noten lesen oder einer Partitur folgen. Ein paar Grundbegriffe zu vermitteln, ein wenig Nachhilfe kann deshalb nie schaden. Gerade die Werkkunde und die Stimmlehre bergen einige Geheimnisse, ohne die sporadische Opernbesucher vieles verpassen.

Der Operngesang setzt im späten 16. Jahrhundert ein – mit einem epochalen Flop, mutmaßlich der größten Themenverfehlung der Musikgeschichte. In Florenz, im Haus des Grafen Giovanni de' Bardi, tagt in den 70er- und 80er-Jahren ein Intellektuellenzirkel namens »Camerata Fiorentina«. Die belesenen und historisch kundigen Gelehrten dieses Gremiums träumen von einer Wiedergeburt des Dramas der Antike. Renaissance im wahren Wortsinn.

Natürlich kennt keiner der Kammerherren diese verloren gegangene Bühnenkunst aus eigener Anschauung, sondern nur aus den theoretischen Schriften griechischer Philosophen und den überlieferten Texten der antiken Dramatiker. Sophokles, Euripides, Aischylos, Aristophanes – nach solchen Autoren steht dem Florentiner Männerbund der Sinn. Deren Tragödien um mythische Figuren wie Antigone, Elektra, Alkestis wollen sie in noch nie da gewesener und zugleich historischer Form in Szene setzen.

Operngesang im heutigen Sinn schwebt den Mitgliedern der Camerata dabei nicht vor. Eher schon ein »Mittelding zwischen Sprechen und Singen«, dem so genannten »cantar recitando«, wie Kammermitglied Jacopo Peri zurzeit der Jahrhundertwende um 1600 formuliert. Die Aufführungspraxis der antiken Tragödie möchte der Komponist wiederbeleben, indem er die vorgegebene Geschichte komplett in Musik umsetzt.

Die Ehre, die erste Oper der Musikgeschichte verfasst zu haben, bleibt jedoch seinem Kollegen Claudio Monteverdi vorbehalten. Erst dessen 1607 uraufgeführtes Werk »L'Orfeo« über den Sänger Orpheus, der seine Frau Euridice mit der Kraft seiner Stimme aus der Unterwelt befreit, gilt wegen ihrer reichen musikalischen Gestaltung und vielschichtigen Gesangsstilistik als echtes Musikdrama. Neben vielen rezitativisch gefassten Passagen setzt Monteverdi in diesem frühen Meisterwerk auch Gesänge ein, deren Form sich aus dem vielstimmigen Madrigal des Mittelalters speist.

Symbolisch weist das im »L'Orfeo« angeschlagene Topos des singenden Helden voraus auf Generationen von Sängerstars und Diven, welche die Oper in den folgenden Jahrhunderten in Lohn und Arbeit setzen wird. Geradezu grotesk wirkt die Diskrepanz zwischen den spartanisch anmutenden Texten aus der Antike und dem überbordenden Ruhm und Reichtum, den die Opernhelden heutiger Tage anhäufen. Mit Aufführungen, wie sie die alten Griechen wohl in ihren Amphitheatern erlebten, haben aber schon die neuen Florentiner Opern immer weniger zu tun. Von der Wiedergeburt des antiken Dramas entfernte sich die Bühnenpraxis schnell.

Den einmal eingeschlagenen falschen Weg gehen die Camerata-Herren konsequent weiter, so lange, bis er an ein richtiges

Ziel führt. Ihre Werke werden anspruchsvoller, vielschichtiger, ausgefeilter. Schließlich gelingt den Historien-Eiferern etwas viel Besseres als die Wiedergeburt der Antike: die Neugeburt einer Kunstform mit bislang über 400-jähriger Lebensdauer.

Die Renaissance-Oper verfeinern Komponisten im Barock zu immer üppigeren höfischen Spektakeln. Georg Friedrich Händel in Deutschland und später England, Jean-Baptiste Lully in Frankreich schreiben Musik für absolute Herrscher und Auftraggeber. Könige samt Entourage sonnen sich im Glanz des aufstrebenden Bühnenmediums. Die ersten Superstars des Gesangs, exzentrische Gestalten wie der Kastrat Farinelli, erobern die Höfe. Bald schon erkennen geschäftstüchtige Impresarios das populäre Potenzial der Oper in breiten Volksschichten. Händel komponiert sein musicalähnliches Kreuzritterepos »Rinaldo« für die Eröffnung des Londoner Queen's Theatre des Geschäftsführers Aaron Hill.

Im 18. Jahrhundert reformieren die Tonsetzer Christoph Willibald Gluck, Antonio Salieri, Joseph Haydn oder Wolfgang Amadeus Mozart das höfische Musiktheater stilistisch, bis es zum Kulturgenuss für Adelige *und* Bürger gleichermaßen avanciert. Immer häufiger geben neben Herrschern auch kommerzielle Theaterbetreiber Opern in Auftrag. »Die Zauberflöte«, publikumsträchtigstes Werk aller Zeiten, verfasst Mozart für die Vorstadtbühne auf der Wieden seines Wiener Impresarios Emanuel Schikaneder. In der Klassik entwickelt sich das Genre zum moralisch getönten Soundtrack der Aufklärung. Mozart ist der Magier, Ludwig van Beethoven bald darauf der Zauberlehrling, der mit »Fidelio« allerdings nur eine einzige Oper komponiert.

Während der Romantik des 19. Jahrhunderts bilden sich in vielen Ländern Europas spezifisch nationale Opernstile heraus. Nicht selten spielen die Werke sogar eine gewichtige Rolle bei der Emanzipation dieser Nationen. Beispielsweise steigt der Gefangenenchor »Va, pensiero, sull' ali dorate« aus Giuseppe Verdis Frühwerk »Nabucco« zur heimlichen Nationalhymne vieler Republikaner in Italien auf. Richard Wagners »Ring des Nibelungen« um die Symbolfigur des deutschen Siegfried entfaltet Ausstrahlung auf die Symbolik der nationalen Bewegung zum Deutschen Reich.

Stilistisch bringt die Romantik bis zur Mitte des 19. Jahrhunderts den so genannten »Belcanto« hervor, der sich in Italien seit dem späten Barock entwickelt hat. Komponisten wie Rossini, Bellini, Donizetti schaffen virtuose, reich mit Trillern und vielfältigen Koloraturen verzierte Arien, die auch im Repertoire der Netrebko großen Raum einnehmen. Affektgeladene Illusion und hochgradige Stilisierung bestimmen diese Opern.

An deren Stelle treten gegen Ende des Jahrhunderts die Werke des »Verismo«, in denen sich der Trend zur realistischen Darstellung von Gefühlen durchsetzt. Maßgeblich bereitet diese Entwicklung Komponisten-Übervater Verdi mit seinem farbenreichen Stil vor. Mit expressionistischen Mitteln bedienen später Tonsetzer wie Puccini oder Mascagni diese Epoche.

Was Verdi für die italienische Oper bedeutet, ist Wagner für die deutsche. Der Bayreuther Musikdramatiker erfindet das so genannte »Gesamtkunstwerk«, das die durchkomponierte Form gegen die bis dahin übliche Gliederung in Arien, Duette und verbindende Dialog-Rezitativen setzt. Zahlreiche Leitmotive und Nebenmelodien, die Gefühlszustände oder Handlungsstränge charakterisieren, verschränken sich in seinen symphonisch ausgestalteten Werken zu hoch komplexen Erzählstrukturen. Der Gesamtkunstwerker will ebenfalls Emotionen glaubwürdiger darstellen, die Bühnenhandlung in Musik und Gesang spiegeln und so die psychologische Tiefe seiner Opern steigern.

Unterdessen entsteht in Frankreich aus Elementen der italienischen und deutschen Oper die musikalisch eigenständige »Grand Opéra« in der Landessprache. Monumentale historische Klanggemälde, in denen großkalibrige Chöre den Ton angeben. Giacomo Meyerbeer und Hector Berlioz agieren als prägende Schöpfer der französischen Opern-Spielart.

Je spezieller die nationalen Eigenarten der Opern auch werden, je mehr die Komponisten für ein geografisch oder gesellschaftlich eingegrenztes Publikum schreiben – eine Konstante findet sich wesensgemäß in allen Opern: der Gesang. Ohne herausragende Sänger läuft nichts mehr. Ein diffiziles System aus Primadonnen und Startenören hält den allabendlichen Musikzirkus seit der Wiener Klassik in Gang. Das Publikum lechzt nach Stimmartisten, die sich an die Grenzen der körperlichen Leistungsfähigkeit heranwagen. Veranstalter und Intendanten geben den Fans gerne, was die wollen – und bezahlen.

Die beliebtesten Werke des zunehmend auf sängerische Akrobatik ausgelegten Repertoires erfordern spezialisierte Fachkräfte. Denn eine Sängerin, in deren Stimmlage zwar Bellinis »Norma« oder Verdis Violetta (»La Traviata«) passen, kann nicht unbedingt auch Mozarts Pamina (»Die Zauberflöte«) oder gar Wagners Brünnhilde (»Die Walküre«) singen.

Die wachsende Zahl der Rollen splittert die Darstellergemeinde in mehr als zwei Dutzend Fachpartien auf. Manche singen in ihrer gesamten Karriere nur fünf bis zehn Partien und riskieren keine Ausflüge in benachbarte Stimmfächer. Wahrhaft bedeutende Künstler aber sind oft an der Vielzahl ihrer Rollen erkennbar – ob im italienischen, deutschen oder französischen Fach. Anna Netrebko beherrscht etwa dreißig Partien, wobei sie mit sechs die Mehrzahl ihrer Auftritte bestreitet.

Um die komplexe Systematik dieser Fachpartien zu durchschauen, sind einige Grundbegriffe der Stimmlehre erklärungsbedürftig. Die elementare Aufteilung des Spektrums teilt sich in Sopran und Alt bei den Frauen, Tenor und Bass bei den Männern. Jeweils dazwischen liegen der weibliche Mezzosopran und der männliche Bariton.

Eine Sonderrolle spielen die Countertenöre. Sie entstammen der Barockoper, in der Kastraten Frauenrollen verkörperten. Im heutigen Boom dieser Werke an vielen deutschen Opernhäusern singen Countertenöre mit kurios hohen Falsettstimmen diese Figuren.

Für die Bühnenpraxis unterteilen die Besetzungsbüros der Opernhäuser die Singstimmen in so genannte »Fächer«. Gemäß ihres Tonumfangs, ihres gesanglichen Volumens und gemäß der darstellerischen Anforderungen verschiedener Partien: in das »seriöse Fach« einerseits und das »Spiel- und Charakterfach« andererseits. Ersteres erfordert vom Künstler eine sehr schöne, vielseitig wandelbare Stimme sowie technisch zielgenau geführte Gesangslinien. Experten unterscheiden hier in allen vier Stimmlagen – vom Sopran bis hinab zum Bass – das filigranere »lyrische Fach« bis zum tieferen, kräftigeren »Heldenfach«. Letzteres bedient beispielsweise auch die wuchtigen Rollen in Richard Wagners durchkomponierten Musikdramen.

Natürlich kommen auch Spiel- und Charakterfach nicht ohne hochklassigen, perfekt ausgebildeten Gesang aus. Größeren Stellenwert nehmen aber schauspielerische Fähigkeiten des Darstellers (Spielfach) ein oder die spezielle Begabung zur psychologischen Charakterisierung einer Bühnenperson über die Stimme (Charakterfach).

Zugegeben sei, dass die Grenzen zwischen einigen dieser Bezeichnungen zunehmend verschwimmen. Aber gerade hierin liegt ein wesentlicher Vorzug von Anna Netrebko gegenüber vielen ihrer Kolleginnen: Ihre Stimme ist exzellent und vielschichtig, ihr Ruhm gründet jedoch auch auf ihrer darstellerischen Wandlungsfähigkeit und ihrer Attraktivität. Korpulente Sangesdamen, die nur an der Rampe stehen und ihre Töne in den Saal deklamieren, sind Auslaufmodelle. Die Zukunft gehört gut aussehenden Künstlerinnen mit perfektem Schauspiel.

Können Sie uns das Gefühl auf der Bühne beschreiben?
ANNA NETREBKO: Das ist unglaublich. Wer jemals auf einer Bühne stand, wird das nie wieder vergessen. Danach kann man süchtig werden. Du willst dieses Gefühl wieder und wieder haben, das Feedback, den Beifall. Der Applaus gibt mir eine Menge Kraft und ich teile diese Energie gerne mit dem Publikum.

Wie nehmen Sie Ihre eigene Stimme auf der Bühne wahr?
ANNA NETREBKO: Wenn ich singe, habe ich den inneren Klang im Ohr. Das kennen Sie, wenn Sie sich beim Sprechen die Ohren zuhalten. Zum Singen braucht man eine gute körperliche Spannung. Vom Kopf bis hinunter zu den Zehen. Wenn ich mich gehen lasse und unkonzentriert bin, trifft früher oder später ein Ton daneben. Dann folgt der nächste und der nächste – und dann sitze ich im Schlamassel. Das darf nicht passieren, also muss ich immer 100-prozentig bei mir sein. Voll konzentriert. Gerade bei den hohen Tönen gehe ich sehr nach dem Körpergefühl. Vom Gedanken her muss ich den Ton genau richtig in meinem Brustkorb platzieren, dann treffe ich ihn auch richtig. Die Frage ist, ob ich ihn weiter oben Richtung Kehle ansetze oder tief unten im Bauch.

Wie entstehen Töne?
ANNA NETREBKO: Dazu muss ich den Körper räumlich genau einstellen. Solange ich weiß, wo im Saal der Ton hinsoll, schaffe ich ihn auch sicher. Vom Grundprinzip her nehme ich den Ton wie einen Speer und werfe ihn im Bogen oder in direkter Linie ins Parkett. Dabei stelle ich mir meistens einen Hörer im zweiten Drittel der Reihen vor. So kommt der Ton bei ihm auch an.

Wie würden Sie Ihre Stimme charakterisieren?
ANNA NETREBKO: Ich fühle mich vor allem für das Leichte, Luftige zuständig. Italienische Opern singe ich am liebsten. Mir gefallen die dramatischen Geschichten voller Liebe und Tod, und die Sprache ist so sanglich wie sonst kaum eine. Gerne mag ich auch das Repertoire aus meiner Heimat. Russisch hat etwas Kraftvol-

les, Wuchtiges. Leider gibt es im russischen Fach kaum gute Rollen für meine Stimmlage. Mozart ist immer gut für die Stimme, weil die Koloraturen vom tiefen bis ins hohe Register alle Bereiche in Anspruch nehmen.

Meine Technik ist allerdings ein bisschen seltsam. Nah am Mezzosopran, mit allem sehr tief hier unten *(fasst sich an den Bauch)*. Aber mit meinem hohen Stimmumfang muss ich auch die hohen Rollen singen.

Fielen Ihnen Giuseppe Verdis Werke schon immer leicht?

ANNA NETREBKO: Überhaupt nicht. Ich erinnere mich, als ich die Violetta in »La Traviata« an der Wiener Staatsoper gesungen habe. Da hat es mich geschüttelt vor Nervosität, ich habe mir fast in die Hosen gemacht vor Angst. Während der Probe zog ich mich dann in einen ruhigen Raum zurück, um mal von Frau zu Mann zu sprechen. Giuseppe, habe ich gesagt, hör mal: Du hast diese Musik komponiert, die niemand singen kann. Niemand, so schwer ist sie. Du musst mir helfen. Danach war alles klar zwischen uns. Ich weiß nicht, wie es kam. Aber – bums – alles war da. Einfach so.

Wie steht es ums deutsche Fach?

ANNA NETREBKO: Oh, Wagner höre ich für mein Leben gerne. So tiefgründig sind italienische Opern nie. Aber bei den Bayreuther Festspielen zu singen traue ich mir nicht zu. Wagner ist überhaupt nicht mein Fach.

Ist das Aussehen heute wichtiger als der Gesang?

ANNA NETREBKO: Der Look, die Optik, das Bühnenbild, die Kostüme und nicht zuletzt gut aussehende Darsteller werden immer wichtiger. Im Grunde sind wir Sänger heute ja Schauspieler, die auch noch gut singen müssen. Aber schauen Sie sich um in der Welt: Überall läuft das so. Der Schein bestimmt das Sein. Der äußerliche Eindruck, den jemand hinterlässt, ist oft viel wichtiger als das, was aus ihm herauskommt.

Beschäftigt Gesehenes das Publikum heute mehr als Gehörtes?

Anna Netrebko: Was die Leute bei Sängern anspricht, ist meiner Meinung nach noch immer ihr Timbre, ihr Temperament. Beides ist von Gott gegeben und durch nichts zu verändern. Wer das noch mit darstellerischem Charisma verbindet, gewinnt die Zuhörer.

Gefällt Ihnen denn das moderne Regietheater?

Anna Netrebko: Ja, ja, ausgezeichnet. Wir sind eine neue junge Generation. Wir können nicht im angestaubten Format der 70er-Jahre hängen bleiben. Bei den Salzburger Festspielen habe ich »Don Giovanni« in der Regie von Martin Kusej gesungen. Ein super Regisseur! Er kennt jede Note jeder Rolle. Als Sänger fühlt man sich bei ihm gut aufgehoben, weil er weiß, was er aus einer Rolle und aus ihrem Darsteller herausholen kann.

Fühlen Sie das Publikum, wenn Sie auftreten? Sehen und beobachten Sie die Zuhörer, wenn Sie singen?

Anna Netrebko: Manchmal schon, dann habe ich einen sehr visuellen Eindruck von den Menschen im Saal. Gelegentlich spürt man sie sehr deutlich. Meistens dann, wenn sie von der Darbietung angesprochen sind. Dann bekommen wir Sänger emotionales Feedback. Wenn sie begeistert die Luft anhalten, dann entsteht diese fast unheimliche Stille im Parkett. Als ich an der Los Angeles Opera »Lucia di Lammermoor« gesungen habe, hat das Publikum kaum mehr geatmet. Mitten in der Wahnsinnsszene im Schlussakt – gespenstisch. Nichts. Ich habe gedacht, jetzt ersticken bald die Ersten.

Und wenn es nicht so gut läuft?

Anna Netrebko: Dann wirken die Leute sehr weit entfernt, wie hinter einem durchsichtigen Vorhang. In der Regel aber schweigen sie aus Ehrfurcht. Danach löst sich die ganze Anspannung in riesigem Applaus auf. Dann weiß ich, dass wir gut waren.

An wie vielen Abenden bringen Sie große Kunst, an wie vielen nur solides Kunsthandwerk?

ANNA NETREBKO: Na, sagen wir mal, von zehn Auftritten sind zwei richtig Spitze, fünf sind okay, und der Rest ist Mist. Meistens ist ein Abend davon richtig schlimm.

Wie reagiert das Publikum auf solche Ausrutscher?

ANNA NETREBKO: Meistens ist er ihnen noch peinlicher als mir. Dann fallen die Komplimente hinterher etwas spärlicher aus. Aber irgendwie ist es den Leuten, glaube ich, selber unangenehm, Zeuge dieses Ausrutschers zu sein. Darüber fällt der Mantel des Schweigens. Eigentlich ein schöner Zug, diese Diskretion. Kritiker sind da ja ganz anders gestrickt. Singe ich schlecht, erlebe ich gelegentlich ein Schlachtfest. Was soll's, gehört dazu. Genauso wie der frenetische Applaus an Top-Abenden. Selbst die grandiose Maria Callas kannte beide Extreme.

Im heutigen Regietheater manifestiert sich der optische Einfluss, den Kino und Fernsehen auf die Oper ausüben. Eine glaubhafte Darstellung einer Figur auf der Bühne für das Auge des Betrachters ist inzwischen von zentraler Bedeutung. Auch wenn die psychologische Wahrheit einer Opernfigur noch immer übers Ohr im Kopf des Zuhörers entsteht. Die Musik transportiert ihre Gefühle, die schauspielerische Aktion zeigt ihre Auswirkungen in der Bühnenrealität.

Entsprechend sind heute die Kulissen bei vielen Inszenierungen weitaus wichtiger als noch vor zwanzig oder dreißig Jahren. Experten schätzen, dass sich unsere optisch-ästhetische Wahrnehmung immer schneller, mittlerweile alle vier bis fünf Jahre verändert. Daran liegt wohl auch, dass manche Inszenierungen, die erst in den 90er-Jahren entstanden, schon heute veraltet wirken. Ganz zu schweigen von den altmodischen Repertoire-Standards, die schon seit Jahrzehnten aufgebrüht werden.

Trotz dieser Entwicklungen spielen bei einer Opernaufführung noch immer die Stimmen der Darsteller die Hauptrolle. Selbst ein vielseitiger Star wie die Netrebko unterliegt hier gewissen naturgegebenen Beschränkungen. Sie kennt ihre Grenzen und singt beispielsweise keine Wagner-Opern.

Um nun die schier unüberschaubare Vielzahl der Figuren im Kanon der Opernwerke übersichtlich zu machen, lohnt ein näherer Blick auf die so genannten Fachpartien. Aus der Bühnenpraxis entstanden mehr als zwei Dutzend unterschiedliche Stimm-Charakterisierungen, sowohl im »seriösen« wie in »Spiel- und Charakterfach«. Diese Fachpartien unterscheiden sich vor allem im zugeordneten Timbre und im Tonumfang. Da wir uns auf Anna Netrebko konzentrieren, sind hier nur die Fachpartien für Sopran aufgeführt.

Seriöses Fach

- **JUGENDLICH-DRAMATISCHER SOPRAN**
Tonumfang über zwei Oktaven vom c^1 bis zum c^3, dem hohen C.
Großes stimmliches Volumen, das auch dramatische Spitzen liefert.
Beispiele: die Donna Elvira in Mozarts »Don Giovanni« oder die
Mimi in Puccinis »La Bohème«.

- **LYRISCHER SOPRAN**
Tonumfang ebenfalls vom c^1 bis zum c^3 – aber mit einem sanfteren, schmelzigeren Tonfall und geschmeidiger Linienführung. Beispiele:
die Micaela in Bizets »Carmen« oder die Susanna in Mozarts »Hochzeit des Figaro«.

- **DRAMATISCHER SOPRAN**
Größerer Tonumfang vom g bis zum c^3 – also zweieinhalb Oktaven
mit 29 Halbtönen. Wuchtige, kraftvolle Stimme mit schlagkräftigem
Ansatz. Beispiele: die Brünnhilde in Wagners »Götterdämmerung« oder
Puccinis »Tosca«.

- **Dramatischer Koloratursopran**
Tonumfang vom c^1 bis hinauf zum f^3, dem hohen F – also zweieinhalb Oktaven mit 29 Halbtönen. Sehr bewegliche Stimme, die in der Lage ist, viele Tonverzierungen auch in großer Höhe zu singen. Schlagkräftig sowohl am oberen als auch am unteren Ende des Tonumfangs. Beispiele: die Königin der Nacht in Mozarts »Zauberflöte«, die Leonore in Verdis »Troubadour« oder Bellinis Norma.

Spiel- und Charakterfächer

- **Charaktersopran**
Tonumfang vom h^1 bis zum c^3 – also zwei Oktaven mit 25 Halbtönen. Präzise, fein ausgearbeitete Fähigkeit zur Charakterisierung von Emotionen und Eigenschaften. Beispiel: die Melisande in Debussys »Pelleas et Melisande«.

- **Spielsopran, so genannte Soubrette**
Tonumfang ähnlich wie der lyrische oder der jugendlich-dramatische Sopran vom c^1 bis zum c^3. Filigrane, sehr bewegliche Stimme. Beispiele: die Gianetta in Donizettis »Liebestrank« oder die Papagena in Mozarts »Zauberflöte«.

- **Lyrischer Koloratursopran**
Tonumfang wie beim dramatischen Koloratursopran vom c^1 bis zum hohen F. Äußerst biegsame, weiche Stimme, die auch in große Höhe vordringen kann. Beispiele: die Marie in Donizettis »Regimentstochter« oder die Olympia in »Hoffmanns Erzählungen« von Offenbach.

Anhand dieses Kataloges von Fachpartien lässt sich das Instrument der Netrebko gut eingrenzen. Wobei sich einige Widersprüche ergeben, die aber gerade die Einzigartigkeit dieser Sängerin hervorheben. Denn beispielsweise zählen zu ihrem Repertoire die Rolle der Gilda in Verdis »Rigoletto« ebenso wie die hoch expressive Lucia in Donizettis »Lucia di Lammermoor«. Beides Partien, die dem lyrischen Koloratursopran zugerechnet werden.

Andererseits kann die Netrebko auch mühelos die Donna Anna in Mozarts »Don Giovanni«, die gefürchtete Königin der Nacht in Mozarts »Zauberflöte« oder die Violetta in Verdis »La Traviata« übernehmen. Letztere zählen zum Stoff für dramatische Koloratursoprane. Auch die Magd Zerlina im »Don Giovanni«, die Susanna in der »Hochzeit des Figaro« oder die Micaela aus »Carmen« gibt sie mitunter, die vom Tonumfang her eigentlich nur einen lyrischen Sopran erfordern.

Ihre Auswahl an Rollen belegt die Flexibilität und Vielseitigkeit ihrer Stimme. Vor allem die Kombination von Donna Anna und Zerlina ist im Operngeschäft sehr selten. Wobei die zweite Rolle auch nicht mehr unbedingt zu Netrebkos Lieblingsrollen zählt. Ihr Schwerpunkt liegt im Bereich des Koloratursoprans, in einer Balance zwischen lyrischem und dramatischem Fach mit akrobatisch hohen Tönen und teuflisch schwierigen Läufen. Virtuoser Spitzensport auf der Opernbühne also.

Die russische Gesangsschule bringt solche Stimmen nur selten hervor, da das speziell russische Stückerepertoire nur wenige interessante Rollen in diesem Bereich zu bieten hat. Deshalb hat sich die Russin auch dem italienischen Repertoire verschrieben. Dort kann sie ihre Stärken bestens ausspielen, obwohl ihre Aussprache bei Verdi oder italienischen Mozart-Werken ein wenig nuschelig wirkt. Die wuchtigen Partien Richard Wagners passen dagegen kaum zu ihrer beweglichen, dafür aber nicht übermäßig voluminösen Stimme.

Die Stimme ist über die Lebensdauer einer Sängerin bestimmten Schwankungen und Veränderungen unterworfen. Meist wird ihr

Klang mit zunehmendem Alter tiefer und voluminöser. Alles eine Frage der Reife, des speziellen Trainings, der künstlerischen Orientierung in eine bestimmte Richtung – bedingt nicht selten auch durch hormonelle Veränderungen. Spitzenkräfte wie Edita Gruberova singen freilich schon seit dreißig Jahren die anspruchsvollen hohen Partien des italienischen Belcanto. Allerdings schont sich die Slowakin weitgehend und singt Rollen in Donizetti- oder Bellini-Aufführungen nur selten.

Bei Annas Sopran müssen die extremen Tonhöhen nicht auf Dauer ihre große Stärke bleiben. Der Gesangsprofessor Jens Malte Fischer aus München meint: »Die Spitzentöne dieses Koloratursoprans sind alle vorhanden. Aber sie vermitteln nicht den Eindruck, als ob von dort aus weitere Stratosphärenbereiche leicht zu erklimmen wären.« Besonders in der mittleren Lage bemerkt der Stimmexperte schon heute eine dunklere Tönung, wie sie ihrem Fach normalerweise nicht zu Eigen ist.

Hochleistungshöhe ist durchaus keine lebenslängliche Verpflichtung. Akrobatik ist nicht alles, auch wenn das Publikum nach dem hohen F oder Es circensisch giert. Wer technisch unsauber forciert, Töne im oberen Register erzwingt, ruiniert auf Dauer seine Stimme. Entscheidend für die anrührende Wirkung auf die Zuhörer sind letztlich vielmehr die grundsätzliche Beschaffenheit des Timbres, die Details im Klang, ihre liebevolle Pflege und ihr kenntnisreicher Einsatz: Welche Rollen stehen der Sängerin gut? In welchen kann sie ihre Stärken ausspielen, Gefühle am glaubwürdigsten per Stimme transportieren?

Bezüglich der Technik hat sich die Netrebko nichts vorzuwerfen. Sie singt mit einer Leichtigkeit und Brillanz, die herausragende vokale Fähigkeiten voraussetzen. Auch verfügt ihr Organ über erstaunliche Standfestigkeit. An vier Abenden in einer einzigen Woche die halsbrecherische Hauptrolle in »La Traviata« zu absolvieren (wie 2003 an der Bayerischen Staatsoper in München) übersteht keine nur mittelmäßig geschulte Sängerin auf Dauer.

Für ihre Technik und ihr Timbre finden die Rezensenten immer neue Begriffe, wie sie sonst nur Weinkritiker für die erlesensten Tröpfchen eines Jahrgangs ersinnen. Ihr Sopran sei »perfekt fokussiert«, schreibt die »Frankfurter Allgemeine«. Von einem »Klang wie dunkler Honig« schwärmt die »Süddeutsche Zeitung«. Von »leidenschaftlichen, dabei schlanken Klängen« berichtet der Kritiker der »Welt«, »sonor in der Tiefe, freischwebend und glockig aufgehend in der Höhe, bedeckt von einem apart schimmernden Schatten«. Raffinesse, Charme, Humor, Erotik schwingen in ihren schlanken, natürlichen Tönen mit, die ganz und gar nicht aus der sonst meist wuchtigen und vibrato-exzessiven Gesangsschule Russlands zu stammen scheinen.

Es ist der ebenholzig dunkle Glanz, gepaart mit lupenreinen Höhen, die viele Fans und Feuilletonisten an Anna Netrebko faszinieren. Und natürlich die transparent perlende Mittellage, die das untere und das obere Register zusammenhält. Eine Stimme für Mozart, Verdi, Donizetti, Rossini und sicher einiges mehr. Solange die Netrebko ihre Stimmbänder nicht überstrapaziert, stehen ihr viele Wege offen.

III. Akt Tonleiter nach oben

Am Konservatorium durchläuft Anna Netrebko die harte russische Schule des Gesangs. Sie übt wie besessen, auch mit unkonventionellen Methoden. Und hat im entscheidenden Moment das Glück des Tüchtigen

Für ihre persönliche Erstbesteigung des Sängerolymps rüstet sich die Sopranistin mit unerbittlichem Höhentraining. Nicht nur stimmlich. Mit Kommilitonin Slata Bulytschowa von der Musikfachschule zieht sie regelmäßig über die Rummelplätze von St. Petersburg. Am liebsten fährt sie Riesenrad und die rasante Achterbahn »Russisches Gebirge«. Auf einer metaphysischen Ebene glaubt sie, dass solche Extremeinsätze sie psychisch für das Auf und Ab einer Opernkarriere wappnen. Halb im Spaß, halb im Ernst. »Anna kennt keine Angst, kein Lampenfieber«, behauptet Freundin Slata. »Sie hat sich Schwindelgefühle auf diese Weise systematisch abtrainiert.«

Einmal überredet Anna die Zimmergenossin, der schon hohe Türme und Seilbahnen gehörigen Respekt einflößen, zu einer Fahrt im Heißluftballon. Das Fluggerät ist bereits am Boden festgepflockt, aber Slata weigert sich einzusteigen. »Schau, sogar schwangere Frauen stehen dafür an«, bearbeitet Anna sie. Nach längerer Diskussion lässt Slata sich widerwillig darauf ein. Am Ende setzt die Anführerin Anna doch immer alles durch, was sie sich vorgenommen hat.

Künstlerisch zieht es die Netrebko weiterhin nach oben. Zur Aufnahme am Konservatorium wird sie schon nach zwei Jahren am Rimskij-Korsakow-Institut zugelassen. Da sie noch immer zwischen Oper und Operette schwankt, bereitet sie für die Prüfung die Elvira-Partie aus Bellinis »Puritaner« und wieder eine Kálmán-Arie vor, zu der sie auch vortanzt.

Nach der ersten von drei Prüfungsrunden nimmt sie der Juryvorsitzende beiseite: »Du singst wunderschön. Aber solltest du noch einmal tanzen, schmeißen wir dich raus.« Kabarett ist nicht erwünscht an dem erhabenen Institut. Anna akzeptiert den Wink mit dem Zaunpfahl – und beschränkt sich auf das Singen. Nach ihrem zweiten oder dritten Vortrag bahnt sich unter den Professoren ein kleiner Zwist an, wer die hochbegabte Bewerberin in seine Klasse aufnehmen darf.

Aus diesem Gerangel geht die renommierte Dozentin Tamara Nowitschenko siegreich hervor. Für Anna ein enormer Glücksfall, denn die ehemalige Profisängerin verfügt über beste Kontakte in die Petersburger Opernszene. Die resolute Dame mit den drahtigen Locken und dem bohrenden Blick für Talente nimmt die gerade mal 19-Jährige unter ihre Fittiche. Nowitschenko führt die Novizin in die hohe Schule des russischen Gesangs ein.

Die Ausbildung in der sich auflösenden Sowjetunion, die unverkennbar von den Leistungskriterien der sozialistischen Eliteförderung beeinflusst ist, unterscheidet sich fundamental von der an deutschen Musikhochschulen. Grundprinzip ist ein ganzheitlicher Ansatz: Nicht allein die Stimme soll geformt werden. Das Petersburger Konservatorium strebt umfassend ausgebildete Künstler an, die aus dem Stand an jeder Bühne einsetzbar sind. Die Chancen auf einen Arbeitsplatz für Sänger sind nach dem Absturz des staatlich finanzierten Theatersystems in Russland gar nicht gut. Also schaffen nur die besten der vielseitig Einsatzfähigen den Sprung auf ein Podium.

Wie sieht die Ausbildung am Konservatorium in St. Petersburg aus?
ANNA NETREBKO: Die jungen Sänger erhalten dort eine wunderbare, umfassende Ausbildung. Ausgezeichnete Professoren schu-

len deine Stimme. Sehr kompetent und fordernd. In der russischen Gesangsschule sind Darstellung, Körperbeherrschung und Tanz mindestens so wichtig wie das Singen selbst.

Können Sie den Lehrplan ein wenig erläutern?

ANNA NETREBKO: Er folgt einem universalen Prinzip. So steht bei uns etwa auch Kostümgeschichte auf dem Stundenplan, das heißt im Detail, welche Kleidungsstücke man wie in den unterschiedlichsten Epochen trug. Wir lernen zum Beispiel, wie man sich elegant Luft mit einem Fächer zufächelt oder was verschiedene Gesten in verschiedenen Perioden der Musikgeschichte bedeutet haben. Man lernt korrektes Knicksen und Verbeugen, Fechten. Sogar kleine Stuntman-Einlagen proben wir, also wie man geschickt in Ohnmacht fällt und solche Sachen. Wir haben Tanz, Choreografie studiert, auch verschiedene Sprachen gelernt, die in der Oper wichtig sind: Italienisch, Französisch, Englisch.

Sprechen Sie die alle fließend?

ANNA NETREBKO: Ich muss zugeben, dass ich diese Sprachen nur vom Klang her lerne. Rein übers Ohr. Praktisch vom Hörensagen. Englisch kann ich zum Beispiel nur sprechen, schreiben kann ich es weniger gut. Wahrscheinlich machen alle Sänger das so, weil wir ein musikalisches Gehör haben und Sprache so am besten aufnehmen.

Und wie lernen Sie Ihre Rollen?

ANNA NETREBKO: Das Rollenstudium fällt mir recht leicht. Zunächst sehe ich mir die Noten an und lerne sie normalerweise innerhalb von vier oder fünf Tagen auswendig. Manchmal besorge ich mir CDs, auf denen andere große Sängerinnen meine Rolle singen. Zur Orientierung. Aber wenn ich die Rolle erst einmal draufhabe, lege ich die CD weg. Fremde Interpretationen beeinflussen zu sehr. Dann schaue ich mir den Text intensiver an und versuche für mich selbst zu verstehen, wie diese Bühnenfigur tickt. Irgendwann gelange ich an den Punkt: So muss diese Rolle sein, so und nicht anders. Dann bin ich mir zu 99 Prozent über diese Figur im Klaren.

Fühlten Sie sich in St. Petersburg von Anfang an zu Hause?

ANNA NETREBKO: Diese Stadt ist zu meiner Heimat geworden, in der ich immer noch lebe. Ich liebe die Atmosphäre hier. Mit dem Mariinskij-Theater bin ich sehr tief verbunden. Schließlich habe ich meine lustigen Studenten- und die ersten Bühnenjahre hier verbracht. Wenn ich zurückkomme, besuche ich immer meine Kollegen in der Kantine und meine früheren Lehrer am Konservatorium. Ich liebe es, sie alle wiederzusehen.

Unter welchen Umständen haben Sie studiert?

ANNA NETREBKO: Viel Glamour umgab mich damals nicht. Ich habe in diesem schrecklichen Wohnheim des Konservatoriums an der Hauptverkehrsader Uliza Doblesti gewohnt *(lacht)*. Gott, was für unangenehme Orte diese Schlafsäle waren! Kalt, armselig. Von dort hat es immer Stunden gedauert, bis ich in der Arbeit war. Ich habe damals geputzt. Eineinhalb Stunden in einfacher Richtung im muffigen, überfüllten öffentlichen Nahverkehr.

Hat diese dürftige Zeit Ihr Verhältnis zum Geld verändert?

ANNA NETREBKO: Na ja, heute fahre ich ausschließlich Taxi. Selbst wenn ich meinen letzten Schein im Geldbeutel dafür ausgeben müsste. Solange ich diese letzte Banknote noch besitze ...

Was hat Sie damals motiviert?

ANNA NETREBKO: Für mich war das eine kalte, aber schöne Zeit. Sehen Sie, ich hatte meinen Lebenstraum, der mich warm hielt. Ich wusste, dass ich diesem Traum immer näher komme. Das war ein großer Motivationsschub für mich. Die reine physische Anwesenheit im Mariinskij-Theater hat mich stimuliert. Eine unglaubliche Hilfe, mich gegenüber den harten Aspekten des Lebens blind zu stellen.

Wie haben Sie sich finanziell über Wasser gehalten?

ANNA NETREBKO: Meine Eltern haben mich damals großzügig unterstützt. Ein Paket von zu Hause genügte, meine Schulden zu bezahlen – um dann sofort wieder neue zu machen. Und wenn ich überhaupt kein Geld mehr hatte, bin ich einfach zu Hause geblieben. Um mich nicht verrückt zu machen, was es alles zu kaufen gab.

Wären Sie ohne die Ausbildung an genau diesem Konservatorium so weit nach oben gekommen, wo Sie heute stehen?

Anna Netrebko: Die Ausbildung hat mich die Grundlagen gelehrt und vor allem mein Stimmtraining vorangetrieben. Dafür bin ich meiner Lehrerin Tamara Nowitschenko noch heute unendlich dankbar.

»Vom Singen besessen«

Tamara Nowitschenko, Dozentin am Petersburger Konservatorium, schildert ihre Pläne für Annas Ausbildung – und wie die Netrebko alle Vorhaben durchkreuzte

Um Operndiva zu werden, muss eine Sängerin viel mitbringen: Stimme, Willen und Charakter. Annas Stimme ist zwar nicht besonders stark, aber sie hat eine reizende Klangfarbe, die sie sehr zärtlich einsetzen kann. Vom Singen war sie regelrecht besessen und darüber hinaus sehr willensstark veranlagt. Selten habe ich eine begierigere Studentin erlebt, die alle Geheimnisse dieser Kunst erforschen wollte und in sich aufsog. Nach dem Konservatorium hat Anna noch Meisterklassen besucht und zu Hause viele Platten gehört.

Zur Immatrikulation hat sie sich nach der Aufnahmeprüfung persönlich bei mir gemeldet. Mein erster Eindruck von ihr war sehr positiv. Ich dachte mir, sie würde keine allzu komplizierte Studentin sein. Und sie war gut. Je erwachsener sie wurde, desto größer wurde ihr Vorsprung gegenüber den anderen Kommilitonen. Im vierten Studienjahr erhielt sie im Hauptfach lauter »Ausgezeichnet« – eine wirkliche Seltenheit am Konservatorium. Sie war praktisch schon eine fertige Sängerin.

Ihre Vorbilder waren damals Maria Callas, Renata Tebaldi, Montserrat Caballé, Mirella Freni und Joan Sutherland. Russische Sopranistinnen haben in der Regel keine ausgeprägte Koloratur. Zuerst wollte ich Anna zu einem lyrischen Sopran ausbilden. Das wäre körperlich verträglicher für sie, dachte ich. Aber wenn ein Mensch begabt ist, will er natürlich auch dramatische Rollen probieren, um seine reiche Innenwelt zur Geltung zu bringen. Also soll sie sich ruhig als Koloratursopran versuchen, dachte ich.

Ihre Mutter hat mich regelmäßig angerufen und gefragt, wie es mit dem Studium läuft. Ich habe sie stets beruhigt, Anna sei ein sehr braves Mädchen. Sie leistete sich zwar einige Kapriolen, aber immerhin hörte sie auf mich.

Der Sieg beim Glinka-Wettbewerb hat sie stark beeinflusst. Dieser wichtige Preis, der alle zwei Jahre vergeben wird, war ein Meilenstein für sie. Ursprünglich hatte ich sie dort nur angemeldet, damit sie etwas Wettkampfatmosphäre schnuppern kann. Sie sollte spüren, was im Fall eines Erfolgs auf sie zukommt. Zusammen haben wir ihr Programm so ausgearbeitet, dass von Runde zu Runde eine Steigerung erkennbar war. Dass sie dann auf Anhieb gewinnt, konnte ich vorher ja nicht ahnen.

Meine These ist: Wo viele Talente vorhanden sind, setzt sich derjenige durch, der am besessensten ist. Und Anna ist der beste Beweis, dass meine Behauptung stimmt. Im Unterricht glänzte sie sowieso immer. Nur in schriftlichen Prüfungen war sie ziemlich mies. Was völlig nebensächlich ist. Gerade im Vokalfach ist ein Abschlusszeugnis total unwichtig. Du gehst auf die Bühne, singst vor – und das ist dann dein Diplom. Alles andere spielt keine Rolle.

Dozentin Nowitschenko führt Anna in die Geheimnisse des Operngesangs ein. Die Bühne ihrer Träume hat Anna vom Hörsaal aus immer im Blick. Das Konservatorium für Musik liegt in St. Petersburg genau vis-à-vis des Mariinskij-Theaters. Die einstige Bühne der Zaren wurde nach dem 1934 ermordeten Leningrader KP-Chef und Mäzen Sergej Kirow umbenannt. Deshalb ist sie auch als Kirow-Theater bekannt.

Der gesamte Teatralnaja-Platz mit dem Gebäudeensemble aus Oper und Konservatorium ist ein zentraler Ort der russischen Musikgeschichte. Wichtige Vertreter der klassischen Musik haben an der traditionsreichen Hochschule mit ihrer imposanten klassizistischen Fassade studiert: Peter Tschaikowski, Modest Mussorgski, Igor Strawinski, Sergej Rachmaninow. Nach ihrer Ausbildung haben diese Genies und Virtuosen jene bedeutenden Werke geschrieben, die bis heute am Mariinskij aufgeführt werden. Ihren Spuren hinüber ins Theater möchte die ehrgeizige Anna so bald wie möglich folgen.

Abends besucht sie mit Freundin Slata regelmäßig die Vorstellungen. Eines Nachts nach der Oper schlendern die beiden am strahlendweißen Mariinskij-Theater entlang. Sie sind noch ganz trunken – von der Musik und wohl auch vom Pausensekt. Da bleibt die Netrebko unvermittelt stehen, hüpft auf einen Treppenvorsprung und verkündet theatralisch: »Ich werde hier singen. Und du auch.« Die Prophezeiung wird tatsächlich wahr – allerdings erst in einigen Jahren. Noch während ihres Studiums wird Anna ans Mariinskij abgeworben. Mezzosopran Slata wechselt zum regulären Ende der Studienzeit ins dortige Ensemble.

Vorerst backen die beiden kleinere Brötchen. Noch sind sie von den großen Tönen Verdis und Mozarts weit entfernt. Während des ersten Studienjahres wirken Anna und Slata im Opernstudio des Konservatoriums in der Kinderoper »Der Wolf und die sieben Geißlein« mit. Dabei wird erstmals Annas bemerkenswerte

Wandlungsfähigkeit sichtbar. Die Netrebko spielt nicht eines, nicht zwei, sondern der Reihe nach alle sieben Geißen. Allesamt Sopranrollen. Um sie unterscheidbar zu halten, lässt sie sich für jedes einzelne stimmliche Eigenheiten und schauspielerische Charakteristika einfallen.

»Eine sehr russische Lösung«

Von Anfang an fällt Kommilitonin Slata Bulytschowa Annas herausragendes Talent auf. Am Konservatorium stehen sie gemeinsam Höhen und Tiefen durch

, Anna hatte zu jedem Zeitpunkt viele Neider. Nach ihrem siebenfachen Auftritt als Geißlein fingen wir alle an, ihre Stimme zu beurteilen. So jemand hat schnell den Ruf eines Strebers weg. Die meisten äußerten sich abschätzig. Aber ich habe Anna in Schutz genommen, da ich ihre Stimme schon länger kannte.
Sie war einfach phantasievoller und gewitzter als die meisten anderen. Zum Beispiel hat sie in unserem Putzjob am Mariinskij eine sehr russische Lösung für unser Arbeitsproblem gefunden. Den Job hatten wir von unseren Vorgängerinnen im Wohnheimzimmer »geerbt«. Jahrelang haben wir im Theater geschuftet. Besonders im Herbst und Winter war die Schrubberei extrem eklig. Im Foyer sammelte sich Matsch in riesigen Pfützen an, den man bis zur ersten Pause beseitigen musste.
Es war lausig kalt, und wir hatten noch nicht mal geeignete Bürsten und Besen. Also kam Anna auf die Idee, für diesen Teil der Arbeit eine richtige Putzfrau zu engagieren. Wir bezahlten sie von unserem Lohn und waren die leidige Aufgabe los. Niemand am Theater hat gefragt, warum nicht wir, sondern eine ganz andere Frau die Arbeit erledigte. Hauptsache, der Dreck war weg.

Anna war aber keineswegs arbeitsscheu. Wenn es um die Oper ging, hat sie geschuftet wie ein Pferd. Ich erinnere mich ganz genau an eine Episode, als sie noch als Studentin in einer Fernsehaufzeichnung von Glinkas »Ruslan und Ludmila« aufgetreten ist. Nach dem Job im Fernsehstudio kam sie völlig erschöpft in unser Zimmer heim. Es sei so anstrengend gewesen, dass sie glatt aufgeben wollte, hat sie mir erzählt. Damals war ihre Stimme noch nicht stark und ausdauernd genug. Sie war schrecklich enttäuscht von sich und schimpfte: »Das kommt, weil mich meine Mutter nie den Fußboden fegen ließ.«

In derselben Oper sind wir später gemeinsam aufgetreten. Sie als Herzogstochter Ludmila, ich als ihr Liebhaber Ratmir. An einer Stelle muss ich mich über mein schlafendes Mädchen beugen. Die ganze Zeit hat sie mir Grimassen geschnitten, um mich zum Lachen zu bringen. Ich musste mich dermaßen zusammenreißen vor dem ganzen Publikum.

Später am Mariinskij sind wir immer häufiger zusammen aufgetreten. In Alexander Glasunows Oper »Die Schneekönigin« war sie Gerda und ich Kay. In Mozarts »Hochzeit des Figaro« sang sie die Susanna und ich den Cherubino. Wir haben eine Menge zusammen durchgestanden, und ich habe sie aus nächster Nähe auf der Bühne erlebt.

Meine feste Überzeugung ist, dass sie kein Lampenfieber kennt, weil sie gar keinen Grund dazu hat. Sie war immer talentierter als die anderen. Vielen fällt es schwer, sich Texte zu merken – kein Problem für Anna. Sie verfügt über ein geniales Gedächtnis. Damit hat sie gleich mal einen Stressfaktor weniger. Aber sie wird dadurch nicht übermütig oder überheblich.

Im Wohnheim haben wir immer zusammen gekocht. Schon weil wir nie Geld hatten. Großartig war, wenn von ihren Eltern aus Krasnodar ein »Carepaket« kam: junge Kartoffeln und Süßkirschen im Frühsommer, eingemachtes Gemüse im Herbst. Anna ist kein braves Mädchen und immer sehr gesellig. In unserem Zimmer gab es oft kleine Gesellschaften. Sie liebt Umtriebe. Wenn ich sie mit ihren lebhaften Nerzaugen sah, dachte ich immer: Das ist der Typ Frau, der die Männer um den Verstand bringt.

In der Tat erscheint im Konservatorium endlich der lang ersehnte Prinz auf der Bildfläche. In ihrem letzten Studienjahr lernt Anna den Kommilitonen Andrej Burin kennen. Die große Liebe. Ihr erster offizieller Freund mit 23 Jahren. Der junge Sänger studiert im Jahrgang über Anna und hat gerade ein Engagement am Mariinskij erhalten. Der Bassbariton ist sechs Jahre älter als sie und hat einen irrwitzigen Werdegang hinter sich. In seiner Heimatstadt Wolgograd hatte er auf dem Bau gearbeitet, ehe ihn ein Professor vom Petersburger Konservatorium entdeckte und zum Studium überredete.

Zutiefst verehrt Anna den muskulösen Sänger, schwärmt romantisch für den starken Mann in ihrem Leben. Ihre Eltern lehnen den Freund schroff ab. Erst mit der Zeit akzeptieren sie den vierschrötigen Prinzen von der Baustelle in einem typischen Anflug von Liberalität: Immerhin sei Burin »Annas Wahl«.

Mit Andrej ist die Studentin mehrere Jahre liiert, lebt mit ihm zusammen in einer Mietwohnung. Später kaufen sie gemeinsam eine Eigentumswohnung. Doch während sie erste Erfolge auf der Bühne feiert, hinkt ihr Partner künstlerisch immer weiter hinterher. Anfangs singt er viel am Mariinskij, später nicht mehr.

Schließlich trennen sich ihre Wege. Burin tourt heute mit seiner fünfköpfigen A-cappella-Gruppe »Archiglas« durch Russland, Europa und die Vereinigten Staaten. Für Kost, Logis und Erstattung der Reiseausgaben singt das Ensemble in Kirchen russischorthodoxe Choräle.

Während manche Professoren am Konservatorium die Liaison mit Burin verurteilen, bekommt Anna Rückhalt von ihren Freundinnen. Mit Slata und den Mitstudentinnen Aljona und Katja aus dem nachfolgenden Jahrgang bilden sie auf Partys ein unzertrennliches Quartett. Beziehungsleid, Erfolge an der Oper, Klatsch und Tratsch – die fidelen vier vom Konservatorium teilen das gesamte Leben. Auch später helfen sie sich stets aus: Katja hat nach dem Studium Schwierigkeiten, Engagements zu finden. Bis heute lebt sie in Annas Wohnung. Aljona ist mittlerweile am Kindermusiktheater »Spiegelland« engagiert.

Größte künstlerische Fortschritte gelingen derweil Anna Netrebko. Im Jahr 1993 tritt sie beim bekanntesten Gesangswettbewerb Russlands an, dem Glinka-Preis in Moskau. Für ihre Karriere bringt er den alles entscheidenden Schub, auf den sie am Konservatorium immer gehofft hat. Eine kraftvolle Initialzündung, die ihr Weiterkommen fördert.

Alle zwei Jahre vergibt die Jury unter Vorsitz von Bolschoi-Solistin Irina Archipowa den nach Komponist Michail Glinka benannten Preis. Einst hat die berühmte Sängerin mit strahlender Opernstimme auch im Westen vom Glanz der Sowjetunion gekündet, gewann den Lenin-Preis und saß als Präsidentin der Musikgesellschaft der UdSSR vor. Nach Glasnost und Perestroika geht die Laufbahn der Archipowa ungebrochen weiter. Am Moskauer Tschaikowski-Konservatorium gibt die Koryphäe begehrte Kurse.

Umso unerwarteter gewinnt eine Abgesandte vom Konkurrenzinstitut in St. Petersburg die Glinka-Medaille. Aber Annas anrührender Gesang überzeugt selbst die äußerst kritische Alt-Diva. Die Netrebko trägt die berüchtigte Hochton-Arie der Königin der Nacht aus Mozarts »Zauberflöte« vor, in der sie mit ihrem strahlenden hohen F brilliert. Außerdem eine waghalsige Passage aus Bellinis »La Sonnambula« und die Arie der Antonida aus Glinkas »Ein Leben für den Zaren«.

Da weit und breit keine ebenbürtige Konkurrentin zu hören ist, erhält sie die prestigeträchtige Auszeichnung. Beim Galakonzert zur Preisverleihung im Bolschoi-Theater zeigt Gewinnerin

Netrebko jedoch überraschend bloßliegende Nerven. Die angeblich gegen Lampenfieber Immunisierte lässt sich von der Größe ihres Erfolges in die Knie zwingen. Kein Wunder, könnte er doch die Tür zur erhofften Traumkarriere weit aufstoßen.

»Der geborene Star«

Die Chefin der Glinka-Jury, Irina Archipowa, erlebt Annas schwächste Stunde hinter der Bühne des Bolschoi-Theaters

Der Sieg beim Glinka-Wettbewerb verändert sofort den Status eines Sängers und gilt als hervorragender Start für eine Musikkarriere. Anna war regelrecht schockiert vom ersten Preis. Ihr Auftritt im Bolschoi ist ihr dann auch gründlich misslungen: Sie war noch jung und wahnsinnig aufgeregt. Als sie vor dem Konzert in den riesigen ausverkauften Saal des Theaters schaute, brach sie unter Tränen zusammen. So verzweifelt war sie.
Dabei kommt ihr Erfolg mit geradezu gesetzmäßiger Konsequenz. Anna hat eine zauberhafte echte Opernstimme. Das ist uns im Wettbewerb sofort aufgefallen. Außerdem ist sie schlank und hübsch, auch ihr schauspielerisches Talent ist nicht zu übersehen. Sie ist der geborene Star.
Schon nach ihrer ersten Arie war uns allen klar: kein Zweifel, das ist die einzige Anwärterin auf den ersten Preis. Deshalb haben wir ihr auch noch den »Hoffnungs«-Preis zuerkannt, den der Teilnehmer mit den größten Zukunftschancen erhält. Die Jury fällte diese Entscheidung einstimmig – was sonst so gut wie nie vorkommt. Annas Stimme ist von bestechender Schönheit, ihr Umfang reicht bis ganz nach oben zum hohen F. Außergewöhnlich hoch also, ein Koloratursopran par excellence. Unüberhörbar stammt sie aus der russischen Gesangsschule, die schon vielen unserer Künstler im Westen zu großem Ruhm verholfen hat.

Jede Schule weist ihre Besonderheiten auf – und Anna zeigt die spezielle Gabe, die russische mit wichtigen Fertigkeiten aus der italienischen zu verbinden. Auch weil sie auffallend sprachbegabt singt. Als entscheidend für ihren internationalen Erfolg erscheint mir diese Herkunft aus einer russischen Kaderschmiede. Erst in zweiter Linie ist ihre äußere Attraktivität verantwortlich.

Innerhalb der russischen Opernwelt bedeutet Annas Moskauer Erfolg den Durchbruch. Mit dem Glinka-Preis in der Tasche zählt sie nun auf nationaler Ebene zu den wichtigsten Newcomern. Zu Hause in St. Petersburg vermittelt Lehrerin Nowitschenko dank ihrer Kontakte prompt ein Vorsingen beim mächtigen Chefdirigenten des Mariinskij-Theaters, Valery Gergiev.

Der umtriebige Leiter des Hauses fahndet stets nach viel versprechenden neuen Stimmen. Noch im selben Jahr trägt die Netrebko ihm ebenfalls die Königin der Nacht vor. Der Mariinskij-Macher zeigt sich tief beeindruckt: »Vom ersten Moment an wusste ich, dass sie unser künftiger Star wird.«

Für einen ersten Feldversuch im laufenden Opernbetrieb fehlt noch die Gelegenheit. Zudem hat die Netrebko ja ihr Studium noch gar nicht abgeschlossen. Als wenige Tage nach der Gergiev-Audition eine Sängerin in der »Hochzeit des Figaro« ausfällt, springt Anna Netrebko aber kurzfristig ein. Als Susanna, im Mozart-Fach eine ihrer Lieblingsrollen. Endlich, das mit heißem Herzen erhoffte, tüchtig erkämpfte Debüt.

Aber was für eines! In der Rolle des von allen Männern umworbenen Kammermädchens, das eigentlich Figaro heiraten soll, betört die schwarzhaarige Schöne im rauschenden weißen Brautkleid das Publikum. Da die anderen Rollen unglücklich besetzt sind, fällt vielen die 23-jährige Darstellerin auf, ihre sängerische Frische, ihre schauspielerische Energie, ihre erotische Naivität.

Die Zeitungen heben Anna lobend hervor: »Außer Anna Netrebkos bezaubernder Susanna war das Ensemble alles andere als außerirdisch. Ihre Charakterisierung war von ansprechender Einfachheit. Jede Note sang sie mit reinem, schön gerundetem Ton.« Anna landet dort, wo sie immer hinwollte: in den Herzen der Zuhörer – und auf den Brettern des berühmten Mariinskij-Theaters, der wichtigsten Bühne der russischen Opernwelt.

Hat Sie Ihr Einstieg am Mariinskij überrascht?
ANNA NETREBKO: Zu verdanken habe ich das alles einem einzigen: Maestro Gergiev. Fast alles, was ich geschafft habe, ist mir nur dank seiner Hilfe gelungen. Er war mehr oder weniger der Erste, der an mich glaubte und gewagt hat, auf ein völlig unbeschriebenes Blatt wie mich zu setzen.
Sehr bescheiden. Gergiev behauptet, Ihr enormes Potenzial sei ihm sofort klar gewesen.
ANNA NETREBKO: Er suchte eine junge Sängerin für »Figaros Hochzeit«. Nachdem ich ihm gerade vorgesungen hatte, kam er gleich auf mich, als sie dringend einen Ersatz brauchten.
Des einen Missgeschick bedeutet immer auch eines anderen Glück. Viele große Sängerinnen haben als Ersatz ihren Einstand geschafft. Das weiß ich auch von meiner heutigen Lehrerin Renata Scotto. Die ist in den Fünfzigern bei einem wichtigen Festival für Maria Callas in »La Sonnambula« eingesprungen – das war für sie der ganz große Sprung zur Berühmtheit. Bei mir war es der »Figaro«.
Warum haben Sie Ihre Ausbildung nicht beendet?
ANNA NETREBKO: Ich hatte ja dieses Engagement am Theater damals schon in der Tasche. Und irgendwie hatte ich nicht mehr den Eindruck, ich könnte am Konservatorium mehr lernen als in der Praxis. Ich hatte gar keine Zeit mehr fürs Studium. »Learning by doing« erscheint mir in der Oper die klügste Strategie.

Das Konservatorium hat mir mit Sicherheit alle Grundlagen mitgegeben, ohne die ich gar nicht überleben könnte. Aber ich wollte nicht mehr im Klassenzimmer hocken, sondern auf der Bühne stehen. Um jeden Preis.

Werden Sie dem Ensemble in Petersburg dafür die Treue halten?

ANNA NETREBKO: Das Ensemble ist sehr wichtig für mich, weil ich es als Heimat brauche. Ich bin dort aufgewachsen, habe dort meine ersten großen Partien gesungen. Das Publikum liebt mich. Dirigent Gergiev hat mir geholfen wie kein anderer. Dieser Mann ist so was wie mein Pate. In der Stadt habe ich noch immer eine Wohnung, in der ich leider viel zu wenig sein kann. Die Verbindung zu all dem sollte eine Sängerin nicht kappen. Ich verdanke den Leuten dort so gut wie alles.

Invasion der schönen Russinnen

Blick hinter die Kulissen des Mariinskij-Theaters:
Wie die weltweit erfolgreichste Exportfabrik für neue
Spitzenstimmen funktioniert

Schier endlos liest sich die Liste der Sängerinnen, die in den vergangenen Jahren von Russland aus in Europa durchgestartet sind: Maria Guleghina, Olga Borodina, Marina Mescheriakowa, Tatjana Pawlowskaja, Nadeschda Serdjuk, Olga Guriakowa, Elena Zaremba, Jekaterina Sementschuk. Klangvolle Namen im Osten, allesamt großartige Stimmen, im Westen jedoch allenfalls Experten ein Begriff.

Den ganz großen Schritt zur Weltkarriere – so wie Anna Netrebko – hat keine von ihnen geschafft. Dennoch haben sie mit der inzwischen zum Superstar gereiften Sopranistin eines gemeinsam: ihren Ursprung. Sie alle haben ihre Schulung und ihre wichtigen ersten Schritte auf der Bühne am Opernhaus von St. Petersburg absolviert, *der* russischen Kaderschmiede für Sänger. Dort haben sie die starke russische Operntradition inhaliert, die sie nun mit kräftigen Stimmen in die Welt hinaussingen.

Seit 1783 wird in der früheren Zarenhauptstadt Oper aufgeführt. Seit Oktober 1860 im klassizistischen Bau des Mariinskij-Theaters mit seinen weißen Säulen und dem eisvogelblauen Saal im Zentrum der Millionenstadt. Die Heimat jener Compagnie, die heute eine Weltmacht im Opernsektor darstellt, wahrscheinlich die größte Exportfabrik begnadeter junger Stimmen.

Zu Sowjetzeiten firmierte die berühmte Bühne noch als Kirow-Theater, benannt nach dem Leningrader Führungsfunktionär der

Kommunistischen Partei. Doch seit Michail Gorbatschows Perestroika trägt auch das Kirow wieder seinen alten, aus zaristischer Zeit stammenden Namen: Mariinskij, das Marientheater.

Während sich viele westliche Länder mit der Elitenbildung im Opernbereich schwer tun, in Europa immer weniger Stimmen mit Spitzenpotenzial nachwachsen, ist das Opernhaus an der Newa unter dem künstlerischen Leiter Valery Gergiev in den Brennpunkt des internationalen Sängergeschäfts gerückt. Der umtriebige Dirigent mit vielfältigen Kontakten nach Deutschland, England, Frankreich, Italien, auf den asiatischen Kontinent und in die USA betreibt eine regelrechte Sängermanufaktur.

Deren Verkaufsschlager – junge, atemberaubende Sopranistinnen – können sich weltweit hören und sehen lassen. Mittels eines ausgeklügelten Scouting- und Vermarktungssystems entdeckt Gergiev seine Zöglinge zielsicher, fördert und protegiert sie und streicht schließlich auch Teile des Erfolgs ein. Eine perfekte Wertschöpfungskette von der Saat bis zur Ernte.

Auch Anna Netrebko ist innerhalb dieses Systems groß geworden. Der Kaukasier Gergiev, geboren 1953, ein energiegeladener, begnadeter Kapellmeister mit Dreitagebart und stets wirrem Haar, leitet sein Sängerimperium von einem kleinen Büro aus. Kaum größer als ein Postschalter, misst dieses Zimmer gerade zwei Meter von der linken zur rechten Wand. Als mächtige Schaltzentrale ist das organisatorische Herz des Mariinskij aber nicht zu unterschätzen. Dort pulsiert der Gergiev-Kosmos.

Neben dem voluminösen Schreibtisch des Maestros aus postsowjetischen Beständen finden gerade noch ein Plastikpapierkorb und ein Kühlschrank Platz. Ständig hängt der Dirigent und Chefmanager am Telefon. Wenn er nicht im Haus ist, sondern irgendwo auf dem Globus Konzerte gibt, Kontakte knüpft, Sponsoren umwirbt oder CDs aufnimmt, kommuniziert er permanent per Handy. Mehr als 20 000 Euro gibt Gergiev jedes Jahr allein für Telefonrechnungen aus.

Dieser vibrierende Dauerkommunikator unterhält in die gesamte Klassikwelt Kontakte, die er seit seiner Berufung zum künstlerischen Leiter des Hauses im Jahr 1988 aufgebaut hat. In den führenden Institutionen des Musikgeschäfts mischt Gergiev mit – als erster Gastdirigent der Metropolitan Opera in New York, als Premierendirigent am Royal Opera House in London, als alljährlicher Stammgast auf den Konzertpodien der Salzburger Festspiele und der Karajan-Festspiele in Baden-Baden, als Begründer von sechs selbstständigen Festivals, als Jetset-Pultstar zwischen Tokio, Berlin, München, Paris, Madrid, San Francisco, Washington D.C.

Ein rastloser Powermann und ein einflussreicher Strippenzieher. Legendär ist mittlerweile seine hektische Reiseaktivität: Im Jahr 2000 sieht er sich nach einem Konzert mit dem Sinfonieorchester von Rotterdam das Endspiel der Fußball-EM im Fernsehen an. Nach dem Schlusspfiff besteigt der Frankreich-Fan sofort ein Flugzeug nach Paris, um bis fünf Uhr morgens den Feiern der frisch gebackenen Europameister beizuwohnen. Schon gegen acht Uhr fliegt er nach kurzem Expressschlaf weiter nach London, um dort bis spät in die Nacht mit seinem Ensemble zu proben. Nichts Geringeres als die Europa-Premiere seiner Erfolgsproduktion »Krieg und Frieden« steht dort auf dem Programm.

Gergievs rasantes Wirken hat die nationale Konkurrenz vom Moskauer Bolschoi-Theater längst abgehängt. Das chronisch von Intrigen, Skandalen und Korruption gebeutelte Haus in der russischen Hauptstadt hat den Anschluss an den westlichen Standard verpasst. Übrig geblieben ist allein der große Name. Gergiev dagegen befehligt den erfolgreicheren Opernbetrieb.

Angetrieben vom Maestro schuften mehr als 1000 Mitarbeiter – sozusagen im Akkord. Die Bayerische Staatsoper mag die opulenteren Produktionen präsentieren, das Royal Opera House die Crème der Sängerzunft beschäftigen, die Met die besseren

Musiker im Orchestergraben sitzen haben – das Mariinskij verschafft sich mit purer Omnipräsenz Bekanntheit. Ein höchst effizienter Opernbetrieb also. Die unverzichtbare Zentrale für Gergievs globales Netzwerk.

Dieses System hat der geschickte Taktierer mit viel politischem Gespür aufgebaut. Anlässlich der Wiederwahl des russischen Präsidenten Boris Jelzin schafft er 1996 sein Orchester noch vor der Konkurrenz vom Bolschoi auf den Roten Platz in Moskau und lässt es dort zu Ehren des Wahlsiegers spielen. Zehn Tage später befördert Jelzin den Chefdirigenten zum künstlerischen Leiter und Direktor des gesamten Mariinskij. Mit feinnervigem Spürsinn für Kontakte in Politik, Wirtschaft und ins Kulturleben seiner Heimat leitet Gergiev seither die Geschäfte. »Ich liebe es, Freunde zu haben«, untertreibt der Netzwerker, »aber das soll kein Selbstzweck sein.«

Früh schon hat Gergiev erkannt, dass die Lebensader eines florierenden Opernbetriebs der stete Nachschub an guten Sängern ist. Sie bestimmen die Attraktivität eines Musiktheaters. Faszination auf das Publikum üben insbesondere schöne, stimmlich perfekte Damen aus. Deshalb beginnt der Dirigent früh, talentierte Nachwuchssängerinnen zu sichten.

Gleichzeitig arbeitet er daran, die notorischen Fehlentwicklungen in der sowjetischen Gesangsschule – brustiges, extrem tremolierendes Lautsingen ohne ausgefeilte Pianokultur – zu korrigieren. Dieser Trend führte während der kommunistischen Ära zwar dazu, dass voluminöse Hochtöner-Orgeln im Westen Furore machen konnten. Zartere Verdi-Stimmen oder strahlkräftige Wagner-Organe brachten die Eliteschulen der russischen Sängerausbildung jedoch kaum hervor. Dies hatte auch ideologische Hintergründe: Der Sowjetstaat förderte vor allem Sänger für das heimische Repertoire von Glinka bis Prokofjew, behinderte aber die als dekadent verachtete italienische oder deutsche Oper nach Kräften.

Aus langjähriger Erfahrung weiß der Maestro von St. Petersburg, dass im russischen Sprachraum durchaus hoffnungsvolle Talente für dieses Repertoire existieren. Vor allem aber hat er durchschaut, dass damit der internationale Erfolg zu holen ist. Glinkas Volksopern werden in Europa oder den USA vergleichsweise selten gespielt. Dafür können hervorragende Interpretinnen mit Reißern wie »La Traviata« oder »Lucia di Lammermoor« rund um den Globus punkten.

Um auch dem Heimpublikum die lange verpönten Werke wieder nahe zu bringen, setzt Gergiev verstärkt auf Mozarts Klassiker, Verdi, Donizetti, Rossini, aber auch Richard Wagners Musikdramen. Den Höhepunkt erreicht dieser Kraftakt mit der ersten russischen Gesamtaufführung des »Rings des Nibelungen« im Jahr 2003, mit der Gergiev auch bei den Festspielen in Baden-Baden gastiert.

Um diesen Reform-Spielplan mit geeigneten Sängern bestücken zu können, muss Gergiev sich selbst welche heranziehen. Für die Verpflichtung teurer westlicher Stars im großen Stil reicht sein Budget nicht aus. Diese Not erklärt der Opernchef kurzerhand zur Tugend – und profitiert davon bis heute. »Wir müssen unser eigenes Land beackern und von der Ernte unserer selbst gezogenen Pflanzen leben«, erklärt der Stimmzüchter seinen Ansatz. Ein mozartscher Gärtner aus Liebe zur Musik – ein hemdsärmeliger Kolchosen-Bauer für den gewinnträchtigen Aufbau von Qualitätssängern.

Bei einem seiner zahlreichen Vorsingen stellt sich ihm 1993 die Sopranistin Anna Netrebko vor, die er ohne Abschluss vom Petersburger Konservatorium wegengagiert. Nicht nur rein räumlich ist die Verbindung von ihrem Institut zum Mariinskij-Theater traditionell sehr gut – beide liegen im Zentrum der Millionenstadt nur 300 Meter Luftlinie auseinander.

Die Netrebko hat über ihre Gesangsprofessorin Nowitschenko auch Kontakt zu Gergievs älterer Schwester Larissa geknüpft, die heute die »Mariinskij Academy for Young Singers« leitet. Solche Verbindungen erleichtern den Zugang zum (kleinen) großen Bruder erheblich. Wenige Jahre nachdem Anna bereits am Ensemble engagiert ist, gründet Gergiev 1998 diese Akademie als Zentralorgan seiner Kaderschmiede. Zur Leiterin ernennt er die 1952 geborene Pianistin Larissa Gergieva.

Das Opernhaus funktioniert als veritables Familienunternehmen, in dem viele gute Sänger beheimatet sind. Allerdings fordern die Clanchefs von den adoptierten Familienmitgliedern unverbrüchliche Treue. Wer abtrünnig wird – und das werden aufgrund des rigiden Regiments der Gergievs etliche Zöglinge –, den verstoßen sie gnadenlos. Wer sich indes unterordnet und Leistung bringt, den fördert das Geschwisterpaar rückhaltlos. »Wir arbeiten nur mit Sängern, die bereit sind, hart zu arbeiten, eine positive Energie ausstrahlen und dankbar für alles sind, was der Maestro und das Mariinskij für sie tun«, erläutert Frau Gergieva ihre Vorstellungen.

Die erfahrene Pianistin und Konzertbegleiterin hat sich als Lehrerin schon zu Sowjetzeiten Verdienste erworben. Stolz führt die massige Dame Ehrentitel wie »Künstlerin Russlands« und »Volkskünstlerin der Republik Alania«. Schon in jungen Jahren begann sie als Klavier-Repetitorin an der Oper von Wladikaukas, dem Heimatort der Gergievs. In dieser Position begleitet die Pianistin Sänger bei den Proben.

Dabei konnte die Gergieva das gesamte Opernrepertoire studieren. Auch jenes, das in der UdSSR eigentlich ignoriert wird: »Tosca«, »Madame Butterfly«, »Bajazzo«, »Carmen«. Schrittweise arbeitete sie sich nach oben, bis sie schließlich dank familiärer Bande beim Bruder in St. Petersburg anlangt.

Die Sängerausbildung an der Mariinskij-Akademie orientiert sich am übergreifenden Ansatz des benachbarten Konservatoriums. Gelehrt werden nicht nur Gesangstechnik, Stimmbildung, Musiktheorie und Musikgeschichte. Die Akademie bietet den

Studenten noch mehr, ebenso wie den bereits fest engagierten jungen Sängern im Ensemble: Meisterklassen bei berühmten Opernstars in London oder New York. Sie bezahlt Anreise, Unterbringung sowie Unterrichtsgebühren.

Von dieser Fortbildungsmöglichkeit macht auch Anna Netrebko nach ihrem verfrühten Abgang am Konservatorium regelmäßig Gebrauch. Zu den prominenten Dozenten dieser »Masterclasses« zählen Startenor Plácido Domingo, als Leiter der Opern von Washington D.C. und Los Angeles ein enger Freund und Geschäftspartner Gergievs, sowie die erfahrenen Ex-Sänger Elena Obraztsova, Fedora Barbieri, Ileana Cotrubas und die frühere italienische Diva Renata Scotto. Bei Signora Scotto, die in New York residiert, nimmt Anna Netrebko noch immer regelmäßig Gesangsunterricht, lässt sich von der Ex-Primadonna vor allem im italienischen Fach schulen.

Mit Mentoren wie dem Geschwisterpaar Gergiev und der ehemals aktiven Sängerin Scotto im Rücken verfügt Anna Netrebko nach den ersten Jahren am Mariinskij über beste Voraussetzungen für eine internationale Karriere. Daran muss sie aber kontinuierlich feilen, um voranzukommen. Akademieleiterin Gergieva stellt enorme Anforderungen und bereitet ihre Schützlinge auf einen lebenslänglichen Lernprozess vor.

Ganz wie es wohl von einer ehemaligen Kader-Trainerin zu erwarten ist. Viele russische Künstler weisen immer wieder auf die Parallele zur Sportförderung im früheren Ostblock hin: Gearbeitet wird mit allen Mitteln, die Trainingsbedingungen sind extrem fordernd, dafür aber auch gut. Am Ende zählt einzig und allein das Ergebnis. Top-Trainerin Gergieva bewegt sich genau innerhalb dieser Methodik – mit unbestreitbarem Erfolg: Der Ausstoß des Mariinskij-Theaters an neuen, herausragenden Stimmen ist beachtlich.

»Härte und Disziplin«

Die Leiterin der Sängerakademie am Mariinskij-Theater, Larissa Gergieva, beschreibt den Ausleseprozess an ihrem Institut

Hier am Mariinskij suchen wir systematisch neue Stimmen. Viel versprechende Talente ausfindig zu machen wird in den letzten Jahren immer schwieriger. Die Grenzen sind offen, der Wettbewerb zwischen den international agierenden Opernhäusern verschärft sich. Mittlerweile sind wir nicht mehr die Einzigen, die den Pool an Talenten in Russland erkannt haben. Aber wir haben den entscheidenden Standortvorteil.

Allerdings ist es heutzutage nicht mehr leicht, mich zu überraschen. Hunderte Sänger kommen jedes Jahr ans Mariinskij, nur um vorzusingen. Von überall her, aus der Ukraine, Weißrussland, Kasachstan, Georgien, den baltischen Staaten, auch Schweden, Polen, Japan, Korea, China. Manche sogar aus England und Deutschland. Als Leiterin der Akademie wähle ich die aussichtsreichsten Bewerber aus. Manche von ihnen bleiben nur ein Jahr, um das russische Repertoire zu erlernen. Andere durchlaufen hier eine komplette Ausbildung.

Die Akademie ist eine wichtige Abteilung im Haus, keine separate Einrichtung. Unser Zukunftslabor. Ich denke, wir verfügen hier über ein einmaliges System. Viele Theater bieten Programme für junge Sänger an, die Metropolitan Opera, die Scala in Mailand oder die Opéra Bastille in Paris. Aber dort werden die Nachwuchskräfte nur per Trockenübung ausgebildet. Auf die große Bühne dürfen sie erst, wenn sie fertig sind.

Ich bevorzuge unser Konzept: Hier dürfen sie von Anfang an im Mariinskij singen. Sie müssen. Wir betrachten sie als vollwertige Arbeitskräfte. Mein Bruder, Maestro Valery Gergiev, baut sie gerne in seine Produktionen ein. So bekommen sie die Chance, sich zu profilieren. Aber wir suchen auch das richtige Repertoire aus, das sich für ihre Stimme am besten eignet. Mozart, Donizetti, Bellini oder doch eher lyrische Stücke von Tschaikowski, Rachmaninow, Rimskij-Korsakow? Wir beobachten die jungen Leute sehr genau. An der Mariinskij-Akademie sind rund hundert Studenten in der Ausbildung. Dafür haben wir die besten Lehrer. Mir selbst fehlt leider die Zeit, mich regelmäßig um alle zu kümmern, weil ich häufig ins Ausland reise. Aber wenn ich zurückgekehrt bin, gebe ich spezielle Meisterklassen und höre mir jeden einzelnen Student an. So bilde ich mir eine Meinung über seinen Fortschritt. Leicht haben es die Studenten hier nicht. Ich versuche, sehr streng mit meinen Schülern zu sein. Härte und Disziplin sind eine gute Lebensversicherung.

Seit der Perestroika hat sich das Musiker-Leben in Russland stark verändert. Zu Sowjetzeiten war die Ausbildung von extrem hohen Standards geprägt. Unser Land hat immer exzellente Musiker hervorgebracht: Pianisten, Geiger, Sänger. Denken Sie an heutige Stars wie Jewgenij Kissin am Klavier oder Maxim Vengerov an der Violine – ihr Erfolg wäre ohne ihre frühen Jahre in der Sowjetunion nicht denkbar.

Aber der große Unterschied zu früher besteht in der Freiheit, die wir mittlerweile genießen. Junge Sänger können heute reisen, wohin sie wollen. Als ich noch jung war, war das fast unmöglich. Nach der Perestroika haben viele Musiker das Land verlassen. Aber ich fürchte, die allerwenigsten konnten sich im Ausland eine gute Karriere aufbauen. Meiner Meinung nach sollten Künstler in ihrer Heimat bleiben, weil sie Teil dieser Kultur sind. Sie können ja in den Westen reisen und ihr Talent unter Beweis stellen. Darin besteht der größte Vorteil am Niedergang des Ostblocks. Aber wer seine Heimat aufgibt, verliert früher oder später seine Identität.

Natürlich wäre Anna Netrebkos Erfolg ohne ihre Auslandsaufenthalte nicht möglich. Junge Sänger wie sie reisen in den Westen, um an Gesangswettbewerben teilzunehmen oder um berühmte Lehrer zu konsultieren. Früher bekamen nur sehr wenige diese Möglichkeit. Die Zeiten waren sehr restriktiv und die Gesellschaft verschlossen.

Für Top-Talente wie Anna hat sich die Welt seither geöffnet. Sie können Tuchfühlung mit den ästhetischen Trends in der ganzen Welt aufnehmen. Sie können Aufführungen an der Scala oder im Londoner Covent Garden besuchen. Ihr Horizont hat sich erweitert. Aber sie sollten nie die Verbindung nach Russland kappen. Anna tritt zwar nicht mehr so häufig am Mariinskij auf wie früher. Aber sie bemüht sich, den Kontakt zu halten.

Sie führt ja auch ein sehr privilegiertes Leben für eine Ost-Sängerin. Der Nachteil gegenüber der Sowjetzeit ist, dass das Leben nicht mehr so abgesichert ist. Wir Künstler wurden früher vom Staat besser versorgt. In den alten Zeiten gab der Kulturminister jedem eine Anstellung und sagte ihm, wo er zu arbeiten hat. Aber damit ist Schluss. Heute musst du sehr gut sein, um dein Auskommen zu finden.

Das Mariinskij-Theater genießt hierbei eine gewisse Sonderstellung, weil es den Sängern immerhin feste Anstellungen bietet.

Mein Bruder Valery ist ein großzügiger Mann. Er bringt russische Musik und russische Künstler überall dorthin, wo er selbst auftritt. Ich glaube, die Welt ist heute kleiner als vor zehn oder fünfzehn Jahren – und für talentierte Künstler wie Anna ein besserer Ort.

Einige der Gergiev-Entdeckungen sehen die Zustände in ihrem früheren Stammhaus freilich nicht mehr so positiv. Am Mariinskij-Theater genießen nur die großen Stars angenehme Arbeitsbedingungen. Untere Chargen müssen buckeln. Die Arbeitszeiten der Leute im Orchestergraben, auf und hinter der Bühne sind bisweilen brutal. Fünfzig bis sechzig Abende pro Jahr dirigiert allein Gergiev in St. Petersburg. Zu weiteren sechzig Abenden schleppt er seine Truppe ins Ausland. Wer mitma-

chen und mitverdienen will, muss parieren. »Bei uns geht es hart zur Sache«, bestätigt Gergiev, »aber das ganze Leben ist hart.«

Die Missstände am Mariinskij laut anzusprechen wagt kaum einer der Mitarbeiter. Die Heuer-und-Feuer-Mentalität des Chefs ist bekannt. In Mitleidenschaft zieht der gewaltige Arbeitsdruck vor allem die Sänger, deren Stimmen sich bei häufigen Auftritten stark abnützen. Damit riskieren sie ihre Zukunft. Denn ein Sänger ohne Stimme hat höchstens noch Chancen als Gesangslehrer.

Sängerin Galina Gorchakowa, einer der schönsten Spintosoprane der 90er-Jahre, weiß ein Lied von diesem Abnutzungsprozess zu singen. Die 1960 in Novokuznetsk geborene Künstlerin schaffte ihren internationalen Durchbruch – ähnlich wie die Netrebko – vom Mariinskij-Ensemble aus. Als Aida, Tosca oder Elisabetta begeisterte sie das Publikum in Paris, Mailand, London, New York, Berlin und Wien. Aber schon Ende der Neunziger klang ihr Organ stumpf und verbraucht. Prompt kamen Probleme in der Intonation dazu, das pausenlose Lautsingen über gerade mal zehn Jahre hinweg hatte ihre Stimme schwer angegriffen. Ein tragisches Schicksal für die einst hoffnungsvolle Sopranistin. Heute tritt sie nur noch an unbedeutenderen Opernhäusern in den USA auf.

Der Höhenflug der Gorchakowa ist vorbei. Möglicherweise trägt sie selbst daran einen gehörigen Teil der Schuld. Sängerinnen sind dem Raubbau an ihrem Talent nicht schutzlos ausgeliefert. Bei manchen spielen auch Gier und Selbstüberschätzung eine unrühmliche Rolle. Doch Galina Gorchakowa macht nicht ganz zu Unrecht auch den Ursprungsort ihrer Karriere verantwortlich. »Die Besetzungspläne am Mariinskij sind brutal, junge Sänger müssen zu häufig auftreten. Das ruiniert ihre Stimmen für die Zukunft.«

In der Logik der autoritären Hausherren kommt solche Kritik einer Kriegserklärung gleich, die sie mit brutaler Diskreditierung der Kritikerin beantworten. Ungerührt verkündet Akademie-Leiterin Larissa Gergieva: »Sie ist nur neidisch auf die jungen Sänger von heute. Es ist sehr schwer, den Aufstieg einer neuen Generation zu akzeptieren, vor allem wenn sie besser und technisch perfekt ist.« Zwar gibt sie zu, dass die Bedingungen am Mariinskij »nicht einfach« sind. Abtrünnigen wie der Gorchakowa unterstellt sie jedoch, sie seien zu faul und verwöhnt. Aus der Mariinskij-Gemeinde ist die Kritikerin Gorchakowa jedenfalls ausgeschlossen.

Die Künstler des Hauses sind alles mit Gergiev, aber nichts ohne ihn. Anna Netrebko mag sich seines Zugriffs zwar bereits entziehen. Ohne seine Protektion fassen die meisten aber nur schwer wieder Fuß im weltweiten Operngeschäft. Eine große Chance für fügsame, leistungsfähige Sänger – und das Ende für alle, die entkräftet zurückbleiben.

Wie haben Sie die Arbeitsverhältnisse am Mariinskij-Theater in Erinnerung?
ANNA NETREBKO: Gerade gemütlich geht es dort nicht zu. Aber ehrlich gesagt, hat mir das immer imponiert. Wenn du etwas erreichen willst, musst du dich ordentlich reinknien. Die Musiker im Orchester arbeiten wie die Sklaven. Abendaufführungen, Tourneen, CDs. Ich glaube, manche können sogar im Handstand schlafen.
Was hat das noch mit sensibler Kunst zu tun?
ANNA NETREBKO: Wir Russen sind sehr negativ und brutal und hart mit uns selbst. Wir lieben dieses Sprichwort: Jeder braucht seinen eigenen Scheiß auf dieser Welt. Wir fluchen immerzu, laben uns gern am Schlechten. Das ist unsere Motivation, unser Druck, damit wir uns anstrengen.
Wie würden Sie Dirigent Valery Gergiev im Umgang mit den Sängern beschreiben?

Anna Netrebko: Ich kann mich nicht beklagen. Ohne den Maestro wäre mir einiges in meiner Karriere nicht geglückt. Mit Sicherheit verdanke ich ihm meinen Sprung über den Ozean. Er hat mich zu Glinkas »Ruslan und Ludmila« in San Francisco gebracht. Für mich war das die erste Auslandstournee, das war 1995. Wir sind mit der ganzen Mariinskij-Truppe hingefahren und haben einen sehr schönen Erfolg verbucht. Ohne diesen Schritt wäre meine ganze internationale Karriere wahrscheinlich gar nicht zustande gekommen.

Finden Sie, dass Sie Ihre Stimme während der Zeit im Mariinskij-Ensemble verbessern konnten?

Anna Netrebko: Ich lerne bis heute. Dieser professionelle Prozess hat für mich an dem Tag begonnen, an dem ich meine Stellung am Mariinskij angetreten habe. Dort geht eine junge Sängerin durch eine harte Schule. Die prägt, aus der kannst du dich nur schwer lösen. Aber sie wirkt, und zumindest für mich selbst läuft bis heute alles prima. Ich lerne und lerne, ich mache immer weiter und möchte besser werden.

Aber ist das große Pensum am Mariinskij nicht riskant für eine junge, verletzliche Stimme? Hat Sie niemand gewarnt, Ihre Stimme nicht überzustrapazieren?

Anna Netrebko: Ich bin recht stark konstruiert und vertrage eine Menge. Mit einem schwachen Stimmchen brauchst du gar nicht erst anzufangen. Ich kann eine Menge singen. Schließlich bin ich am Mariinskij-Theater ausgebildet. Dort muss jeder viel singen. Das ist normal für uns. Wir Russen sind nicht so schlaff wie, ach ...

Sie meinen wie die verweichlichten West-Sänger?

Anna Netrebko: Jedenfalls nicht so wie der Nachwuchs an den amerikanischen Häusern. Die Besetzungsbüros dort lassen die Jungen gar nicht ran. Sie dürfen lange Zeit nicht auf die Bühne, um sich in den großen Rollen zu bewähren. Dort heißt es immer: Sie sind zu jung. Was soll das? Gerade wenn man jung ist, sollte man viel singen. Dann steckst du noch am meisten weg und kannst deine Stimme ausreizen. Je später die Sängerinnen anfangen, desto mehr haben sie schon verpasst. Deshalb finde ich die Praxis am Mariinskij-Theater ganz in Ordnung. Nur, das ist nichts für schwache Nerven.

IV. Akt   Schwerstarbeit im Akkord

Unaufhaltsam baut die neue Primadonna ihre Karriere auf. Russland erobert sie im Handstreich, die USA rollt sie von West nach Ost auf. Kurz vor dem Höhepunkt aber schlägt das Schicksal zu: Annas Mutter stirbt an Krebs

Von dem Moment ihrer Vertragsunterzeichnung am Mariinskij an nimmt die Karriere der damals 22-Jährigen rasende Fahrt auf. Im Jahr 1994 tritt Anna Netrebko fest in Valery Gergievs Ensemble ein. Das Kirow bietet ihr exakt das Forum, das sie jahrelang angestrebt hat. Ohne zu zögern, packt sie ihre Chance beim Schopf, sich vor großem Publikum zu profilieren.

»Sie war extrem schnell und extrem musikalisch, interpretierte sofort ausgezeichnet«, erinnert sich Gergiev, »deshalb besetzten wir sie schnell mit den wichtigen Rollen.« Wen der Hochgeschwindigkeitsenergetiker einmal zum Star auserkoren hat, der kommt ihm so schnell nicht mehr aus. Der Opernchef fördert und fordert seine Entdeckung tatkräftig.

Im Zeitraffer verleibt sich die Sopranistin ein gewaltiges Opernrepertoire ein. Schon in ihrer ersten Spielzeit debütiert sie in sieben Rollen. Von Mozarts »Zauberflöte« über Donizettis »Lucia di Lammermoor« und Bizets »Carmen« bis hin zu Rossinis »Barbier von Sevilla« lernt sie lange Partien im Akkord. Vier bis sechs Abende im Monat steht sie auf der Petersburger Bühne. Die übrige Zeit übt und probt sie unermüdlich.

Da die Truppe nur durchschnittlich 15-mal im Monat Opern aufführt, zusätzlich aber ständig auswärts gastiert, ist auch Anna häufig auf Konzertreisen. Ein rastloses Leben aus dem Koffer. Eine Entwicklung im Expresstempo. Nonstop im Einsatz. Ohne

Rücksicht auf Verluste. Ganz so, wie sich die Sängerin, die noch vor kurzem am Konservatorium Melodieläufe einstudiert hatte, ihren Berufsstart erträumt hatte: interessant, anspruchsvoll und aufregend.

In dieser entscheidenden Phase findet sie den Einstieg in die »werktreue« Ästhetik des Mariinskij-Theaters, die aus der postzaristischen Tradition der Repertoirepflege hervorgegangen ist. Oper soll die Besucher mit Bombast und Klang betören, sie aber unter keinen Umständen mit inszenatorischen Exzessen verstören. Hausregisseure wie David Doiaschwili, Andrej Kontschalowskij, Jurij Alexandrow pflegen gutbürgerliche Opernkost von Gergievs Gnaden. Üppige Kostümschinken, die in historischen Tableaus schwelgen, prächtige Bühnenorgien in Musik und Gesang. Große Emotionen im makellos traditionellen Gewand.

Violetta singt Anna im blütenreinen Nachthemd, auf ein wuchtiges, brokatbesticktes Edel-Lotterlager gebettet. Als Kiewer Herzogstochter Ludmila trägt sie goldbesticktes Babuschka-Ornat, umgeben von bärtigen russischen Komparsen in Pelz und Leder. Was derart konservativ aussieht, klingt dennoch famos. Im Orchestergraben werken die besten Musiker Russlands.

Chefdirigent Gergiev und sein Adjutant Gianandrea Noseda aus Italien legen hohen Wert auf exquisite Ausdeutung der Partituren. Neben der Netrebko bietet der Petersburger Opernpalast die strahlendsten Stimmen auf, die in der ehemaligen Sowjetunion zu finden sind. Die Arbeitsbedingungen am Haus erfordern belastbare, flexible, fleißige Sänger. Organisatorisches Dauerchaos und permanente Überforderung bringen den Theaterbetrieb häufig an den Rand des Zusammenbruchs.

Bis zu einer Stunde verspätet erscheint Dirigent Gergiev gelegentlich am Pult. Publikum, Darsteller und Musiker warten geduldig. Manchmal schickt er in letzter Sekunde doch noch Ersatz, weil ihn Management-Aufgaben in der Intendanz festhalten. Oft findet die Generalprobe am Vormittag und die Premiere schon am selben Abend statt. Gergiev scheucht seine Mitarbeiter herum, treibt sie bis zum Äußersten ihrer Leistungsgrenze. Ein harter Ausleseprozess, den nur die widerstandsfähigsten Stimmen unbeschadet überstehen.

Dass der Pultchef in sein neues Sternchen Netrebko große Erwartungen setzt, zeigt bereits ihre Besetzung im ersten Jahr. In der bislang teuersten Produktion des Hauses, Prokofjews »Verlobung im Kloster« mit dem exorbitanten Etat von fünf Millionen Dollar, singt sie die Louisa.

Anna genießt einen Sonderstatus. Schon bald nach ihrem beherzten Debüt in der »Hochzeit des Figaro« avanciert sie zum Darling der örtlichen Zeitungen. Anfangs nennen die Kritiker sie »Hoffnungsträgerin«, schon bald »das Juwel in der Krone des Mariinskij«. Das heimische Publikum kann sich ihren Reizen nicht entziehen. Schon bald verkaufen sich Tickets mit ihrem Namen als Hauptattraktion. Anna ist Lokalmatadorin.

Waren Ihre Anfänge am Mariinskij-Theater unerwartet hart für Sie?
ANNA NETREBKO: Mir war schon klar, dass ich mich mächtig anstrengen musste. Nichts ist leicht am Anfang. Aber ich war jung und sehr belastbar, gerade 22 Jahre alt. Ich musste viele neue Rollen einstudieren. Seither ist mein Repertoire mächtig gewachsen. Susanna, Pamina, Lucia, Micaela, Antonia und all die russischen Rollen. Insgesamt habe ich seit meinem ersten Jahr im Kirow-Ensemble mehr als dreißig Partien einstudiert.
Fühlten Sie sich nicht manchmal ein wenig überfordert?
ANNA NETREBKO: In der Oper passiert es nicht selten, dass eine Sängerin gleich mit Hauptrollen einsteigt. Ganz anders als bei Ballett-Compagnien, wo die Tänzer erst mit kleinen Nebenauftritten beginnen und sich langsam hocharbeiten. Selbst wenn sie zum Corps de Ballett zählen. In der Oper sieht man gleich, wel-

che Position du im Repertoire einnehmen wirst – Hauptfigur oder im Schatten der anderen.

Waren Sie mit Ihrem Repertoire zufrieden?

ANNA NETREBKO: Die meisten Angebote, die ich bekam, betrafen schon damals Verdi und Mozart. Ich hätte gerne mal Richard Strauss oder zeitgenössische Sachen probiert. »Lulu« von Alban Berg zum Beispiel. Aber ich war mir nicht sicher, ob ich das mit meinem Deutsch überhaupt schaffe.

Welche war Ihre Schlüsselrolle?

ANNA NETREBKO: Ganz klar die Natascha Rostowa in Prokofjews »Krieg und Frieden«. Alle sagten gleich: Lass bloß die Finger davon – das ist viel zu früh für dich, viel zu schwer. Aber mir hat diese leidende Figur sehr gut gefallen.

Mit diesem Werk haben wir später in den Vereinigten Staaten gastiert, auch mit »Ruslan und Ludmila«. Ohne Maestro Valery Gergiev wäre das alles nicht geglückt. Ihm verdanke ich meinen Sprung über den Ozean. 1995 waren wir in San Francisco, später auch in New York. Die Zeitungen waren begeistert, ich habe einige sehr schmeichelhafte Kritiken eingefahren. Auf dieser Tourneereise knüpfte ich meine ersten Kontakte in die USA.

Während Valery Gergiev, der unermüdliche Globetrotter des Operngeschäfts, seine Sänger gerade erst in St. Petersburg aufeinander eingespielt hat, verfrachtet er sie auch schon nach Übersee. Um die Kosten zu decken, verkauft der Patriarch seine Produktionen meist schon vor der Premiere in alle Welt. Amerikanische Ostküste, Westküste, vorsichtig auch nach Europa exportiert er Mariinskij-Inszenierungen. Den Jubel, den er auswärts einheimst, benutzt er zu Hause als Werbeargument.

Solange die Sänger durchhalten, können sie von diesem Geschäft ordentlich profitieren. Anna Netrebko geht gerne auf Reisen. Für eine junge Russin bieten die Ausflüge auf fremde Bühnen die willkommene Gelegenheit, die halbe Welt kennen zu lernen. So gelangt sie zum ersten Mal in die USA, in die Pazifik-Metropole San Francisco, später auch nach Los Angeles, New York, Washington D.C. und Philadelphia. In ihren Mariinskij-Jahren gastiert sie auf zahlreichen Tourneen an den Opernhäusern von London, Florenz, Mailand, Madrid, aber auch Japan und Israel.

Gergievs typisches System der Koproduktionen bringt Annas ersten US-Einsatz zum erfolgreichen Abschluss – mit Rückkoppelung nach St. Petersburg: Am Opernhaus von San Francisco inszeniert der dortige Intendant Lotfi Mansouri 1995 »Ruslan und Ludmila«. Diese Bühne zählt neben der Metropolitan Opera in New York und der National Opera in Washington zu den wenigen avancierten Musiktheatern in den Staaten.

Als der Regisseur von Gergievs neuer Wundersängerin hört, lässt er Anna Netrebko binnen 48 Stunden einfliegen. Dem im Iran geborenen Weltbürger Mansouri gelingt mit seinem Import ein spektakulärer Publikumserfolg. Die Amerikaner sind von dem exotischen Stoff aus Russland fasziniert – und Anna gerät auf Anhieb in den Nimbus eines Stars.

Als Gergiev die Inszenierung im Gegenzug nach St. Petersburg holt, festigt die Sopranistin auch dort ihre Stellung als Hausgöttin. Ein transatlantischer Doppelschlag: Ein Auswärtssieg in den USA – in Russland bringt das mehr Ruhm als ein grandioses Heimspiel. Im Ausland punktet Anna mit sängerischer Eleganz und ihrem »good look«. Zu Hause räumt sie nacheinander sämtliche Sängerehrungen ab: Rimskij-Korsakow-Preis (1996), Baltika-Preis für junge Opernsänger (1997), »Casta Diva« (1998) und »Golden Sophit« (1999). Die fabelhafte Sängerin und attraktive Schauspielerin steigt zum Publikumsliebling mit enormer Zugkraft an der Abendkasse auf.

Auf ihren Reisen infiziert sie sich mit unstillbarem Fernweh. Die lockere Lebenseinstellung der Amerikaner gefällt ihr, für

Opernsängerinnen ihres Formats eröffnen die USA tatsächlich unbegrenzte Möglichkeiten. Dauerhaft im Ausland leben möchte sie dennoch nicht. So oft sie künftig auch über den Ozean jettet – ihren Arbeitsplatz im Kirow-Ensemble gibt sie bis heute nicht auf.

»Wie brasilianischer Fußball«

Nach dem Spiel ist vor dem Spiel: Dirigent Valery Gergiev beschreibt, wie er seine treffsicherste Bühnenstürmerin Anna Netrebko trainiert

Nicht ohne Grund gilt unser Haus als exportstärkste Opernfabrik im internationalen Musikgeschäft. Bei uns läuft das wie beim brasilianischen Fußball. Die dortigen Vereine orten Talente an den Stränden von Rio oder in den Favelas von Sao Paulo, päppeln sie auf und verkaufen ihre besten Spieler dann an Real Madrid oder Inter Mailand. Wichtig dabei ist: Ohne ihre Heimat wären diese Topstars nichts. Deshalb kicken sie auch immer begeistert für die Nationalmannschaft.
So ähnlich läuft das mit unseren Sängern. Wir präsentieren sie auf unseren Tourneen, verschaffen ihnen ein internationales Podium. Später, wenn sie als Solisten weltweit Karriere gemacht haben, kehren sie zu uns zurück. So profitieren beide Seiten. In St. Petersburg steht der Zuckerhut der internationalen Opernwelt. Für mich kommt Annas Erfolg alles andere als überraschend. Sie war jahrelang bei uns ein Star, bis sie international überhaupt entdeckt wurde. Daheim in St. Petersburg hat sie Zerlina aus dem »Don Giovanni« schon 1994 gesungen, lange vor ihrem Durchbruch bei den Salzburger Festspielen. Wir hatten sie auch exklusiv in der Rolle der Donna Anna. Im Mai 2002. Vier Aufführungen, nur ein paar Wochen vor der Salzburger Premiere, bei der sie international durchgestartet ist.

Ich kenne Anna schon sehr lange. In Prokofjews »Krieg und Frieden« singt sie seit Jahren die Natascha. Diese Produktion ist unser größter Welterfolg. Zuerst haben wir sie in St. Petersburg präsentiert, später auf der ganzen Welt. In London am Royal Opera House, später an der Mailänder Scala und am Teatro Real in Madrid, in Tokio, San Francisco, New York, Washington.
Anna Netrebko ist bislang der größte Treffer unseres Systems, mit dem wir permanent auf der Suche nach neuen Stimmen sind, die wir aufbauen und weltweit auf dem Markt durchsetzen. Die Sängerausbildung ist hervorragend in Russland. Wir können es uns nicht leisten, Talente einfach auf dem internationalen Markt zusammenzukaufen. Dazu fehlt uns das Budget. Also beackern wir unser eigenes Land, pflegen die Pflänzchen, die wir vorfinden. Wir ziehen sie groß und haben am Ende ein schönes Feld voller blühender Stimmen. Das ist der Kern unseres Konzepts.
Ich kann mich noch genau erinnern, als ich Anna zum ersten Mal hörte. An jedes kleine Detail. Solche Sängerinnen kommen einem nicht alle Tage unter. Jeder Künstler, den ich unterstützen soll, muss mir erst mal vorführen, was er draufhat. Anna sang mir die Königin der Nacht aus der »Zauberflöte« vor – und ich war mir sofort sicher: Sie ist unser künftiger Star! Ab diesem Moment habe ich ihr geholfen, wo ich nur konnte.
Sie hat dieses enorme Potenzial nicht nur wegen ihrer Stimme, sondern auch wegen ihrer Musikalität, ihrem szenischen Talent, ihrem Aussehen. Für eine große Opernkarriere benötigt man ganz bestimmte Qualitäten. Anna verfügt über ein sehr komplexes Gemisch aus Schönklang, Schauspiel und Körperlichkeit.
Sie bekam Hauptrollen in prominent besetzten Inszenierungen. So um 1995 war das, in Glinkas »Ruslan und Ludmilla«. Wir sind häufig auf Reisen gegangen. Das Fernsehen der Gastgeberländer war meistens im Saal mit dabei. So verankere ich eine neue Sängerin Stück für Stück im Gedächtnis der Leute.

Es hat Jahre gedauert, bis sich die großen Erfolge für Anna eingestellt haben. Sie stieg sehr ausgeglichen und harmonisch auf. Schritt für Schritt. Jetzt ist sie hoffentlich in der Lage, auch die Ernte dieser langen Ochsentour dauerhaft einzufahren.
Auffällig ist, dass sich seit Annas Erfolg, der sich langsam in Russland herumspricht, immer mehr Bewerberinnen bei uns melden. Wir haben einen kleinen Boom an Talenten. Aber ich sage allen: Dieser Erfolg kommt nicht von selbst. Meine Leute müssen schuften am Mariinskij. Ich persönlich dirigiere die Mannschaft fünfzig- bis sechzigmal im Jahr zu Hause in St. Petersburg. Zusätzlich noch mal so viele Abende im Ausland. An der Met, in Salzburg, in Berlin. Überall. Das ist kein Zuckerschlecken.
Die Fluktuation, gerade im Orchestergraben, ist hoch. Nach ein paar Jahren verlassen uns die meisten, neue kommen nach. Ich denke, das ist ganz natürlich. Wir arbeiten unter hohem Druck.
Nur sehr wenige in der Welt halten unser Tempo durch.
Sensible Naturen haben es bei uns jedenfalls sehr schwer.

Entspannen können die Darsteller zwischen den Aufführungen nur wenig. Kaum sind die Opern in St. Petersburg vom Spielplan, geht das gesamte Ensemble schon auf Tour. Für die Regeneration der Stimmen bleibt kaum Zeit. Fällt ein Sänger aus, muss ein anderer sofort einspringen. Selbst wenn er die Partie noch nie gesungen hat. Gergiev erwartet von seinen Darstellern in einem solchen Fall Nachtschichten, in denen sie ihre neue Rolle schnell einpauken sollen. Gelegentlich führt sein Krisenmanagement unter solchem Hochdruck zu absurdem Theater.

Lachend erinnert sich Netrebkos Lieblingsbühnenpartner, Tenor Ewgenij Akimow, an groteske Abendvorstellungen: Nach Annas Einstand im »Figaro« geht Gergievs Mannschaft mit dem Mozart-Werk auf Tournee. Beim Festival in Sigulda (Lettland) soll Akimow gleich zwei Rollen übernehmen, da ein Kollege fehlt: den Musikmeister Basilio *und* den stotternden Richter Don Curzio. Die Noten für seine Zweitrolle hat ihm der Konzertmeister erst am Vorabend in die Hand gedrückt. Mit Müh und Not hat er Text und Noten auswendig gelernt.

Am Abend auf der Bühne jedoch streikt sein Gedächtnis. Stockend hangelt sich Akimow voran, schmettert Nonsenssätze hinaus, bis ihm ausgerechnet im dramatischsten Moment die Worte ganz wegbleiben. Hilflos wiederholt er Minute um Minute dieselben Zeilen. »Als ich zum vierten Mal mit der gleichen Wortfolge anfing, hat Anna es nicht mehr ausgehalten«, erzählt Akimow, »sie hat lauthals herausgeprustet, Tränen gelacht und sich den Bauch gehalten.« Zum Glück springt ihm der Darsteller des Grafen Alamaviva bei und hilft dem Tenor aus der Patsche. Das Mikrofon an seinem Kopf hat den Fauxpas jedoch in den gesamten Saal übertragen. Auch im Publikum breitet sich allgemeiner Frohsinn aus, bis der rettende Vorhang fällt.

Rückblickend erinnern sich Anna und Kollegen gerne an solche unfreiwillig komischen Pannen. Auch die hochqualifizierte Mariinskij-Mannschaft ist nicht vor Provinzpossen gefeit. Einfach weil Dirigent Gergiev seinen Leuten zu viel in zu kurzer Zeit abverlangt. Meistens jedoch glänzt die Compagnie mit purer Professionalität und großem Theater.

Und Akimow und Netrebko, die schon gemeinsam am Konservatorium studiert haben, werden zu einem Traumpaar der Petersburger Oper. Unter Gergievs Taktstock singen sie gemeinsam in »La Traviata« (sie die Violetta, er ihren Liebhaber Alfred) oder »Rigoletto« (sie die Gilda, er den Herzog von Mantua). Auf US-Tournee reisen sie mit »Ruslan und Ludmila«, »Die Verlobung im Kloster« oder »Don Giovanni«.

Akimow erinnert sich gerne an gemeinsame Auftritte: »Eine gute Partnerin auf der Bühne garantiert schon fünfzig Prozent des Erfolgs. Und Anna ist eine hervorragende Partnerin.« Am meisten imponiert dem Tenor, dass die Kollegin ihre Töne »nicht einfach nur hinausbläst«, sondern mit Herz und Seele singt. »Anna ist ein Musterbeispiel, das sage ich allen. Sie hat international Karriere gemacht, ohne außergewöhnlich begabt zu sein. Alles nur dank ihres Fleißes.«

Diese nüchterne Einschätzung steht zunehmend dem Starimage entgegen, das die Öffentlichkeit von der jungen Frau aufbaut. Noch 1995 notiert Kritiker Joshua Kosman vom »San Francisco Chronicle« das »außerordentliche Amerika-Debüt« der Netrebko nur am Rande. Je öfter sie aber in den Staaten auftritt, desto aufgekratzter jubelt das US-Feuilleton. Der Rezensent Anthony Tomasini attestiert der »begabten Koloratursopranistin« in der »New York Times« »funkelnden Belcanto«. Bald überschlagen sich die Reporter: Die »Washington Post« preist die »vollendete Sängerdarstellerin«, die »Financial Times« entdeckt eine »Stimme von glockenhafter Klarheit am oberen Ende des Registers«. Und auch der einst zurückhaltende »Chronicle«-Autor Kosman berichtet 1999 hymnisch vom Charme ihres »silbrigen Soprans mit zauberhaftem Effekt«.

Das amerikanische Publikum schließt sich dem Kritikerurteil an und erhebt die Netrebko auf den Thron der Favoritinnen. Aus dem Krongestühl kann sie die seit Jahren dominierende US-Diva Renée Fleming zwar nicht verdrängen. Dazu ist sie noch zu neu im Geschäft. Doch Anna gastiert mehrmals im Jahr in den USA und baut ihre Stellung systematisch aus. Anfangs spricht sie noch gebrochen Englisch, die Sprachschwierigkeiten bei den Proben bessern sich jedoch zusehends. Leicht schließt die kontaktfreudige Sängerin Freundschaften mit Kollegen aus San Francisco, sodass ihr die Stadt bald wie die zweite Heimat erscheint.

In Amerika lernt sie auch die beiden wichtigsten Männer für ihre Zukunft kennen. Liebe verbindet sie mit dem einen, eine geschäftliche Beziehung mit dem anderen.

Gleich nach ihrem ersten Engagement in San Francisco 1995 ruft Mansouri, der Generaldirektor des Opernhauses, Ronald Wilford an, den Chef der mächtigen Künstleragentur Columbia Artists Management LLC (CAMI). Der Iraner Mansouri hat von Teheran bis Toronto schon viele Musiktheater geleitet, hunderte Sänger entdeckt und gefördert. Seit 1988 arbeitet er in San Francisco. Dem einflussreichen Manager Wilford in New York meldet er die Entdeckung eines außerordentlichen Talents, das gerade zu seiner Mannschaft gestoßen ist: Anna Netrebko.

Wilfords Adlatus Jeffrey Vanderveen übernimmt den Fall Netrebko. Wenige Tage nach dem Anruf aus San Francisco besucht der Agent ein Gastspiel der Kirow-Truppe an der Metropolitan Opera. Als Vanderveen Madame Netrebko hinter der Bühne anspricht, reagiert sie zunächst misstrauisch. Das Konsumparadies USA liebt sie zwar, die Shops und Kaufhäuser entlang der Fifth Avenue zählen zu ihren liebsten Aufenthaltsorten. Doch bei ihren eigenen geschäftlichen Angelegenheiten wahrt sie noch Distanz zu den Amerikanern.

Ausführlich erklärt ihr Vanderveen die Vorzüge einer weltweit agierenden Agentur, die Engagements vermitteln und nach Plattenverträgen Ausschau halten kann. Vanderveen gelingt es, ihre anfänglichen Bedenken zu entkräften und Anna Netrebko unter Vertrag zu nehmen. Auf sein Drängen, auch noch den entscheidenden Schritt zur Lancierung eines Starimages mit allen Konsequenzen zu wagen, entgegnet sie allerdings kühl: »Ihr Amerikaner wollt immer gleich die besten Freunde mit Menschen sein, die ihr gerade mal seit einer Stunde kennt. Wir Russen sind da anders.«

Der in seine Schranken verwiesene Manager ist vorerst immerhin befugt, zusätzlich zu allen Mariinskij-Verpflichtungen weitere Auftritte zu organisieren. Mehr nicht. Eine weiter gehende Bindung an die CAMI-Agentur scheut sie zunächst. Eine für den Musikagenten befriedigende Antwort auf seine Anfrage erhält er erst drei Jahre später: 1998 ist Anna zu einer offensiven Vermarktungsstrategie bereit. Zusätzlich zum Theater in San Francisco, wo sie bis 1998 in vier Werken brillieren wird, geht sie vorläufig Engagements an der New Yorker Metropolitan Opera, der Opera Company of Philadelphia und der Washington National Opera ein.

In der amerikanischen Bundeshauptstadt knüpft sie einstweilen private Bande – weit offenherziger und schneller als mit ihrem Manager Vanderveen. In Washington begegnet sie ihrem heutigen Lebensgefährten Simone Alberghini. Eine Freundschaft mit dem jungen Italiener ergibt sich allein schon aus der vielfachen Verquickung günstiger Umstände: Bassbariton Alberghini steht ebenfalls bei der CAMI unter Vertrag.

Im Jahr 1994 hat er den Gesangswettbewerb Operalia unter der Schirmherrschaft von Startenor Plácido Domingo gewonnen. Deshalb ist er Ende 1999 an die National Opera verpflichtet, die der Madrilene leitet – für »Rigoletto«. Anna Netrebko hat derweil am Mariinskij-Theater in einer »La Bohème«-Inszenierung von Domingos Ehefrau Marta mitgewirkt und soll ebenfalls in Washington singen – im »Rigoletto«. Die schöne Sopranistin aus Krasnodar singt Gilda, der attraktive Bariton aus Bologna – nein, nicht Rigoletto, den buckligen Hofnarren von Mantua, sondern – den kaltblütigen Berufskiller Sparafucile. Ein Volltreffer ins Herz der Russin.

Wie haben Sie Ihren Freund Simone kennen gelernt?
ANNA NETREBKO: Simone und ich – wir kannten uns eigentlich schon von der Bühne in San Francisco. Wir waren beide im dortigen Ensemble und hatten gemeinsame Auftritte. Aber richtig näher gekommen sind wir uns erst in Washington, im »Rigoletto«.

Plácido Domingo kannte Alberghini ja schon von einem Wettbewerb her. Aber mussten Sie dem Opernchef von Washington vor dem »Rigoletto« noch vorsingen?
Anna Netrebko: Ein einziges Mal. Und ohne zu übertreiben: Das war das schlechteste Vorsingen, zu dem ich je angetreten bin. Ich habe komplett meine Stimme verloren. Dann habe ich ununterbrochen und endlos geheult. So enttäuscht war ich. Als sie mich dann trotzdem für »Rigoletto« engagiert haben, war ich völlig überrascht.
Aber Plácido Domingo ist wie Gergiev. Er vertraut Sängern, wahrscheinlich aus eigener Erfahrung. Wenn er erkennt, dass jemand mit der Zeit und mit der Arbeit wachsen kann, dann lässt er ihn erst mal machen. Nur so funktioniert das: Jemand muss dir eine Chance geben, damit du zeigen kannst, was du draufhast.
Dabei sind Sie dann Herrn Alberghini näher gekommen. Eine Liebe also, die mit viel Glück auf der Bühne ihren Ursprung hatte?
Anna Netrebko: Ja, wenn Sie so wollen. Ich liebe Simone sehr – weil er mich liebt. Aber wir haben Realität und Bühnenstory immer getrennt. Es ist nicht gut, wenn sich Fiktion und Wirklichkeit vermischen. Mir ist ein realer Liebhaber wichtiger als eine Fantasiegestalt.
Eines ist aber wahr: Musik kann romantische Gefühle beflügeln. Er ist ehrlich zu mir und einfühlsam. Ich liebe ihn sehr, und er ist mein bester Kritiker. Da er selbst singt, kann er eben Vieles gut einschätzen. Auf sein Urteil kann ich mich verlassen.
Wie kritisiert er Sie?
Anna Netrebko: Als ich Händels »Judas Maccabäus« in Florenz gesungen habe, war ich wirklich ausgesprochen mies. Vor allem weil mein Deutsch nicht gut ist. Das wusste ich ja schon. Simone saß im Publikum, sodass ich ihn anschließend fragen konnte: »Habe ich alles richtig ausgesprochen?« Er sagte dazu lediglich: »Ich habe nur zwei Worte verstanden: Judas und Maccabäus.«

Können Sie sich denn oft genug sehen, wenn Sie beide viel auf Tourneen gehen?

ANNA NETREBKO: Manchmal treffen wir uns in seiner Wohnung in Bologna, manchmal in meiner in Petersburg. Aber meistens irgendwo dazwischen. Wo wir eben gerade eine Möglichkeit finden. Und wenn es nicht klappt, telefonieren wir. Mindestens zweimal am Tag, egal, wo wir gerade sind.

Warum treten Sie heute kaum mehr gemeinsam auf?

ANNA NETREBKO: Das liegt an den Theatern. Opernhäuser, die mich verpflichten, wollen nicht unbedingt auch Simone im Doppelpack mitbuchen. Von mir wäre es sehr unprofessionell, ihn immer mitnehmen zu wollen. Diese Traumpaar-Nummer wird einem irgendwann als Verkaufsmasche ausgelegt.

Engen Familienkontakt finde ich auf Dauer auch störend. Um gut arbeiten zu können, ist es doch besser, wenn man sich frei von persönlichen Bindungen auf der Bühne bewegt. Ich kann einfach nicht mit Simone zusammen singen. Es ist für uns nicht gut, die ganze Zeit, jeden Tag, 24 Stunden lang, zusammen zu sein. Er singt seine eigenen Opern und kann so selbstständig bleiben. Und ich erfülle meine Engagements. Dafür freuen wir uns dann umso mehr, wenn wir uns treffen.

Also eröffneten sich in Amerika für Sie buchstäblich unbegrenzte Möglichkeiten?

ANNA NETREBKO: Entdeckt habe ich dort eine Lebenseinstellung, die ich selbst gerne hätte. Ich muss sagen, ich liebe die Amerikaner.

Wieso?

ANNA NETREBKO: Sie leben so positiv. Selbst wenn in ihrer Stadt üble Viertel liegen, lassen sie sich davon nicht ihr Gesamtbild trüben. Sie sehen die guten Seiten mehr als die schlechten. Dieser Optimismus entspricht mir sehr.

Ist der nicht manchmal zu aufgesetzt?

ANNA NETREBKO: Wir Russen sind sehr negativ. Die Amerikaner sind da ganz anders. Sie sehen das Licht und strecken sich danach. Jeder will ganz oben sein, alle wollen in Kalifornien leben.

Haben sich in Ihrer Zeit in Amerika auch alle geschäftlichen Kontakte angebahnt?

ANNA NETREBKO: Ich bin in die Kartei der New Yorker Sänger-Agentur CAMI aufgenommen worden. Diese Firma berät ihre Klienten exzellent, positioniert uns toll, beschafft gute Engagements. So konnte ich eine Karriere aufbauen, die mir erst in den USA, später auch in Europa Erfolg verschafft hat.

Wo gefällt es Ihnen am besten in den Staaten?

ANNA NETREBKO: Immer noch an der Westküste. Wenn ich in San Francisco auftrete, miete ich mir immer ein großes Apartment mit Swimmingpool. Die ganze Stadt ist so idyllisch, so schön, dass ich anfangs fast Probleme damit hatte. Bis heute fühle ich mich sehr wohl am dortigen Opernhaus. Sehr kunstsinniges Publikum, tolle Arbeitsbedingungen. Alles reine Glückssache: Ohne diesen ersten Schritt an die Westküste hätte ich es vermutlich nicht viel weiter gebracht. Die Engagements an der Metropolitan Opera in New York oder am Theater in Washington – ohne San Francisco wäre ich nie so weit gekommen.

Wie wurden Sie dort empfangen?

ANNA NETREBKO: Mein Debüt sang ich 1995 dort. Ein Jahr später hat mich die Intendanz zum »Merola Opera Program« eingeladen. Das ist so eine Art Hochbegabtenförderung. Ein bisschen seltsam war das am Anfang, weil ich ja schon eine bekannte Sängerin war. Um mich herum saßen lauter unerfahrene Studenten.

Haben die sich getraut, ungezwungen mit Ihnen umzugehen?

ANNA NETREBKO: Also, wenn die mich irgendwie anders behandelt haben, dann weil ich Ausländerin und nicht weil ich ein Star war. Alle haben Witze gemacht und gelacht. Und ich dachte: »Was ist denn hier los?« Die Gerüchteküche kam so richtig zum Kochen, als sich herumsprach, dass ich mal einen Modelwett-

bewerb gewonnen habe. Dabei war das doch nur so eine verrückte Sache, die ich mit 16 Jahren ausprobiert habe. Und es ist ja noch nicht mal wahr, dass ich gewonnen habe. Genau gesagt, wurde ich Zweite.
Später bin ich dann ins Ensemble der Oper von San Francisco gewechselt, ohne aber aufzuhören, in St. Petersburg zu singen. Zwischen diesen beiden Polen bin ich als Künstlerin lange hin und her gependelt. San Francisco wurde meine zweite Heimat.
Haben Sie den Amerikanern auch russische Sitten beigebracht?
ANNA NETREBKO: Spielen Sie auf die Wodka-Anekdote in Los Angeles an? Da habe ich niemand mit hineingezogen. Ich war dort, um die »Lucia di Lammermoor« zu singen. An meinem Geburtstag. Irgendwer brachte Wodka in die Garderobe, den ich getrunken habe. Zur Wahnsinnsszene war ich komplett besoffen. Das war die beste Wahnsinnsszene, die ich je gesungen habe. Aber ich schwöre: Passiert nicht wieder. So was geht nur einmal gut.

Den Spaß-Faktor lässt die Netrebko bei ihren Ausflügen ins Land der Dollars nicht zu kurz kommen. So oft sie kann, fährt sie mit ihrem Lebensgefährten Simone von San Francisco hinaus nach Anaheim ins geliebte Disneyland. Unsummen gibt sie beim Shopping für Klamotten, Designer-Schuhe und Geschenke aus.

Den Kaufrausch lebt sie nicht nur für sich selbst aus. Ihre Jugendfreundin Irina Sajtschuk in Krasnodar sagt: »Immer wenn sie nach Hause kommt, bringt sie ganze Säcke voll mit Geschenken für alle Verwandten und Bekannten mit.« Je weiter sich Anna von ihrer alten Heimat entfernt, desto stärker sucht sie Anschluss zu den Lieben daheim.

Ab dem Jahr 2000 tritt sie auch häufiger in Europa auf. Manager Vanderveen öffnet Anna Netrebko die Türen auf dem Heimatkontinent der Oper. Während sie zu Beginn ihrer USA-Zeit noch als Nobody antrat, empfängt man die Newcomerin in Großbritannien schon mit einigen Vorschusslorbeeren. Überschwänglich begrüßt der Starkolumnist Norman Lebrecht sie zu ihrem ersten Mariinskij-Gastspiel: »Lang lebe die russische Revolution!«

In Europa locken die glamouröseren Opernhäuser, die namhafteren Regisseure und Dirigenten, das anspruchsvollere Publikum und nicht zuletzt die lukrativeren Gagen. Bis Anfang 2002 bringt Vanderveen sie an den zahlungskräftigeren und prestigeträchtigeren Bühnen von London (Mozarts »La Clemenza di Tito«), Madrid (Prokofjews »Krieg und Frieden«) und Mailand (Verdis »Rigoletto«) ins Spiel. Auch ihren großen Durchbruch bei den Salzburger Festspielen im Sommer 2002 bereitet er strategisch klug vor.

»Dollars interessieren sie nicht«

Seit 1995 betreut der New Yorker Agent Jeffrey Vanderveen Anna. Verblüfft beobachtet ihr Manager die rasche Amerikanisierung der postsowjetischen Russin

> Die ganze Sache mit Anna ist im Grunde ein Manöver, bei dem man ein russisches Mädchen im Westen herausbringt. Mit allen Schwierigkeiten, die sich für so jemanden dort zwangsläufig ergeben. Sie war anfangs sehr misstrauisch. Als ich ihr ein Konto bei einer amerikanischen Bank eröffnen wollte, hat sie befürchtet, dass die Bank ihr Geld klaue. Wie das in Russland eben üblich ist. »So läuft das hier nicht«, habe ich sie zu beruhigen versucht.
> Die meisten Gagen bekommt sie cash auf die Hand, oft mehrere tausend Dollar. Aber wenn sie nach Russland fährt, bleibt davon immer nur ein Bruchteil übrig. Sie sagt: »Zu Hause ist das so: Die

Leute wissen, dass du im Ausland warst und Geld verdient hast.
Also bitten sie dich um welches. Und ich gebe ihnen etwas ab.« Die
russische Philosophie lautet: Wenn du Geld hast, gibst du es aus.
Und wenn du welches brauchst, bittest du einen anderen darum.
Anna ist erstaunlich schnell verwestlicht. Anfangs hat sie mir
gestanden: »Die einzigen beiden Orte, an denen ich mich in den USA
wohl fühle, sind die Opernbühne und Disneyland.« Wirklich, da fährt
sie heute noch gerne hin. So ist das, wenn ein Mädchen aus der
russischen Provinz ins Herzland des Konsums und Kapitalismus
vordringt. Fürs Shoppen geht heute noch das meiste Geld von ihren
Konten drauf.
Aber sie lernt dazu. Inzwischen fragt sie auch nach dem tatsächlichen Wert der Dinge und kauft nicht mehr besinnungslos wie diese
russischen Neureichen. Manchmal ist das richtig lustig: Sie kassiert
zwar hohe Gagen, aber wenn bei einer Fluglinie das Übergepäck
200 Dollar extra kosten soll, flippt sie völlig aus.
Kennen gelernt habe ich Anna über einen guten Kontakt meiner
damaligen Firma Columbia Artists zur Oper in San Francisco. Eines
Tages rief die Intendanz an und sagte, sie hätten da eine viel
versprechende junge Sängerin. Das war 1995. Kurz darauf hatte
sie ein Gastspiel an der Met. Da bin ich hingegangen, war aber nicht
auf der Stelle völlig hin und weg. Eines habe ich jedoch sofort
bemerkt: ihr unglaubliches Potenzial.
Ich habe sie damals gefragt, ob sie wirklich den großen Sprung
wagen will. Da habe ich zum ersten Mal ihr Misstrauen gespürt. Eine
endgültige Antwort hat sie mir ja erst drei Jahre später gegeben.
Anna fasst nicht leicht Vertrauen.
Sie stammt aus einer Familie von Intellektuellen aus der Sowjet-
und Postsowjet-Zeit. Ihr Vater arbeitet als Geologe, gehört also der
gehobenen russischen Intelligenzija an. Allerdings ohne große
Reichtümer. Vielleicht rührt daher ihre Gelassenheit gegenüber Geld.
Sie ist nicht fixiert darauf. Dollars interessieren sie nicht. Eigentlich
will sie nur in der Oper singen – sonst nichts.

In diesem Punkt haben wir auch immer wieder Schwierigkeiten miteinander. Wenn ich mit ihr über Termine, Auftritte rede, winkt sie oft schon nach fünf Minuten ab: keine Lust mehr. Dann muss ich ihr zureden: Vielleicht hast du jetzt gerade keine Lust. Aber ich weiß, tief in dir drin willst du das alles. Dann reißt sie sich zusammen. Seit meinem ersten Netrebko-Abend in der Metropolitan Opera hatte ich jetzt fast zehn Jahre Zeit, mir über Annas Qualitäten Gedanken zu machen. Ich denke, der Grund für ihren durchschlagenden Erfolg liegt in ihrer Unbedingtheit. Wenn sie auf der Bühne steht, geht sie immer volles Risiko ein. Sie stürzt sich mit Haut und Haaren in ihre Rollen. Das Publikum spürt, dass diese Frau mit Leib und Seele brennt und sich nicht darum schert, ob sie abstürzt. Diese Risikobereitschaft hat sie mit der Callas gemein. Die hat sich auf der Bühne auch total verausgabt, ohne an die Folgen zu denken. Dieser Mut fasziniert die Leute. Dazu gehört mehr als nur purer Wahnsinn. Dazu brauchst du die Sicherheit, die nur eine gut trainierte und hoch talentierte Künstlerin mitbringt. Als sie bei den Salzburger Festspielen im »Don Giovanni« sang, war es genau diese Callas-Direktheit, die ihr den Durchbruch beschert hat.

Ihr Engagement beim wichtigsten Opernfestival in Europa ist schon fix gebucht – da trifft die Sängerin der härteste persönliche Schlag ihres Lebens. Im April 2002 stirbt ihre Mutter Larissa Iwanowna Netrebko in Krasnodar an Krebs. Sie hat noch von der großen Chance beim österreichischen Opern-Event Nummer eins für ihre Tochter erfahren. Erleben kann sie diesen Erfolg nicht mehr.

Annas erste Musiklehrerin Tatjana Lebed, eine Freundin der Mutter, erinnert sich: »Das hat mir Larissa oft gesagt: Anna hat ihr immer Kraft zum Leben gespendet, was bei ihrer Krankheit ja so wichtig war.« Am Ende reicht die Kraft der Musik nicht mehr aus. Annas Mutter kann den Tumor nicht besiegen.

Als sie stirbt, ist keine der beiden Töchter zu Hause. Noch vor ihrem Ableben hat die todkranke Frau die gesamte Verwandtschaft ausdrücklich gebeten, die Mädchen nicht zu verständigen, obwohl oder gerade weil ihre Beziehung zu Anna und Natascha stets intensiv war. »Sie wollte ihre Kinder vor dem Schock schützen«, glaubt Jugendfreundin Irina, »die Töchter waren das Wichtigste in ihrem Leben.«

Anna ahnt nichts von der Tragödie zu Hause, als sie zu ihrem letzten US-Gastspiel vor der Salzburger Herausforderung reist. Vom 7. bis 21. April singt sie ihr Debüt an der Oper von Philadelphia in Bellinis Shakespeare-Vertonung »I Capuleti e i Montecchi«. Sieben Vorstellungen.

Eine halbe Erdumdrehung entfernt verliert ohne ihr Wissen die geliebte Mutter ihr Leben. An sieben Abenden geht Anna als Julia in den Liebestod mit Romeo. »Ciel crudele«, singt sie im Schlussduett, »grausamer Himmel! Wenn er stirbt, musst du auch mein Leben nehmen.« Siebenmal sinkt sie – makaberes Detail der Regie – in einen hölzernen Sarg. Daheim trägt ihr Vater Jurij Nikolajewitsch Netrebko seine Frau Larissa zu Grabe.

Die drei Sopranistinnen

*Idol, Rollenmodell, Mentorin: Wie sich Anna Netrebko
an den legendären Primadonnen Maria Callas, Mirella Freni
und Renata Scotto orientiert*

Sexsymbol der Oper des 21. Jahrhunderts! Glutäugige Diva der neuen Generation! Star für ein neues Zeitalter! Wenn große Zeitungen dem Jungstar Netrebko per Schlagzeile zujubeln, kennt die Fantasie der Redakteure keine Grenzen. Sie jagen den Superlativ im Superstar.

Auffallend häufig bemühen die Medien dabei einen Vergleich, der gleichermaßen eingängig wie scheinbar treffend klingt: Anna Netrebko – »die neue Callas«. Das denkbar größte Geschütz im Klassik-Vokabular also, das überhaupt aufzufahren ist. Unvermittelt findet sich die russische Musikhoffnung auf einer Stufe mit der griechischen Primadonna assoluta wieder, der legendären Säulenheiligen der Oper, der wohl bekanntesten Sopranistin aller Zeiten, der »Tigerin«, der »Göttin«, wie die Callas zu Lebzeiten tituliert wurde. Ein journalistisches Klischee im Dauereinsatz, eine Legende des Musiktheaters als Referenzpunkt.

Dieser Bezug auf die göttliche Maria ist für die aufstrebende Sängerin einerseits höchstes Lob, andererseits auch ungeheure Last. Ganz von ungefähr kommt dieser Vergleich freilich nicht. Wiederholt hat die Netrebko selbst darauf hingewiesen, sie habe sich in ihrer frühen Phase an der Callas orientiert. Damit hat sie beim Publikum eine Erwartungshaltung evoziert, die sie nun so leicht nicht mehr abschütteln kann.

Wie keine andere Sängerin der Musikgeschichte lebt die Ikone Maria Callas im andächtigen Gedenken ihrer Fans weiter. Ihr Mythos speist sich aus einer kaum jemals wieder erreichten Intensität dieser Sängerin – sowohl auf der Bühne als auch in ihrem Privatleben. Zwischen überragendem Erfolg in der Oper und größtmöglichem Liebesunglück in der Realität wurde ihre Existenz förmlich aufgerieben. Höhere Höhen und abgründigere Tiefen hat wohl nie eine Stimm-Künstlerin durchschritten. Großes Drama und erschütternde Tragödie liegen bei keiner so nah beieinander wie bei der Göttin aus New York.

Kein Wunder, dass das Leben der Callas scharenweise prominente Künstler inspiriert. In stiller Sehnsucht hat Kinoproduzent Bernd Eichinger ihr in seinem Film »Der große Bagarozy« 1999 seine Referenz erwiesen, indem der Teufel als ehemaliges Schoßhündchen der Grande Dame auf die Leinwand zurückkehrt. Regie-Altmeister Franco Zeffirelli, eng verbunden mit der Vita der Sängerin, hat jüngst den Hommage-Streifen »Callas Forever« herausgebracht.

US-Dramatiker Terence McNally verfasste zwei Theaterstücke über sie: »Meisterklasse« und »Die Lissabonner Traviata«. Über seine Hauptfigur Callas sagt der Autor: »Ihre Auftritte waren wie Stierkampf oder Baseball, eher ein sportliches als ein künstlerisches Ereignis. Weil sie die Zuhörer mit ihrem Gesang in zwei Lager spaltete: Die einen hielten sie für die Größte überhaupt, die anderen für das Allerletzte.«

Extreme, zwischen denen man ungern zermalmt wird. Anna Netrebko versucht längst zurückzurudern. Dass sie sich mit dem Callas-Vergleich keinen Gefallen erweist, ist ihr inzwischen aufgegangen. Zu sehr unterscheidet sich ihre Stimmlage, ihr Timbre von ihrem Idol. Sich an ihr zu messen muss zwangsläufig ins Auge gehen.

Stattdessen versucht Anna die Aufmerksamkeit nun auf zwei näher liegende Idole zu lenken: die beiden italienischen Sopranistinnen Mirella Freni und Renata Scotto. Zur Ersten besteht eine innere Verbindung – in Form aufrichtiger Bewunderung. Zur Zweiten eine sehr konkrete – die Scotto fungiert seit Jahren als Mentorin und Lehrerin der »neuen Callas«. Beide Sängerinnen haben schon in jungen Jahren ein sehr ähnliches Repertoire gesungen wie die Netrebko heute. Eine vergleichbare Entwicklung ihrer Stimme erscheint auch für Netrebkos Zukunft wahrscheinlich.

Aus dem ambivalenten Schatten der Callas wird Donna Anna indes auch auf dem Rücken von Freni und Scotto nicht so leicht heraustreten können. Den Geist, den sie heraufbeschwor, wird sie so schnell nicht wieder los.

Häufig werden Sie mit der Callas verglichen. Sind Sie wirklich die neue Superdiva, die neue Primadonna assoluta?
Anna Netrebko: Ich hasse diesen Vergleich! Warum darf ich nicht ich selbst sein? Wozu sollte man diesen Vergleich bemühen? Ich bin völlig anders als sie.
Was unterscheidet Sie von ihr – in Technik, Timbre und in der gesamten Stimmstruktur?
Anna Netrebko: Alles an ihr unterscheidet sich von mir. Meine Stimme ist völlig anders gelagert als ihre. Viele sagen, sie war die größte Opernsängerin aller Zeiten. Wahrscheinlich stimmt das. Ich meine, sie war großartig, brillant, perfekt. Selbst auf den alten Schallplatten bringt sie mich noch zum Weinen. Möglicherweise hatte ihre Stimme im oberen Register eine ätzende Schärfe, womöglich war ihre Gesangstechnik gerade in der Höhe oft forciert und klang hart wie Stahl. Doch sie hat jeden Abend mit unbedingter Hingabe gesungen, als ob ihr Leben davon abhinge.
Ist das denn überhaupt ein Vorzug oder doch eher ein Nachteil?
Anna Netrebko: Mir imponiert ihr ganzes Leben. Sie war zu jedem Zeitpunkt als Sängerin sie selbst. Maria Callas mag ein sehr

unglückliches Privatleben ohne echte Liebe geführt haben. Aber auf der Bühne war sie immer bei sich. Das ist die Maxime für mich: Die Persönlichkeit zählt. Sie hat in ihrer Verletzlichkeit und ihrem Streben nach Perfektion große Menschlichkeit ausgestrahlt. Gerade weil selbst die größte Sängerin nicht in allem perfekt sein kann.

Von ihrer Person geht aber auch eine untröstliche Trauer aus, voller Ausstrahlung und Würde. Ihre Energie bleibt unvergesslich.

Ist Sie ein Vorbild für Sie?

ANNA NETREBKO: Ich vergleiche mich ungern mit ihr. Ich bewundere die Callas für ihre kraftvolle Stimme. Sie hat so ein riesiges Repertoire abgedeckt. An einem Abend sang sie Rossini und Donizetti mit all diesen hohen Noten. Schon am nächsten konnte sie zu Verdi mit seinen voluminösen, schweren Stoffen wechseln. Keine andere hat diese Vielseitigkeit mit so viel Bravour und Brillanz geschafft.

Gut möglich, dass sie deshalb so früh ihre Stimme verlor. Ich glaube, sie hat sich maßlos überfordert. Darin lag ihr Schicksal. Im Auf und Ab zwischen Höhenflug und Absturz liegt die Größe ihrer sängerischen Leistung.

Imponiert Ihnen das Skandalöse im Leben der Callas?

ANNA NETREBKO: Ach, nehmen Sie nur diese Kreuzfahrt in der Ägäis, auf der sie ihren Ehemann Meneghini für den Multimilliardär Onassis sitzen ließ. Grandios, oder? Da hatte die Klatschpresse wochenlang Stoff zum Schreiben. Und: Die Callas hatte doch Recht. Ihr Alter war völlig senil, verbraucht, vollkommen langweilig. Sie war schon viel zu lange mit ihm zusammen. Also hat sie ihn für das Abenteuer mit Onassis verlassen.

Spiegelt sich darin auch Ihr eigenes Lebensmotto?

ANNA NETREBKO: Jeder hat ein Recht auf Spaß, finde ich. Sie hat sich eben neu verliebt. Ist doch normal. Alle Menschen dürfen das. Allerdings hat dieser Wechsel der Callas nicht gut getan.

Vielleicht hat sie ja ihre Stimme auch so früh verloren, weil sie ein so verzweifeltes Liebesleben geführt hat.

Abgesehen vom Privaten, empfinden Sie auch professionelle Bewunderung?

ANNA NETREBKO: Vor allem für ihre unbedingte Hingabe an den Beruf. Abschreckend finde ich aber in ihrer Arbeit diese Sprunghaftigkeit, die sie bei der Auswahl ihrer Rollen, beim Aufbau ihres Repertoires an den Tag legte. In diesem Job ist eine Menge Disziplin und Stetigkeit vonnöten.

Aber gerade Sie lernen doch auch ständig neue Bühnenrollen und legen sie dann entsprechend schnell wieder ab. Ist das nicht genauso wie bei der Callas?

ANNA NETREBKO: Weiß ich nicht. Die Callas hat manche Rollen zehnmal gesungen und dann wieder verworfen. Verrückt. Aber so ähnlich geht es mir zum Beispiel mit der Violetta in »La Traviata«. Eine sehr schwierige, dramatische Partie. Ich mag es nicht, wenn alle Welt sie für eine Bühnenheilige hält. Sie ist eine Kurtisane, eine Edelhure.

Ich habe große Erfolge in dieser Rolle gehabt. Aber am liebsten möchte ich sie jetzt für ein paar Jahre ruhen lassen. Sie ist gefährlich für die Stimme. Da ist ja nicht nur der aufwändige Gesang, der an den Stimmbändern zerrt, sondern auch noch das Schauspiel, das an den Kräften nagt. Irgendwann muss Schluss damit sein, zumindest für einige Zeit.

Solche Launen hat sich die Callas doch auch oft erlaubt.

ANNA NETREBKO: Stimmt. Ich muss zugeben, dass ich mich anfangs bemüht habe, sie zu kopieren. Wenn du als junge Sopranistin beginnst, steht diese Frau wie eine unerreichbare Göttin über dir. Dem kannst du gar nicht ausweichen. Und ihre Kunst ist ja auch wirklich bestechend. Also habe ich mir bestimmte Phrasierungen bei ihr abgehört. Das hat prompt dazu geführt, dass ich meine Stimme verloren habe. Nur vorübergehend zwar, aber immerhin für ganze zwei Wochen.

Tut so ein übermächtiges Idol der eigenen Entwicklung überhaupt gut?
ANNA NETREBKO: Nicht unbedingt. Man guckt sich auch viel Unsinn ab und braucht dann wieder Ewigkeiten, davon loszukommen. Fast ein halbes Jahr hat es mich gekostet, mir die typische Gestik der Callas abzugewöhnen. Das fand ich eine Zeit lang irrsinnig toll – diese theatralische Art, die ich in Filmen gesehen hatte. Aber ich muss jetzt auf meinen eigenen Beinen stehen. Dieser ständige Vergleich in den Zeitungen mit der heiligen Maria nervt. Wer möchte in Wahrheit schon wirklich so sein wie diese Frau? Am Ende wäre das überhaupt nicht gesund für mich.

Nachahmenswert ist eine Karriere wie die der Maria Anna Sofia Cecilia Kalogeropoulos, geboren am 2. Dezember 1923 in New York, nicht unbedingt. Denn die Faszination, die von jener Frau ausgeht, deren Eltern sich als griechische Einwanderer wegen der leichteren Aussprache in Callas umbenannten, beruht wesentlich auf der tragischen Verknüpfung ihres Lebens mit der Kunst. Die Sängerlegende führte eine eigentlich triste Existenz, die sie mit einem zweiten Leben als Opernheroine überspielte und aufwertete. Aus ihrer Kindheit plagten sie enorme Minderwertigkeitskomplexe, die sie auf der Bühne kompensierte.

Diese Mischung aus privater Misere und einer mit großer Anstrengung erzwungenen künstlerischen Strahlkraft wirkte sich mörderisch auf Seele und Körper aus. Die Kalogeropoulos hat sich selbst hingegeben, um als Callas in die Geschichte einzugehen. Als Mythos, als unsterbliche Heldin der Oper. »Sie hat, man kann es nicht anders nennen, ihre Stimmbänder an beiden Enden angezündet und sie verbrannt in der Entäußerung, die ihre größten Rollen von ihr verlangten«, beschreibt der Professor und Musikkritiker Jens Malte Fischer diesen selbstzerstörerischen Prozess.

Mit stählerner Härte erarbeitete sie sich den Status der uneingeschränkten Stimmkönigin ihrer Zeit, erlangte eine nie wieder erreichte Vollkommenheit der Intonation. Ihr langjähriger Plattenproduzent Walter Legge erging sich in höchsten Lobeshymnen über sie: »Die natürliche Qualität der Stimme war luxuriös, das technische Können phänomenal.« Schwerlich gebe es »einen einzigen Takt in der gesamten Musik des 19. Jahrhunderts für einen hohen Sopran, der ihre Fähigkeiten ernsthaft gefordert hätte«.

Diese Souveränität charakterisiert die Hochphase der Callas in den 50er-Jahren. Zuvor aber hatte sie in stimmbandzehrender Überbeanspruchung ihren Aufstieg erkämpft. Zwischen 1947 und 1951 sang die Vokalistin so disparate Partien wie Turandot, Isolde, Norma, Brünnhilde, Elena und Abigaile. Zum Teil innerhalb kürzester Zeit. Motiviert von ihrem Entdecker und Förderer, dem ehrgeizigen Dirigenten Tullio Serafin, trat die Callas beispielsweise im Winter 1948 in Florenz als Norma auf. Anfang Januar 1949 wechselte sie nach Venedig, um im Teatro La Fenice Wagners »Walküre« zu singen. Nur elf Tage später sprang sie Ende des Monats für eine erkrankte Kollegin als Elvira in Bellinis »I Puritani« ein. Halsbrecherisch. Schon oft wurde darüber spekuliert, ob der Sängerin eine längere Karriere vergönnt gewesen wäre, wenn sie ihre Stimme nicht so früh überfordert hätte. Andererseits wäre sie ohne diesen eindrucksvollen Trapezakt wohl niemals *die Callas* geworden.

In der Autoaggression ihrer Kunstausübung liegt womöglich die Ursache für die Kürze ihrer beruflichen Glanzzeit wie ihres gesamten Lebens. Maria Callas wurde nur 53 Jahre alt, ihre wahrhaft große Zeit als Sängerin beschränkt sich auf gerade mal 14 Jahre in den Fünfzigern und Sechzigern. Sie trat zwar noch länger auf, in der Spätphase jedoch begleitet von immer häufigeren Stimmkrisen und Skandalen. Auf jedes Comeback folgte der neuerliche Absturz.

Schon im Zeitfaktor unterscheidet sich die Netrebko deutlich von ihrem frühen Idol. Vor ihrem Durchbruch bei den Salzburger Festspielen hat sie fast zehn Jahre auf der Bühne gestanden, davon mindestens sieben als Top-Sängerin. Eine sehr harmonische, freie Entwicklung liegt hinter ihr.

Die Callas dagegen drückte psychischer Ballast, der aus problematischen Familienverhältnissen herrührte. Angetrieben von der überambitionierten Mutter, die ihre Tochter dem Vater entzog und zurück in die Heimat Griechenland brachte, debütierte Maria bereits mit 15 Jahren in einer Aufführung der »Cavalleria rusticana« in Athen. Die Hypothek ihrer anspruchsvollen Mutter musste sie ihr Leben lang mit sich schleppen. Ihren ersten Erfolg feierte sie im Jahr 1947 in der Arena von Verona in Ponchiellis »La Gioconda«. Ihren Durchbruch am Mailänder Teatro alla Scala schaffte sie gerade mal vier Jahre später, zur Saisoneröffnung 1951/52.

Doch die junge Hellenin lebte in körperlichem Widerspruch zu ihrer wunderschönen Stimme. Star-Regisseur Zeffirelli schildert die Callas in seiner Erinnerung an ihr erstes Aufeinandertreffen als hässliches, dickes, kurzsichtiges Wesen, das überdies behaarte Beine hatte. Auf einer privaten Dinnerparty trug dieses unansehnliche Mädchen Passagen aus »La Traviata« vor. »Ich schloss die Augen«, erinnert sich Zeffirelli, »denn ich habe mir die Violetta immer als zartes, zerbrechliches Wesen vorgestellt. Als die Callas jedoch zu singen begann, veränderte sie sich. Sie war die Kameliendame.«

An der körperlichen Veränderung, die fortan in der Sängerin vorging, labte sich die gesamte europäische Klatschpresse, die überhaupt sehr viel Freude an den Tragödien, Exzessen und Eskapaden der Primadonna hatte. In der Saison 1952/53 hungerte die Callas sich von 92 Kilogramm Übergewicht auf 63 Kilo herunter.

Mit ihrer extrem umfangreichen Stimme, die zeitweilig bis zu drei Oktaven umfasste, erarbeitete diese Frau sich die schwierigs-

ten Rollen, selbst wenn sie eigentlich nicht unbedingt zu ihrem Timbre passten. Viele Rollen sang sie begnadet wie keine vor und nach ihr, den Rest erzwang sie. Die Opernwelt als Wille und Vorstellung.

Mit ungeheurer Technik und glühendem Ehrgeiz machte sie sich erst das Repertoire und dann das Publikum zum Untertan. Stets mit sehr persönlichem Ausdruck in der Stimme, der noch die distanziertesten Beobachter mitriss. Eine wahrhaft große Künstlerin, die sich insbesondere die Werke des romantischen Belcanto förmlich einverleibte und die zu ihrer Zeit nahezu vergessenen Koloraturpartien dieser italienischen Opernepoche zu neuem, unerhörtem Leben erweckte.

Als klug galt sie indes ebenso wenig wie als humorvoll. Ihre selbstbezogene, monomane, zudem wenig selbstironische Art war berüchtigt. Konversation mit ihr hatte meist nur ein Thema: sie selbst. Mit Instinkt und Intuition stürzte sich die Callas in ihre Rollen. Das Ergebnis war meist atemberaubend, wenn ihre Aneignungstechnik funktionierte. Vielfach waren die Zuhörer zutiefst berührt und hingerissen, frenetisch die Reaktion – ein Phänomen, das auch Anna Netrebko immer wieder erzeugt: Die bedingungslose Hingabe der Fans, der wochenlange Aufruhr vor und nach ihren Auftritten, die überdrehten Schlagzeilen in der Presse belegen diese überdimensionierte Hysterie von Callas'schem Format.

Doch der neue Superstar lebt wesentlich ausgeglichener, als die Göttin es jemals vermochte. Sie ist gelassener, cooler, wesentlich distanzierter gegenüber ihrem öffentlichen Starimage. Auf der Suche nach der Hingabe ihrer Fans hat sich die Diva Callas systematisch verbraucht. Ein Leben für die Droge Applaus. Mit Folgen, die wie ein Menetekel für junge Sängerinnen sind.

Was der Netrebko keinesfalls zu wünschen wäre, ist das tragische Privatleben ihres Idols. Denn eine Persönlichkeitsstruktur voller Komplexe, gepaart mit oberflächlicher Kompensation, schlug mit voller Härte auf die seelische Befindlichkeit der Callas zurück. Obschon man ihr zugute halten muss, dass wesentliche Teile ihres Images als reizbare, arrogante Diva einzig der Phantasie der Boulevardpresse entsprungen ist.

Früh schon, im Jahr 1949, heiratete Maria den wesentlich älteren Ziegeleibesitzer Giovanni Battista Meneghini. Als Vaterersatz, Mentor und Manager formte der Millionär ihre Karriere. Die Ehe hielt, bis die Callas während der sagenumwobenen Kreuzfahrt zum noch reicheren griechischen Reeder Aristoteles Onassis überlief.

Der milliardenschwere Tankerkönig hatte die damals schon weltberühmte Sopranistin samt Ehemann im Sommer 1959 zu einer Ägäis-Tour auf seiner Luxusyacht eingeladen. Mit an Bord der »Christina«, zu deren exotischer Sonderausstattung Barhocker gehörten, die mit Walfisch-Vorhäuten bespannt waren, befanden sich auch der frühere britische Premierminister Sir Winston Churchill nebst Gattin sowie Onassis mit seiner Noch-Ehefrau Tina. Auf diesem phallisch bestückten Schiff ereignete sich vor den Augen der illustren Mitreisenden der skandalöse Ehebruch, der die Society-Gazetten der Welt noch wochenlang in Atem halten sollte.

Zur Bestürzung der gesamten Reisegruppe verließ die Callas nach dieser Kreuzfahrt den Gatten – und Onassis seine Angetraute. Für die Callas indes entwickelte sich aus diesem Abenteuer nur eine einzige Katastrophe aus Demütigungen und Gemeinheiten. Eine üble Mischung aus gegenseitiger Abhängigkeit charakterisierte ihre Beziehung zu Onassis. Je mehr er sie ablehnte, desto mehr fühlte sie sich zu ihm hingezogen. Je mehr der Superreiche die Supersängerin als kostbares Privateigentum behandelte, desto mehr entzog sie sich ihm.

Solche seltsamen amourösen Extratouren liegen der durchaus lebenslustigen Sopranistin Anna Netrebko fern. Das von der Presse ausgeschlachtete Liebesleben der Callas imponiert der Netrebko zwar wegen deren Pochen auf persönliche Freiheit. Im

Korsett ihres aufreibenden Berufs steckend, reklamiert die junge Frau ebenfalls für sich, tun und lassen zu dürfen, was ihr gefällt.

Ihr nahe stehende Kollegen beschreiben sie jedoch als disziplinierte, zuverlässige Künstlerin, die nur verbalerotisch mit Affären kokettiert. Die legendäre Großsängerin dient der Netrebko in erster Linie dazu, den Horizont ihrer künstlerischen Ambitionen abzustecken. Der Verdacht liegt nahe, dass sie mit ihrem Selbstbezug auf die Callas nur eine falsche Fährte fürs Publikum ausgelegt hat. Nur, wohin sollte diese führen? Jedenfalls will sie von der Callas lernen, wie eine Sängerin unsterblichen Mythos erreichen kann.

Ihr tatsächliches Stimmtraining orientiert sich an anderen großen Vorbildern. Auch wenn sie das nur ungern zugibt.

Haben Sie Lehrer, die mit Ihnen an Ihrer Stimme und an Ihren Rollen feilen?
ANNA NETREBKO: Mein größter Lehrer ist die Bühne selbst. Nur dort kann eine junge Vokalistin das Singen lernen. Sie muss sich ins Repertoire stürzen können, ihre Grenzen ausloten dürfen. Das Publikum stellt ein gutes Korrektiv dar. Viele im Parkett kennen sich richtig gut aus. Aber selbst wenn die Zuhörer keine einschlägige musikalische Bildung haben, können sie eine gute von einer schlechten Darbietung unterscheiden.
Heißt das, Sie brauchen keine Lehrer mehr, um Ihren Standard zu halten und zu verbessern?
ANNA NETREBKO: Eigentlich nicht mehr. Rein gesangstechnisch und stimmbildnerisch ist ab einem gewissen Punkt nicht mehr viel zu ändern. In der Regel ist dieser Punkt nach dem Verlassen des Konservatoriums und den ersten Jahren auf der Bühne erreicht.
Kaum zu glauben – braucht nicht jeder Spitzenkünstler hin und wieder Hilfe?

ANNA NETREBKO: Gute Berater sind immer nötig. Ich höre durchaus hin, wenn mir große Dirigenten wie Nikolaus Harnoncourt, Claudio Abbado, Zubin Mehta oder Valery Gergiev Tipps geben. Gerade Harnoncourt weiß sehr viel, insbesondere über die Art, wie Mozart gespielt und gesungen werden muss. Maestro Mehta kann Musik wunderbar mit Worten und Händen ausdrücken. Abbado kennt sich im italienischen Fach exzellent aus. Und der Mariinskij-Chef Gergiev kennt meine Stimme praktisch von Anfang an.

Mit diesen Herren stehen Sie aber doch nur sporadisch in Kontakt. Haben Sie keine anderen Mentoren, die jederzeit erreichbar sind?

ANNA NETREBKO: Ja schon, natürlich habe ich ein paar sehr persönliche Berater. Vivendi, mein früherer Pianist in Russland zum Beispiel. Mit ihm verbindet mich fast ein bedingungsloses Verständnis aus jener Zeit, in der mich noch kaum jemand kannte. Und ich habe meinen Freund Simone, dem ich sehr vertraue. Er hat eine konstruktive Art, mich zu kritisieren, wenn ich mal nicht so gut gesungen habe.

Sie verzichten auf professionellen Rat, Meisterklassen oder dergleichen?

ANNA NETREBKO: Unterricht nehme ich gelegentlich bei der früheren italienischen Diva Renata Scotto. Die Übungen mit ihr sind sehr wichtig für meine Entwicklung im italienischen Fach. Sie hat mich nicht nur im Bereich der Gesangstechnik weitergebracht. In meinem Stadium der Karriere ist Unterricht in der Gestaltung neuer Rollen, ihrer Analyse und Interpretation wichtiger. Dafür nehme ich mir ein- oder zweimal im Jahr die Zeit.

Worin liegt der Wert eines Ratschlags solcher altgedienter Opernstars?

ANNA NETREBKO: Signora Scotto singt bis heute Opern. Sie mag eine völlig andere Stimme haben als ich. Aber mit dreißig Jahren hat sie nahezu dasselbe Repertoire beherrscht wie ich jetzt. Vor allem im Belcanto-Stil der italienischen Oper aus dem 19. Jahr-

hundert unterstützt sie mich. Rossini, Donizetti. Dieser Bereich gehört zum Komplexesten und Anspruchsvollsten, was die Notenliteratur in meinem Fach zu bieten hat.
Können Sie uns Scottos Herangehensweise ein wenig ausführlicher erläutern?
ANNA NETREBKO: Ihr habe ich zum Beispiel als Erster die Marguerite aus Gounods »Faust« vorgesungen. Sie kennt diese Rolle gut, hat sie selbst schon gesungen. Sie sagt, sie würde niemals meine Technik beeinflussen wollen, weil sie nicht speziell russisch geprägt ist. Ich habe mir in Russland eben von Anfang an eine sehr italienische Technik antrainiert. Die sitzt. Im mittleren Register singe ich vielleicht hin und wieder noch mit einer leichten Schärfe, aber das kriege ich technisch ganz allein in den Griff.
Frau Scotto arbeitet mit mir mehr an meinem Stil, an meinen Phrasierungen, Betonungen, an meiner Melodieführung und Pointierung. Sie erklärt mir die psychischen Hintergründe einer Rolle und hilft mir so bei meiner Interpretation. Sie ist eine wunderbare Frau.
An welchen anderen Idolen orientieren Sie sich?
ANNA NETREBKO: An Mirella Freni! Wenn es mir schlecht geht, höre ich eine Platte von ihr. Danach fühle ich mich meistens wieder besser. So viel Schmelz, so viel Esprit, so viel Einfühlungsvermögen. Für mich hat sie die ideale Stimme, eine ausgeprägte Persönlichkeit, die vielen Partien gut steht.
Erkennen Sie sich in der Freni wieder?
ANNA NETREBKO: Ihre Entwicklung ist meiner bisherigen sehr ähnlich. Viele von den Partien, die sie gesungen hat, habe ich heute auch im Repertoire. Da sind ihre alten Aufnahmen sehr inspirierend, wenn ich eine neue Partie einstudiere. Auch sie singt heute noch gelegentlich, genauso wie meine Lehrerin Scotto. Das finde ich schon bewundernswert für jemanden, der seine Glanzzeit in den 60er-Jahren hatte. Als Sängerin alt zu werden, muss traumhaft sein.

Oft fällt es berühmten Opernstars schwer, ihr Bedürfnis nach professioneller Schulung auch im fortgeschrittenen Karrierestadium zuzugeben. Viele erwecken gerne den Anschein, sie seien nicht mehr darauf angewiesen. Dabei ist es keineswegs ehrenrührig, sich Rat von erfahrenen Kolleginnen zu holen. Aber in einem Geschäft, in dem das zahlende Publikum bei seinen Topstars quasi göttliche Begabungen und himmlische Eigenschaften voraussetzt, vermeiden die Protagonisten jeden Anschein irdischer Mühsal.

Die italienische Ex-Diva Renata Scotto mit Wohnsitz in New York zählt sicher zu den besten Anlaufstationen im weltweiten Opernbusiness für Fortbildungswillige. Die aus Savona in der Region Ligurien stammende Künstlerin, Jahrgang 1934, schaffte ihren ersten Erfolg in einer Rolle, in der Anna Netrebko heute selbst am stärksten brilliert: als Pariser Salonhure Violetta. Zu diesem Zeitpunkt war die Scotto gerade 18 Jahre alt, sehr jung für diese schwierige Partie.

Ihr Weg führte schnell an die Scala in Mailand und von dort hinaus in die Welt. Aus dem Schatten der Scala-Heroin Maria Callas konnte sie allerdings lange nicht heraustreten. Ihren internationalen Durchbruch verdankte sie einer vorübergehenden Schwäche der legendären Kollegin. Beim Edinburgh Festival 1957 konnte sie ausgerechnet als Ersatz für die Primadonna assoluta einspringen, die krankheitsbedingt die Amina in »La Sonnambula« absagen musste. In dieser Rolle triumphierte die Scotto später an vielen Opernhäusern.

Die Italienerin verfügt über ein breites Repertoire, das Werke von 18 Komponisten einschließt. Die Violetta singt sie ebenso begnadet wie die Mimi in »La Bohème«, die Hauptrolle in »Manon Lescaut«, die Titelpartie der »Lucia di Lammermoor«, Norma, Anna Bolena, in ihren späteren Tagen auch die Marschallin in Strauss' »Rosenkavalier«. Diese umfassende Praxis macht die Scotto zur perfekten Lehrerin, da sie wie kaum eine andere Ex-Diva Überblick und Einsicht in ein breit gefächertes Spektrum von Werken besitzt. Nicht umsonst führt das Petersburger Mariinskij-Theater, an dem die Netrebko groß wurde, die Ex-Diva als führende Dozentin für Meisterklassen im Ausbildungsprogramm.

Anna Netrebko bereitet sich heute weitgehend selbstständig auf ihre neuen Rollen vor. Ab einem gewissen Niveau praktizieren dies die meisten Sängerinnen so, allein schon weil ihnen die Zeit für aufwändigen Unterricht fehlt. Dennoch konsultiert die Netrebko ihre Mentorin Scotto, so oft es möglich ist, etwa während ihrer Gastspiele an der Metropolitan Opera in New York.

Gerade bei der Vorbereitung auf schwierige Partien von Verdi oder Puccini hat ihr die Italienerin unschätzbare Dienste geleistet. Die Muttersprachlerin kann der Netrebko Phrasierungen aus der italienischen Sprachmelodie heraus verständlich machen. Bei der Interpretation bestimmter Szenen oder der detailgenauen Charakterisierung einer Opernfigur aus diesem speziellen Ausschnitt des Werkekanons ist Nachhilfe von einer so intimen Kennerin von unschätzbarem Wert. Sprache und Gesang korrespondieren in diesem Genre besonders eng. Die Bühnenaussage einer Figur erschließt sich in der Oper indirekt aus diesem Zusammenhang.

Ein Beispiel für die Art und Weise, wie Scottos Coaching funktioniert, gibt Annas Vorbereitung auf ihre CD »Sempre libera« von 2004. Dirigent Claudio Abbado stellte eine Bedingung für die Aufnahme: Die Netrebko sollte drei Arien der Desdemona aus Verdis »Otello« singen. Eine Partie, die Anna noch nie versucht hatte. Da Abbado diese Rolle in den 60er- und 70er-Jahren als junger Orchesterchef der Scala bereits mit Renata Scotto erarbeitet hatte, empfahl sich eine intensive Vorbereitung bei Netrebkos Lehrerin in New York.

Als Anna ein halbes Jahr vor der geplanten Aufnahme an der Metropolitan Opera gastierte, zog sie sich in freien Stunden mit der Scotto zum Studium zurück. Ihre massiven Bedenken gegen die unbekannte Partie lösten sich schrittweise auf, als die Lehrerin mit ihr Untiefen und schiffbare Wege dieses Werkes auslotete, Interpretationshilfen gab und sogar Abbados Ansichten zum »Otello« ausführen konnte. Nachdem die Netrebko und der Dirigent die geplanten Stücke dann aufgenommen hatten, waren beide vom Ergebnis begeistert – so sehr, dass dem früheren Chefdirigenten der Berliner Philharmoniker bei der Interpretation der Netrebko die Tränen kamen.

Die Bewunderung für ihr zweites italienisches Idol, die Sopranistin Mirella Freni, beschränkt sich im Gegensatz zur Scotto-Verbindung auf die reine ästhetische Wertschätzung. Ein persönlicher Kontakt besteht nicht. Diese Sängerin, Jahrgang 1935, stammt wie Startenor Pavarotti aus Modena. Beide haben in ihren frühen Tagen zahllose gemeinsame Auftritte absolviert.

Die Freni, die noch immer konzertiert, feierte in ihrer Jugend fast in denselben Rollen große Erfolge wie heute die Netrebko. Bei den Salzburger Festspielen reüssierte sie als Zerlina im »Don Giovanni« – genau jene Partie, die ursprünglich die Netrebko für ihren Durchbruch 2002 anvisiert hatte. Aber auch als Desdemona schaffte die Freni Beachtliches.

Die Verehrung der Netrebko für diese Opernlegende liegt hauptsächlich in der großen Ähnlichkeit der beiden begründet. Sodass der neue Opernstar eigentlich keinen Grund hätte, als die »neue Callas« zu firmieren. Viel treffender wäre wohl die Bezeichnung »die neue Freni« oder »die neue Scotto«.

Ihr selbst wäre indes auch dieser Vergleich nicht recht. Denn Annas fast schon verzweifelte Frage lautet: »Warum darf ich nicht ich selbst sein?« Eine Frage, die sich schon die Scotto gestellt haben dürfte, als sie in die Fußstapfen der Callas trat. Mit der selbst die große Callas konfrontiert war, als sie am Anfang ihrer Karriere mit Rosa Ponselle, der großen Sopranistin der 20er- und 30er-Jahre, verglichen wurde. Eine Frage, mit der sich wahrscheinlich jede neue Generation auseinander setzen muss.

V. Akt   West-östliche Diva

Crescendo bei den Salzburger Festspielen:
In Mozarts »Don Giovanni« gelingt Anna der triumphale
Durchbruch auf internationalem Parkett.
Dabei hätte sie ihre große Chance beinahe verpasst

Es schneit. Ein Dutzend halb nackter Models in sexy Designer-Dessous strömt im Flockengestöber zusammen. Aufgebrachte Schönheiten, die ihren Verführer im Chor verfluchen. »Wo ist der Schändliche? Wo ist der Unwürdige?«, deklamieren sie. In eisiger Einsamkeit naht der Tag des Jüngsten Gerichts für Don Juan. Riesige Strahler rollen heran, tauchen die Szene in heiß-kaltes, blendendes Licht. Gefrorene, erstarrte Gesichter. Die Ladys in Straps und Strumpf treiben ihn in die Enge. Der verhasste Schürzenjäger sinkt zu Boden. Schnee türmt sich über ihm, begräbt ihn unter sich. Toter Mann im ewigen Eis. Als Letzte verlässt den tiefgefrorenen Leichnam seine jugendliche Geliebte, Donna Anna. Dramatischer Schlussakkord, dann fällt der Vorhang.

Atemloses Schweigen im Saal.

Minutenlang.

Dann brandet Applaus auf, donnernd wie ein Sommergewitter. Fußgetrampel. Blitzlichter aus Pocketkameras. Tosende Bravo-Rufe. Sie gelten einer Einzigen: Anna Netrebko. Dem Star des Abends, der Sängerin dieses Sommers, der Neuentdeckung der Saison, der Stimme der Zukunft. Für sie wird nach diesem Erfolg bei den Salzburger Festspielen nichts mehr sein, wie es vorher war. Ihre kühnsten Träume verwirklichen sich an diesem Premierenabend innerhalb weniger Stunden: Donna Anna Netrebko steigt zur Primadonna Anna auf.

Der 27. Juli 2002 verschiebt bis auf weiteres das Koordinatensystem der Opernwelt. Eine Zeitenwende. Wie im Rausch titeln die Zeitungen: »Hallo Gott, hier singt Anna«, »Ohrgasmus im Liebes-Akt«, »Die klassische Lolita«. Unverhofft gelingt der schönen Russin bei ihrem Salzburger Debüt der internationale Durchbruch. Opernhäuser in Ost und West reißen sich fortan um sie. Schlagartig vervielfachen sich ihre Gagen. Die Plattenfirma Deutsche Grammophon, feinste Adresse im Klassikgeschäft, nimmt sie exklusiv unter Vertrag. Ihre CDs stürmen die Charts.

Die erste Supersopranistin des neuen Jahrhunderts ist in der Gegenwart angekommen. Und beinahe wäre nichts daraus geworden. Denn eigentlich wollte die junge Dame gar nicht zum richtigen Zeitpunkt am richtigen Ort sein. Einzig und allein glücklichen Umständen hat sie es zu verdanken, dass sie zum großen Sprung überhaupt angetreten ist.

Je mehr Leute zuschauen, desto mehr entgeht ihnen oft. Tausende Besucher haben im Sommer 2002 die Aufführung des »Don Giovanni« bei den Salzburger Festspielen verfolgt. Begeistert, fasziniert, hingerissen. Seither verklären viele in ihrer Erinnerung die Umstände, unter denen Anna Netrebko der große Triumph gelungen ist. Mythen, Legenden, Gerüchte vernebeln längst diesen scheinbar märchenhaften Premierenabend, an dem die Opernwelt den Aufstieg eines unbekannten Sängermädels zur gefeierten Diva in die Annalen aufzunehmen hat.

So unbekannt ist der Shootingstar dem Salzburger Publikum indes gar nicht. Jedenfalls den aufmerksamen Besuchern dieses Opern-Events. Denn ihr eigentliches Debüt an der Salzach absolvierte die Künstlerin bereits 1998 in einer konzertanten Aufführung von Wagners »Parsifal« mit den Wiener Philharmonikern. Als Blumenmädchen im Garten des Bösewichts Klingsor. Den Stab führte an diesem Abend ihr Mentor Valery Gergiev.

Doch daran erinnert sich vier Jahre später kaum mehr jemand. Wie aus dem Nichts scheint die Sopranistin auf der Bühne des Großen Festspielhauses aufgetaucht zu sein. Doch wie ist Madame Netrebko dort hingelangt? Wilde Spekulationen kursieren seitdem über die Frage, wer sie protegiert, wer der aufstrebenden Sängerin, die keiner der sonst so prognosesicheren Auguren auf der Rechnung hatte, das Engagement ermöglicht hat.

Mancher Insider behauptet, Dirigent Gergiev habe sie dank seiner guten Kontakte zur Intendanz auf dem Besetzungszettel platziert. Der Maestro des effektiven Strippenziehens soll sich persönlich für den Star seines Theaters in St. Petersburg eingesetzt haben. Einer anderen Fama zufolge soll ihr der inzwischen legendäre US-Multimilliardär Alberto Vilar den Weg zum Durchbruch geebnet haben.

Noch bis 2002 fungierte der betuchte New Yorker Wall-Street-Mogul sowohl bei der Metropolitan Opera, dem Mariinskij-Theater als auch bei den Salzburger Festspielen als spendabelster Mäzen. Millionen hat der gebürtige Kubaner für Aufführungen gespendet – und dafür schon mal seine Lieblingssänger auf die Bühne bitten lassen. Infolge der geplatzten New-Economy-Blase ist der Opern-Aficionado, der einst mit seiner Firma Amerindo Investment Advisers Inc. zu den ersten Aktionären des Software-Herstellers Microsoft zählte, finanziell abgestürzt.

Unbarmherzig haben die Festspiele Vilar seither von der exklusiven Gönnerliste »The American Friends of the Salzburg Festival« gestrichen. Vom mildtätigen Wirken des reichen Onkels aus Amerika ist nicht viel geblieben. Hinterlassen hat er jedoch das Gerücht, er habe die Netrebko, die er von Met und Mariinskij her kannte, an das österreichische Edelfestival empfohlen. In der Business-Lounge des Salzburger Flughafens soll das hoffnungsvolle Goldkehlchen dann dem Dirigenten des »Don Giovanni«, Nikolaus Harnoncourt, vorgesungen haben.

Amüsiert verfolgt der Kapellmeister solche Sagen. »Warum nicht gleich mit Bill Gates in der Zahnarztpraxis oder beim Friseur?«, fragt Harnoncourt. Die Wahrheit fällt dem Hauptdirigenten der Festspiele zufolge weniger kurios aus, erlaubt dafür aber vielsagende Einblicke in das Netrebko-Netzwerk und seine Funktionsweise.

Schon im Sommer 2001 nämlich meldet sich Annas Manager Jeffrey Vanderveen, damals noch für die New Yorker Agentur CAMI tätig, routinemäßig beim künstlerischen Betriebsdirektor der Salzburger Festspiele, Josef Hussek. In einem längeren Telefonat plaudern sie über zukünftige Vorhaben, insbesondere für das Jubiläumsjahr 2006, in dem sich Mozarts Geburtstag zum 250. Mal jährt.

Agent Vanderveen erkundet Auftrittsmöglichkeiten für Künstler, die bei ihm unter Vertrag stehen. Beiläufig erwähnt Hussek, dass auch die Besetzung für die Neuinszenierung des »Don Giovanni« im Jahr 2002 fast vollständig feststehe: Bariton Thomas Hampson in der Titelpartie, die Sopranistinnen Melanie Diener und Magdalena Kožená als Donna Elvira und Zerlina, Bass Kurt Moll als Komtur. Nur eine passende Donna Anna sei partout nicht aufzutreiben, klagt Hussek.

Eine solche einmalige Gelegenheit lässt Vanderveen nicht ungenutzt verstreichen und empfiehlt seine derzeit heißeste Klientin. Jene »aufstrebende, vielversprechende Sängerin«, deren Potenzial er höher einschätzt als das vieler anderer in seiner Kartei: Anna Netrebko. Er bringt sie ins Spiel, obwohl sie bis dahin noch nie die Donna Anna gesungen hat – und obwohl sie für den fraglichen Zeitraum im Juli und August 2002 längst ein Engagement an der Metropolitan Opera anvisiert hat. Vanderveen pokert.

Mehrere Vorschläge des Betriebsbüros hat Harnoncourt zuvor bereits abgelehnt. Durchgehend erschienen ihm die Kandidatinnen, die zum Vorsingen angetreten waren, zu alt und stimmlich zu sehr gereift für die Rolle von Don Giovannis jugendlicher Geliebter. »Ich habe nie begriffen, wie man auf die Idee kommt, eine 100-Kilo-Sängerin diese 16-Jährige darstellen zu lassen«, sagt der Mann aus Graz sarkastisch. Überhaupt würden nahezu alle Mozart-Werke grundsätzlich falsch inszeniert. Deshalb möchte er mit dem »Don Giovanni« einen großen Wurf landen – in bis dahin unerhörter musikalischer Gestaltung und neuartiger Besetzung. Wahrhaftiger, präziser, näher an Mozarts Vorstellungen will der österreichische Originalklang-Spezialist arbeiten.

Da ihm die Zeit für ein Engagement davonläuft – die meisten Sängerinnen haben ihren Terminkalender bereits Jahre im voraus verplant – beraumt Harnoncourt für die Netrebko, die ihm bislang kein Begriff ist, kurzfristig einen Testtermin an. Nicht mal mehr zwölf Monate bleiben ihm bis zum Probenbeginn. Im Schubert-Saal des Wiener Konzerthauses lässt er sich von der Vanderveen-Empfehlung Mozart vortragen, kurz bevor sich sein Zeitfenster endgültig zu schließen droht.

Da sie denkt, sie bewerbe sich für die Rolle der Zerlina, trägt sie Passagen dieser Partie vor. Harnoncourt bittet um einige Stückchen von Donna Anna. Verwundert reagiert die Netrebko, die von den Plänen im Hintergrund nichts weiß. Immerhin lässt sie sich zum Versuch überreden. Stimmen-Scout Hussek sprudelt über vor Begeisterung. »Es war eine der beglückendsten Stunden, die man bei einem Vorsingen haben kann«, gibt er später zu Protokoll, »alles hat gestimmt: Persönlichkeit, Qualität der Stimme, technische Makellosigkeit und musikalische Intelligenz.«

Anna Netrebko ist *die* Frau der Stunde. Harnoncourt ist sich sofort sicher, die Richtige für die Donna Anna gefunden zu haben. Nur die Auserwählte zieht nicht so recht. Anna nämlich ist in der Überzeugung angetreten, im »Don Giovanni« einzig und allein die Zerlina singen zu können. Eben für die Rolle des natürlichen Bauernmädchens mit der schlanken Stimme ist sie auch an der Metropolitan Opera vorgesehen.

Als die Herren sie bedrängen, doch im folgenden Jahr die ungewohnte Rolle zu übernehmen, startet die Sopranistin ein gewagtes Manöver: Sie täuscht einen Rückzieher vor. Zum Erstaunen des Casting-Teams fordert sie zwei Wochen Bedenkzeit, in denen sie insgeheim ausloten will, welches Angebot sie nun ausschlagen soll: das der New Yorker Met, wo sie eine Partie singen kann, die sie bereits beherrscht, oder das aus Salzburg, wo sie die unbekannte Partie der Donna Anna wagen soll. Einerseits bedeutet das Top-Ereignis in Österreich die wesentlich größere Chance – aber auch das größere Risiko. Wer dort einmal einbricht, bringt unter Umständen so schnell keinen Fuß mehr auf den Boden. Wer dort reüssiert, dem stehen alle Türen offen.

Stimmt es, dass Sie Ihre große Chance beinahe ungenutzt verstreichen ließen?
ANNA NETREBKO: Den Vertrag mit der Metropolitan Opera für die Zerlina im »Don Giovanni« hatte ich 2001 abgeschlossen und 2003 erfüllt. Heute denke ich, dass die Zerlina gar nichts für meine Stimme ist. Ich mag diese Bauernmagd sowieso nicht. Eigentlich finde ich sie inzwischen richtig blöde. Erst läuft sie ihrem Mann davon. Zwei Minuten später kehrt sie wieder zu ihm zurück, und ich frage mich: Wie zum Teufel soll das funktionieren?
Soll das heißen, Sie wollten die Zerlina gar nicht singen?
ANNA NETREBKO: Bei der Donna Anna ist mir die Psychologie viel klarer. Die ist genau die Richtige für meine Stimmlage. Vielleicht nicht gerade in voluminösen Häusern. In Salzburg habe ich diese Rolle im Großen Festspielhaus gesungen und mich sehr wohl damit gefühlt. Ich wusste von Anfang an, dass ich das schaffe. Das ist genau meine Partie.
Die anderen Beteiligten schildern das aber völlig anders.
ANNA NETREBKO: Das ist auch alles sehr verquer gelaufen. An das Engagement in Salzburg konnte ich ja selbst nicht richtig glau-

ben. Als ich Maestro Harnoncourt vorsang, wusste ich nicht, dass er eine Anna sucht. Für mich kam nur die Zerlina in Frage. Als mir einer seiner Mitarbeiter zugeflüstert hat, was er wirklich vorhat, habe ich es nicht für möglich gehalten. »Ihr müsst total verrückt sein«, sagte ich ihnen. Aber ich habe ihm ein paar Phrasen aus dieser Partie vorgesungen – und er meinte ganz trocken: »Okay, daran arbeiten wir weiter.« *(Grinst)* Das haben wir dann auch gemacht und jetzt ich bin sehr froh darüber.

Kommt diese Art Unterstützung häufig vor im Opern-Geschäft?
ANNA NETREBKO: Leider arbeiten die meisten Dirigenten überhaupt nicht mehr richtig mit den Sängern. Dafür fehlt ihnen wahrscheinlich die Zeit, oder sie sind zu müde, weil sie immer nur herumhetzen müssen. Riccardo Muti ist einer der wenigen, die sich noch Mühe mit uns geben. Und Nikolaus Harnoncourt. Der reißt sich fünf Beine aus.

Hatten Sie keine Angst vor so einer schweren Rolle wie der Donna Anna, die Ihnen obendrein nicht mal geläufig war?
ANNA NETREBKO: Alle haben mir abgeraten, mich gewarnt, dass dieses Ding eine Nummer zu groß für mich sei. Aber später war es, ehrlich gesagt, die unkomplizierteste Rolle, die ich je gesungen habe. Klar hatte ich Angst. Sie wird ja normalerweise von den großen, etablierten Sopranen gesungen. Mag sein, dass ich die allererste Sängerin mit sehr leichter Stimme war, die sich daran gewagt hat.

Was interessiert Sie an dieser Figur, einer so jungen Geliebten?
ANNA NETREBKO: Im Grunde finde ich Heldinnen, die nur schmachten, ziemlich öde. Melancholie, nein danke. An einer Figur muss etwas Tolles, Verrücktes dran sein, damit sie mir gefällt. Etwas, das meine Fantasie in Gang setzt. Das alles finde ich in der Donna Anna. Obwohl ich nicht gleich von Anfang an überzeugt war.

Bis seine Favoritin endgültig zusagt, muss Harnoncourt eine nervenaufreibende Zitterpartie durchstehen. An so etwas muss sich ein erfahrener Dirigent wie er erst gewöhnen: Er hat sich auf die Netrebko festgelegt – und nun telefoniert er ihr zwei Wochen lang hinterher, ohne eine endgültige Antwort zu erhalten. »Mich hat das ja irgendwie beeindruckt«, gibt er zu.

Die Netrebko ihrerseits wäre um ein Haar der Chance ihres Lebens ausgewichen. Auch wenn sie heute beteuert, ihr sei von Anfang an klar gewesen, dass dieses Angebot wie geschaffen für sie war. Ihr Agent Vanderveen lässt ihr freie Wahl, da sein Schützling Druck sowieso meist zu unterlaufen versucht. Sowohl der Kontakt zum Management der Met als auch zur Salzburger Intendanz ist wichtig für ihn. Wenn die Entscheidung erst gefallen ist, wird es ohnehin schwierig, diejenige Seite bei Laune zu halten, die bei diesem Spielchen leer ausgeht.

Weil Harnoncourt hartnäckig um sie wirbt, geht die Netrebko schließlich auf sein Vorhaben ein. Zu ihrem großen Glück, wie sich herausstellen soll. Mit einem Erfolg in New York hätte sie in Europa kaum punkten können. Umgekehrt hallen Triumphe bei Europas Top-Festival auch in den USA wider. Ohne diesen mutigen Schritt würde die Zauderin heute nicht da stehen, wo sie steht. Und die europäischen, vor allem deutschen Fans wüssten womöglich bis heute nichts von der Diva, die sie mittlerweile abgöttisch verehren, auf die sie stundenlang wegen eines Autogramms warten, für deren Auftritte sie abstrus hohe Kartenpreise bezahlen.

»Schlankheit in der Stimme«

Normalerweise wartet Dirigent Nikolaus Harnoncourt nicht gerne. Für den Durchbruch der Netrebko lohnt es sich aber, findet der Mozart-Experte. In ihr findet er seine Traumbesetzung für die Donna Anna

Die Aufregung, die um Anna Netrebko erzeugt wird, mag einem übertrieben vorkommen. Aber das Phänomen des Sängers, der so unheimlich schön singt, dass er die Menschen verzückt und verzaubert, finden Sie schon in der griechischen Mythologie: Orpheus, der die Unterwelt in seinen Bann schlägt. Kaum singt er, strömen die Tiere von überallher zusammen, Steine wandern, Bäume sprechen. So ähnlich verehrt das Publikum heute die Anna Netrebko. Ich denke da historisch, ganz realistisch, pragmatisch: Was es gibt, existiert auch zu Recht.
Der berühmte Tenor Jan Kiepura in den 20er- und 30er-Jahren zum Beispiel, den haben seine Fans auf Schultern aus der Wiener Staatsoper getragen und ihm die Pferde ausgespannt, wenn er mit der Kutsche durch die Stadt gefahren kam. Für Enrico Caruso haben sie im brasilianischen Urwald ein ganzes Opernhaus gebaut. Weiter zurück in der Geschichte: Der große Barock-Kastrat Farinelli hat sogar mehr als zwanzig Jahre lang de facto Spanien regiert. Dem spanischen König hat sein Gesang so gut gefallen, dass er gar nicht aus dem Bett aufgestanden ist, ohne zuerst Farinelli gehört zu haben. Maria Callas hat mit jeder Absage, mit jeder Kaprize, mit jedem Eklat nur noch mehr Leute angelockt. Völlig verrückt, aber so reagieren die Menschen auf außergewöhnlich schöne Stimmen.
Um Steine zu erweichen oder Könige zu unterwerfen, muss man natürlich wirklich enorm gut singen. Das kann die Netrebko. Aber das allein reicht nicht, da gehört mehr dazu. In der gesamten Musikwelt gibt es einzelne Leute, die sind viel besser als alle

anderen. Aber warum? Der Grund: Die haben diese Ausstrahlung – so wie die Netrebko. Diese Leute werden bis zum Wahnsinn verehrt.

Sie war ja schon in St. Petersburg eine bedeutende Sängerin. Für das Jahr 2002 habe ich verzweifelt eine Donna Anna für Mozarts »Don Giovanni« gesucht. Die Leute vom Besetzungsbüro der Salzburger Festspiele hatten eine völlig andere Vorstellung von dieser Donna Anna, welche Stimme sie haben soll. Ständig haben sie mir Donna Annas zum Vorsingen geschickt, die mir überhaupt nicht gefallen haben. Weil man diese Figur seit hundert Jahren in einer Weise besetzt, die ich für völlig falsch halte.

Dann haben sie ein Vorsingen mit Anna Netrebko veranstaltet. In einem Saal in Wien. Ich kannte sie noch gar nicht, deshalb hege ich da auch gar keinen Entdeckerstolz.

Bei dieser Audition habe ich sie gebeten, ein Stück dieser Mozart-Figur zu singen. Aber sie hat erwidert: Ich singe die Anna nicht, ich singe normalerweise nur die Zerlina im »Don Giovanni«. Die hat sie dann auch vorgetragen, wir haben Verschiedenes ausprobiert.

Und ich habe gemerkt: Verdammt noch mal, das ist die Anna, das ist sie! Sofort habe ich das gehört. Die Netrebko hat genau diese Schlankheit in der Stimme, die ich mir immer vorgestellt habe. Aber zugleich genügend Dramatik. Außerdem kann sie diese Person rein äußerlich perfekt darstellen. Die Donna Anna ist ja ein 16-jähriges Mädchen, und da muss die Darstellerin sowohl optisch als auch stimmlich passen.

Am meisten hat mir imponiert, dass die Netrebko nicht sofort zugestimmt, sich zwei Wochen Bedenkzeit ausgebeten hat. Das wird sie heute gar nicht mehr wissen wollen, aber so war es.

Und ich habe zwei Wochen lang gebangt: Wenn die jetzt absagt, werde ich verrückt. Sie hatte ja schon ein Engagement an der Metropolitan Opera in New York. Ausgerechnet als Zerlina, genau für die Zeit der Salzburger Festspiele. Offensichtlich hat sie dort dem Chefdirigenten James Levine vorgesungen, und der fand

sie ganz toll. Deshalb war sie auch so felsenfest überzeugt, dass das ihre Rolle sei.
Schließlich hat sie aber doch bei uns mitgemacht und die Sache in New York abgesagt. Heute erklärt sie jedem: Zerlina ist nicht mehr wichtig für mich, meine Rolle ist die Donna Anna. Ist ja klar, so verläuft eben der Weg einer Sängerin zu ihren Rollen. Aber bis wir ihre Zusage hatten, haben wir alle ganz schön herumgezappelt.
Sie hat mich nie angerufen. Ich musste ständig bei ihr anläuten. Das war schon Ende 2000, nur eineinhalb Jahre vor der Premiere. Aber da läuft dir schon die Zeit davon, weil die Künstler eigentlich viel, viel früher ihre Verträge abschließen. So kurz davor haben die alle schon anderweitige Verpflichtungen. Zu diesem Zeitpunkt stand schon die ganze übrige Besetzung für den »Don Giovanni« fest.
Sie war, glaube ich, sehr interessiert und zugleich äußerst skeptisch. Dass sie die Donna Anna singen kann, rein von den stimmlichen und körperlichen Voraussetzungen, muss ihr klar gewesen sein. Aber sie wollte herauskriegen, ob das wirklich ihre Partie ist. Sie hat sich diese Rolle wahrscheinlich ganz anders vorgestellt, als sie ihr dann gelungen ist. So wie das halt bis dahin üblich war. Da hat man ja immer viel ältere Sängerinnen engagiert, vor allem die hoch dramatischen Stimmkanonen. Die habe ich vollkommen abgelehnt. Während der Proben, die sechs bis acht Wochen vor der Premiere begannen, war die Anna Netrebko völlig unkompliziert, absolut problemlos. Sie ist mit Leib und Seele Sängerin, sodass sie gar nicht auf diesen ganzen Zirkus um sie herum reagiert. Vielleicht hat es im zweiten Jahr, in dem wir »Don Giovanni« gespielt haben, mehr Wirbel um sie gegeben. Aber wenn sie probt, kommt sie immer pünktlich. Überhaupt keine Starallüren.
Teil des Phänomens war ja obendrein, dass für diese Premiere eigentlich Magdalena Kožená als großer neuer Sopranstar angekündigt wurde. Die Kožená hat genau die Rolle gesungen, die eigentlich die Netrebko wollte: die Zerlina. Aber es ist nicht gerecht,

diese Tschechin gegenüber der Russin unterzubuttern, wie dies hernach in den Kritiken geschehen ist. Die Kožená zählt zu einer ganz anderen Stimmgattung. Das sind nicht andere Niveaus von Klang, sondern völlig andere Welten.

Dass aber die Netrebko den großen Sprung geschafft hat und nicht die Kožená ist, ist ein Lehrstück über den Erfolg. Künstlich erzeugen lässt der sich nicht, von keiner Plattenfirma, von keinem Manager der Welt. Auch bei der italienischen Sopranistin Cecilia Bartoli ist das alles natürlich entstanden. Nur bis zu einem gewissen Punkt lässt sich Rummel künstlich produzieren. Ab dann muss alles von selbst zusammenpassen: die Stimme, das Äußere, zum richtigen Zeitpunkt am richtigen Ort sein.

Anna Netrebko ist eine sehr kluge, robuste Sängerin, die weiß, was für ihre Stimme gut ist. Sie beutet ihre Stimme nicht aus. Auch jetzt nicht, wo sie Angebote über Angebote erhält. Sie denkt: Was ist jetzt, was wird sein? Ich glaube, dass sie gewieft genug ist, ihren Werdegang gut zu planen und zu steuern. In Salzburg ist sie ja jetzt Stammgast, 2005 fest gebucht und auch im Mozart-Jubiläumsjahr 2006. Nur im »Don Giovanni« wird sie dann nicht mehr singen. Das war ein einmaliges Ereignis.

Bevor die Netrebko zu den Proben in Salzburg antritt, sichert sie sich ab. Eine Hasardeurin ist sie nicht, eher schon eine professionelle Artistin mit Sinn fürs kontrollierte Abenteuer. Ohne Halteseil und Fangnetz besteigt diese Frau kein Drahtseil. Auf sicherem Terrain möchte sie sich zunächst auf die Herausforderung vorbereiten.

Zu Hause in St. Petersburg. Mitte Mai 2002 überrascht Dirigent Valery Gergiev die heimischen Zeitungen auf einer Pressekonferenz damit, in der Repertoire-Inszenierung des »Don Giovanni« werde Anna Netrebko am Mariinskij-Theater ihr Debüt als Donna Anna singen. Zum Härtetest tritt der Liebling der Opernfans in der einstigen Zarenstadt am 18. Mai an. Und er gelingt. Ihren Weg in die Partie findet sie in der etwas schwülstigen Bühnenproduktion des deutschen Regisseurs Johannes Schaaf, der mit der Verfilmung des Michael-Ende-Buchs »Momo« von 1986 bekannt geworden ist.

In seiner Petersburger Version von Mozarts »Don Giovanni«, die dort seit 1999 zu sehen ist, versucht Anna Netrebko auf vertrauter Bühne vor vertrautem Publikum ihre Charakterisierung der Donna Anna, die sie sich für Salzburg zurechtgelegt hat: als junges, lebenslustiges, neugieriges Mädchen, das sich mit vollem Risiko auf den Frauenverderber einlässt und sich damit in lebensbedrohlichen Liebeskummer stürzt. Hier kommt die andere Seite von Netrebkos Charakter zum Vorschein: nicht lange nachdenken – einfach machen!

Mit Netrebkos Heimspiel geht Gergievs Kalkül der Nachwuchspflege voll auf: »Wir haben Anna aufgebaut und konnten sie exklusiv in dieser Rolle präsentieren. Noch vor Salzburg«, sagt er stolz. Die Rezensentin der englischsprachigen Ausgabe der Lokalzeitung »St. Petersburg Times« lobt: »ein faszinierendes Rollendebüt«.

Mit diesem Erfolg im Rücken tritt die Netrebko Ende Mai zu den Proben mit Dirigent Harnoncourt und Regisseur Martin Kusej an. Sowohl technisch als auch interpretatorisch hat sie ihre Rolle intus. »Normalerweise kann ich jedem Regisseur genau sagen: So funktioniert die Figur an dieser, so verhält sie sich an jener Stelle.« Mit Harnoncourt harmoniert die Netrebko bei der Arbeit auf dieser Basis bestens.

Nicht ganz so reibungslos läuft die Sache dagegen mit Regisseur Kusej. Der Apokalyptiker des deutschsprachigen Theaters lässt sich für seine Deutung des Mozart-Klassikers von Bühnenbildner Martin Zehetgruber eine Designerhölle in eiskaltem Weiß zimmern. Die Liebesunfähigkeit des ewigen Verführers Don Giovanni friert er in einer unpersönlichen Welt aus neutralen Schiebewänden ein. Kein Gefühl ist echt in dieser Umgebung, überall lauern doppelte Böden. In einem von gleißenden Neonröhren ausgeleuchteten Labyrinth mit automatischen Türen und drehbaren Böden irren der Liebestäter und seine Opfer umher. Am Ende soll seine Gefühlskälte den One-Night-Stand-Casanova dahinraffen und in einem Schneehaufen ersticken.

Die russische Sängerin, die an die plüschige Ästhetik der postsowjetischen Mariinskij-Oper gewöhnt ist, tut sich mit diesem modernen Konzepttheater außerordentlich schwer. Anders als bei früheren Engagements muss sie flexibel reagieren und ihre Interpretation der Regie anpassen. Noch dazu hakt es atmosphärisch zwischen der quirligen Darstellerin und dem gelegentlich muffigen Theatermacher Kusej. In den Anfangswochen tobt ein kleiner Machtkampf zwischen den beiden. Die Netrebko zickt, Kusej ignoriert sie.

Wenn die Fronten verhärten und die Stimmung am Gefrierpunkt anlangt, springt Dirigent Harnoncourt als Eisbrecher ein. Der Grazer mit dem trockenen Humor lockert die Atmosphäre mit selbst geschriebenen Kinderliedern auf. Harnoncourts kleiner Elefanten-Song, den er den Mitwirkenden gelegentlich vorsingt, muntert selbst den Übellaunigsten auf. Nach einiger Zeit entdeckt die Sopranistin sogar die Vorzüge von Kusejs Inszenierung.

Die in der konservativen Opernwelt in Russland und später in den USA sozialisierte Darstellerin verliert ihre Abscheu gegenüber dem kühlen Konzept. Zumal sich Kusejs Deutung zunehmend als schlüssig und zeitgemäß erweist. Getragen durch Harnoncourts ungewöhnliches Dirigat mit seinen langsamen Mozart-Tempi, die er fast bis zum seelischen Stillstand drosselt.

Je mehr sich das Ensemble der Generalprobe nähert, desto mehr lässt sich die Donna Anna von einer Welle der Euphorie mitreißen. Mit dem lieblosen Liebesspiel »Don Giovanni« könnte ein großer Wurf gelingen. Was sie anfangs als kalt und unemotional abgelehnt hat, erscheint ihr jetzt cool. Vor ihr zeichnet sich ihre bislang nur theoretische Chance ganz real ab. Wie ein Mentholhauch kontrastiert die kühle Atmosphäre des Bühnenbildes mit ihrem heißherzigen Gesang. In dieser uneingeschränkt modernen Inszenierung kann sie sich als frische Künstlerin mit Gefühl in der Brust, als temperamentvolle Sängerin für das gefühlsberuhigte neue Jahrhundert profilieren.

Wie kamen Sie mit dem Regisseur des »Don Giovanni« zurecht?
ANNA NETREBKO: Mit Martin Kusej war es ein bisschen schwierig. Für mich war es das erste Mal, dass ich in Europa gearbeitet habe – und dann gleich in so einer modernen Inszenierung. In Russland und den USA wird ein ganz anderer Stil gepflegt. Sehr opulent, sehr klassisch. Erst in letzter Zeit geben wir am Mariinskij einen neuen »Ring des Nibelungen«, in dem Wotan und seine Walhall-Gesellschaft als afrikanische Voodoo-Götter dargestellt werden. Aber diese modernen Dinge gab es noch nicht, als ich in der Ausbildung war.
Was hat Sie denn in Salzburg gestört?
ANNA NETREBKO: So etwas hatte ich noch nie vorher erlebt. In den ersten drei Wochen der Proben kam mir alles so ungewohnt vor, und ich verstand nicht richtig, was Kusej von mir wollte. Wir haben uns gestritten, richtig bekriegt. Er arbeitet auf sehr hohem intellektuellem Niveau. Ich hatte nicht wirklich das Gefühl, dass ich mich bei ihm fallen lassen kann. Keine Ahnung, wie das kam. Aber er war ziemlich gemein zu mir.
Wie denn das?
ANNA NETREBKO: Als wir uns am ersten Tag trafen, sagte er: »Oh, Sie sprechen kein Deutsch. Ich kann kein Englisch. Ich hasse diese Sprache.« Also dachte ich mir: Aha, du willst Krieg. Bekommst du. Danach haben wir uns erst einmal richtig Probleme bereitet.

Am dritten Tag hat er uns sein Konzept vorgestellt, Entwürfe für die Kostüme und fürs Bühnenbild gezeigt. Und ich habe eben ein bisschen herumgezickt: Was? Kein Licht? Ich brauche mehr Licht, alles viel zu dunkel und zu hässlich und total blöd! Nur so, zum Spaß.
Wie hat Kusej reagiert?
ANNA NETREBKO: Er hatte damals, glaube ich, eine sehr schwere Zeit. Weil er sich gerade von seiner Frau, mit der er ein Kind hat, trennte. Wahrscheinlich steckte er mitten in einer dicken Depression. Also hat er alles nur düster gesehen, völlig schwarz gemalt. Den Don Juan, der bei Mozart ja eigentlich ein dreister Schürzenjäger ist, hat er nur als heruntergekommenen One-Night-Stander gesehen. Hat die gesamte männliche Rolle in Frage gestellt.
Ich habe mir dann ein Herz gefasst und versucht, ihn aufzumuntern: Komm schon, alles kann dir düster vorkommen, aber das Leben ist nicht nur schlecht. Man muss auch die sonnigen Seiten sehen. Danach war das Eis gebrochen, wir haben uns wirklich gut verstanden.
Wie fanden Sie die Inszenierung?
ANNA NETREBKO: Als ich das Bühnenbild zum ersten Mal vom Zuschauerraum aus gesehen habe, musste ich Kusej und seinem Bühnendesigner Martin Zehetgruber wirklich ein Kompliment machen: So cool, so chic! Diese Räume, die sich mit der rotierenden Drehbühne immer anders ineinander verschachtelt haben. Dieser kühle Look, das kalte, eisig gleißende Licht im Schlussakt, die strahlend düstere Atmosphäre, in der Don Giovanni nach all seinen sinnlos verbrauchten Affären im eiskalten Strahlerspot zur Hölle fährt. Ich liebe das!
All diese abgefahrenen Ideen, die wir Sänger während der ersten Proben gar nicht richtig verstanden haben, gaben mir einen heftigen Schlag in die Magengrube. Super! Sehr modern.
Bringt Ihnen so eine zeitgemäße Deutung Mozart näher?

Anna Netrebko: Da merkt man, wie heutig dieser Komponist wirklich ist. Mal ganz abgesehen von seiner zeitlos schönen Musik. Aber die Gefühlswelten seiner Figuren, ihre Regungen haben auch im 21. Jahrhundert noch Bestand. Ich liebe Mozart und werde immer viel Mozart singen. In Zukunft hoffentlich noch mehr anspruchsvolle Rollen. Im »Idomeneo« oder die Gräfin in der »Hochzeit des Figaro«.

Die beiden – Kusej und Zehetgruber – haben im Folgejahr auch Mozarts »La Clemenza di Tito« inszeniert. Haben Sie diese Produktion auch gesehen?

Anna Netrebko: O ja. Dieser riesige Rohbau eines Diktatorenpalasts in der Bühne der Felsenreitschule. Absolutes Breitwandformat. Sah aus wie frisch betoniert. Fahles Licht wie auf einer Großbaustelle. So düster, so zynisch, so kaputt. Ich mag diese modernen Produktionen inzwischen sehr gerne. Davon müsste es viel mehr geben.

Kusej ist mittlerweile aus seiner Depression herausgekommen. Als wir uns das letzte Mal gesehen haben, rief ich ihm schon von weitem zu. Da hat er tatsächlich mal gelächelt.

Wie lief denn im Vergleich zu Kusej die Zusammenarbeit mit dem Dirigenten Harnoncourt?

Anna Netrebko: Viel angenehmer. Dass er ein wunderbarer Musiker ist, ist kein Geheimnis. Es hat seine Gründe, warum die Großen groß sind. Harnoncourt kann einem unheimlich viel Wissen vermitteln. Da greift er auf einen unermesslichen Erfahrungsschatz zurück. Ich verdanke ihm praktisch alles in Salzburg. Hätte er mich nicht zu dieser Produktion eingeladen, wäre ich heute nicht dort, wo ich stehe.

Konnte er die Wogen zwischen Ihnen und Kusej ein wenig glätten?

Anna Netrebko: Er ist auf eine sehr positive Art verrückt. Richtig crazy. Einmal hat er uns während der Proben erzählt, dass er selbst Kinderlieder komponiert. Solche kleinen Songs, die von Tieren handeln. Das fand ich irgendwie süß. Eines über einen

Elefanten hat er sogar vorgesummt. Alle haben sich erst angeguckt und dann mitgesungen. Danach ist die Probe weitergegangen. Solche kleinen Einlagen heben die Stimmung. Wenn alles immer nur ernst zugeht, macht die Arbeit keinen Spaß.

Wie lange haben Sie gebraucht, um die Rolle der Donna Anna zu lernen?

ANNA NETREBKO: Meistens genügen mir ein paar Tage. Die Donna Anna habe ich schon für eine Art Vorpremiere in St. Petersburg einstudiert. Normalerweise lerne ich für mich selbst. Das geht innerhalb einer Woche, oft sogar schneller.

Sind Sie immer so flott im Lernen?

ANNA NETREBKO: Weil ich so schnell vorbereitet bin, mache ich das oft leider auf den allerletzten Drücker. Manchmal komme ich zur Probe, ohne die jeweilige Passage vorher wirklich angeschaut zu haben.

Einmal ist es mir schon passiert, dass ich erst während der Probe kapiert habe, wer die anderen Figuren sind, wer im Stück mein Bruder und wer meine Mutter ist. Ich habe schon mal Kopfschmerzen simuliert, um Zeit zum Üben herauszuschlagen.

Kann das nicht peinlich enden?

ANNA NETREBKO: Da darf man sich nichts anmerken lassen. Ich muss eine gute Schauspielerin sein. In jeder Hinsicht.

Im Fall der Donna Anna ist Ihnen ja alles sehr gut gelungen.

ANNA NETREBKO: Über den Erfolg war ich selbst überrascht. Manchmal springt man extrem hoch und denkt hinterher: Wie habe ich das eigentlich hingekriegt? Wie soll ich das jemals wieder schaffen?

Am Tag der Premiere paradieren schon gegen 17 Uhr die ersten Shuttle-Limousinen und Taxis vor dem großen Festspielhaus. Da die Oper fast dreieinhalb Stunden dauert, beginnt die Vorstellung schon am späten Nachmittag. Prominenz aus der ganzen Welt fährt vor, steigt aus den klimatisierten Wagen. Hinaus in die Sommerhitze, durchzogen vom würzigen Duft der Pferdeäpfel, die die Salzburger Fiaker auf dem heißen Asphalt hinterlassen. Küss die Hand, gnä' Frau. Die Bussi-Gesellschaft gibt sich die Ehre. Dichtes Gedränge auf dem schmalen Bürgersteig.

Auf der gegenüberliegenden Straßenseite lauern die Adabeis und Kibitze, die den alljährlichen Auftrieb der Reichen, Schönen und Wichtigen aus nächster Nähe verfolgen. Die professionellen Paparazzi, die an den Pforten des Theaters nach bekannten Gesichtern spähen, bekommen ordentlich Arbeit. Schwedens König Carl Gustaf mit seiner deutschen Gattin Silvia erscheinen in festlicher Robe. TV-Showmaster Thomas Gottschalk mit Frau Thea rollt an. Startenor Plácido Domingo grüßt freundlich in die Menge. Der Abend ist lau, die Erwartungen hoch gesteckt. Der Champagner zu zwölf Euro der Kelch prickelt.

Auf den riesigen Vorhang im Großen Festspielhaus hat der Dessous-Hersteller Peter Palmers in Breitwandformat ein Motiv seiner aktuellen Werbekampagne appliziert: vier engelsgleiche Models auf einer Wolke strecken den Besuchern ihre in feine Seide gehüllten Hinterteile entgegen. Eine noch nie da gewesene Vermischung von Kunst und kommerziellem Kultursponsoring, die in diesem Sommer in den Feuilletons hitzige Debatten verursacht. Das Publikum nimmt's gelassen. Punkt 18 Uhr dimmt das Licht herunter. Ein Spot beleuchtet die Reizwäsche-Mädels auf dem Vorhang. Im Halbdunkel stürmt Dirigent Harnoncourt herein.

Applaus. Silentium. Auftakt. Der Vorhang geht hoch. Die Anna-Show beginnt.

Im ersten Akt fällt den Zuschauern sofort jenes schwarzhaarige Mädchen im knappen Prada-Kleidchen auf. Obwohl herumstolzierende Models allerhand Ablenkung bieten, verliert niemand diese Sängerin aus den Augen. Sie intoniert beherzt und schauspielert frisch. Und sieht sie nicht phantastisch aus? Lange hat man so etwas nicht mehr gesehen.

Anna Netrebko singt wie im Traum. In der Hassliebesszene, in der Don Giovanni seine vor Wut schäumende Herzdame verlässt, wird klar: Hier bahnt sich eine Sensation an. Vor dem klaren, vollen, beweglichen Organ seiner Duettpartnerin verblasst selbst Giovanni-Darsteller Thomas Hampson, der später einräumt: »Sie hat eine wunderschöne Stimme. Wenn sie singt, ist man sofort in dieser Art von Verletzlichkeit eingefangen.«

Überdeutlich ist an diesem Abend zu hören und zu sehen, welche Unterschiede in Spielklasse und Gesangsniveau sich hier auftun. Zwei unterschiedliche Ligen stehen nebeneinander auf der Bühne: Anna – und die anderen. So glaubwürdig, so greifbar, so präsent war schon lange keine Debütantin mehr – die ja streng genommen gar keine ist, weder als Donna Anna noch auf dem Salzburger Podium.

Als der Zauber vorüber ist, beginnt der Zirkus. Das Publikum steht Kopf. Ihre Kollegen überlassen dem frisch geborenen Star in ihrer Mitte die Bühne für die Ovationen. Die Feuilletonisten suchen nach Superlativen. Die Schlagzeilen der nächsten Tage überschlagen sich und verbreiten die Saga von der Primadonna, die als lässiges Mädchen von nebenan zu uns herabsingt: »Diva in Blue Jeans« (Der Spiegel), »Die schöne Miss Oper« (Bunte), »Die Primadonna des Augenblicks« (Tagesspiegel), »Warme Stimme aus russischer Kälte« (Die Welt). Übereinstimmend rufen die Star-Kritiker von »Süddeutscher Zeitung«, »Tagesspiegel«, der Wochenzeitung »Die Zeit«, der »Neuen Züricher Zeitung«, »Rheinischer Post«, »Badischer Zeitung«, »Basler Zeitung« die Russin zum Großereignis der Saison aus.

In einer Befragung der fünfzig führenden Rezensenten ermittelt die Fachzeitschrift »Opernwelt« für 2002 die »Sängerin des Jahres«: Anna Netrebko. Weit vor berühmten Kolleginnen wie

Cecilia Bartoli, Anja Silja, Dorothea Röschmann, Barbara Bonney oder Christine Schäfer.

Fürs Fernsehen radelt die Aufsteigerin in knalliger Jeans und quietschbunten Pumps durch die Salzburger Altstadt an Mozarts Geburtshaus in der Getreidegasse vorbei. Ihren Aufstieg unterstützt sie mit kessen Sprüchen: »Ob du willst oder nicht – du musst schlafen, junge Schönheit. Egal, mit wem.«

Ihrem späteren Plattenproduzenten Christian Gansch erklärt sie auf einer Feier kichernd, im Liebesakt mit Don Giovanni versuche sie immer einen Orgasmus zu singen. Dem Nachrichtenmagazin »Focus« gesteht sie: »In meinen Träumen singe ich nackt.« Ihr Image von der sexy Supersängerin entsteht. Mit vollem Kalkül und durchschlagendem Erfolg.

Anscheinend hat die Welt nur gewartet auf eine Opernsängerin, der sie sich zu Füßen werfen kann. Von den Tonträgerkonzernen schaltet die Universal-Tochter Deutsche Grammophon am schnellsten: Schon zwei Wochen nach dem umjubelten Durchbruch nimmt die Hamburger Firma mit dem gelben Logo die Netrebko exklusiv unter Vertrag. Bis 2007 sollen mindestens fünf CDs und weitere DVDs entstehen.

Von diesem Moment an funktioniert ihre Karriere wie ein Selbstläufer. Die Sängerin entwickelt eine Dauerpräsenz in den Klatschspalten ebenso wie im Feuilleton, mächtig unterstützt von der PR-Abteilung des Klassik-Labels. Einen ersten Eindruck, wie Madame Anna ihr künftiges Leben zu gestalten gedenkt, können sich die Society-Reporter noch im Sommer 2002 verschaffen. Mit Lebenspartner Simone Alberghini erscheint sie Mitte August im knappen Silberträger-Kleid bei der Eröffnung des »Hangar-7« am Salzburger Flughafen. Dutzendweise karrt der Erfinder des Fitnessdrinks »Red Bull«, Dietrich Mateschitz, Promis dort hin, um die frühere Flugzeughalle als neue Veranstaltungsarena zu präsentieren. Anlässlich des 70. Geburtstags von Komponist Karlheinz Stockhausen inszeniert Aktionskünstler Hubert Lepka in einem pompösen Spektakel dessen bis dahin als unaufführbar geltende »Helikopter Streichquartette«.

Überschallbomber donnern durchs Alpenvorland, Kampfhubschrauber vollführen ein tollkühnes Ballett der Lüfte. Im Partygetümmel geht der eigens angereiste Jubilar, immerhin einer der bedeutendsten Tonschöpfer der Gegenwart, völlig unter. Am Büfett im Hangar drängen sich Prinz Albert von Monaco, Ex-Astronaut Buzz Aldrin, Formel-1-Star Niki Lauda, die Schauspielerinnen Desirée Nosbusch und Anja Kruse. Mitten im VIP-Getümmel: der neue Star der Oper, Anna Netrebko.

Premieren, Partys, Premierenpartys. So hat sich die lebenslustige junge Dame ihr Leben einst erträumt, als sie aus der Provinz von Krasnodar in die große weite Welt aufbrach. Glamourös, aufregend, eine rasante Fahrt mit Vollgas. Sie wollte den russischen Traum in St. Petersburg leben. Jetzt wird daraus ein globaler Traum. Das Leben als Star soll sie bald schon voll auskosten. Mit allen Begleiterscheinungen – den äußerst positiven wie den extrem negativen.

VI. Akt   Himmel voller Gagen

Weltkarriere im Fortissimo: Anna Netrebko, der Popstar der Oper. Rund um den Globus singt sie in den ersten Häusern, verkauft hunderttausende CDs und begeistert Millionen im Fernsehen. Die Musikgemeinde feiert die neue »Wunderstimme«

Im Treppenhaus der Felsenreitschule hallen russische, englische, französische und deutsche Wortfetzen wider. Entfernt stimmen in den Katakomben der größten Salzburger Bühne Blechbläser ihre Instrumente. Auf jedem Stockwerk hängen Hinweiszettel in kyrillischer Schrift. August 2004, das Ensemble des Mariinskij-Theaters gastiert bei den Festspielen mit Prokofjews »Krieg und Frieden«. Draußen auf dem Vorplatz tobt der Nahkampf um Wiener Würstel. Gewöhnliche Besucher dürfen sich am Pausenstand vor den Festspielhäusern um Sekt oder Selters balgen. Wirklich in ist aber, wer drin ist.

Bei einem durchschnittlichen Netrebko-Auftritt tobt der ganz normale Wahnsinn *hinter* der Bühne. Auf den Brettern, die angeblich die Welt bedeuten, bekommen die Zuschauer zu sehen, was sie sehen sollen: die weltweit gefeierte Stimm-Celebrity, die einen solchen Abend mit selbstbewusstem Gesang und vornehmem Augenaufschlag zelebriert. Wer jedoch hinter die Kulissen der strahlenden Netrebko-Fassade blicken will, muss sich in der Pause zur Garderobe der Künstlerin durchschlagen. Die Pförtner am Hintereingang, wo ein Zettel verkündet »Only Mariinskij Staff«, werden des Ansturms der Schaulustigen nicht Herr. Schwer zu sagen, wer zum Ensemble gehört und wer nur gaffen will.

Backstage herrscht vor den Umkleiden der Sänger und Musiker Rummel wie beim Wiener Opernball. Privilegierte Herrschaften mit Beziehungen zu den Agenten der Stars stehen herum und hoffen, einen Händedruck oder ein paar Worte zu erhaschen. Größen der Festspiele drängen herein. Dirigent Valery Gergiev bekommt Besuch vom Kollegen Christoph Eschenbach, neuem Leiter des Philadelphia Symphony Orchestra, einem der »Big Five« in der US-Orchesterwelt. Minuten später folgt der künftige Salzburger Intendant Jürgen Flimm, stoppelbärtig, mit Supermarkttüte in der Hand. Verzweifelt sucht ein Tiroler Industrieller Zugang zur illustren Runde um den »verehrten Maestro«. Gergievs Manager vertröstet.

International besetzte Ereignisse wie die Salzburger Festspiele fungieren als Treffpunkt für Künstler, Agenten und Sponsoren. Verträge werden hier abgesprochen, Freundschaften gepflegt, das jeweils jüngste Gerücht ausgetauscht. Ein Marktplatz der Musik, ein Fegefeuer der Eitelkeiten.

In ihrem Zimmer schlüpft Anna Netrebko aus der Konzertrobe in ein cremefarbenes Dress. Da sie im zweiten Akt erst wieder gegen Ende singen muss, nutzt sie die Zeit, um geschwind hinüber zum Galaempfang der Dirigentenwitwe Eliette von Karajan zu düsen. Den italienischen Verehrer vor der Garderobe wimmelt sie routiniert ab: »Sorry, sorry. Bin busy.« Auf der Treppe zum Ausgang läuft sie Schauspielerin Sunnyi Melles in die Arme. Großes Freudengekreische. Busselnd fallen sich die beiden um den Hals. Die Melles hat der Netrebko eine silbern glänzende Designer-Handtasche mitgebracht. Man kennt sich von Partys, man hilft sich aus, besorgt sich gegenseitig auch mal ein modisches Accessoire.

Sunnyi drückt Anna noch ein Bündel Wechselgeld in die Hand. Lauter grüne Euroscheine, mit denen die Netrebko rasch zu ihrer Umkleidekabine zurückstöckelt. Tasche samt Bargeld wirft sie eilig hinein. Ein paar Grüße, ein paar Küsse – verschwunden sind die beiden Damen. Zurück bleiben die Society-Hofschranzen, die vor Gergievs Tür antichambrieren.

An der Zimmerverteilung der Russen ist die Hackordnung im Ensemble exakt abzulesen. Die Netrebko logiert im Raum direkt neben Dirigent Gergiev. Als Einzige verfügt sie in ihrer Garderobe über einen eigenen Stylisten. Alle anderen Sänger müssen sich selbst schminken und frisieren – in Umkleiden, die allesamt ein Stockwerk unter Gergiev und Netrebko liegen. Der Chef des Ensembles demonstriert »denen da unten« gerne, wer gerade ganz oben steht.

Anna Netrebko ist oben angelangt. Mit atemberaubendem Tempo hat sie nach ihrem Durchbruch die Opernwelt erobert. Innerhalb von nur zwei Jahren machte sie größere Karrieresprünge als in den zehn Jahren davor. Wo sie auftritt, rauft sich die feine Gesellschaft nun um Karten und einen exklusiven Blick auf die Superdiva. Ihr Abendsalär ist auf 15 000 bis 20 000 Euro geschnellt, die wichtigsten Opernhäuser der Welt betteln um Auftritte. Anna gastiert rund um den Globus, vom Opernkontinent Europa bis nach Asien. Ein Himmel voller Gagen.

Rund vierzig Auftritte absolviert sie mittlerweile pro Jahr und hält weitere Termine offen, falls lukrative Angebote nachkommen. Für hochbezahlte Openairs oder publicitywirksame Fernsehauftritte. Zeit ist Geld für die mit Top-Honoraren hofierte Sopranistin. Bei Opern-Neuinszenierungen, in denen die Netrebko nur mehr selten Rollen übernimmt, muss sie einige Wochen Probenzeit einkalkulieren. Meist aber steigt sie in Repertoire-Aufführungen ein oder singt Konzerte, die maximal zwei Tage Anspielprobe erfordern.

Den Durchbruch hat die Sängerin erst mit Zeitverzögerung in Engagements umgesetzt. Für die Spielzeit 2002/03 direkt nach dem Don-Giovanni-Sommer verzeichnet Annas Tourneeplan weitere sechs Stationen mit rund einem Dutzend Auftritten, für die sie noch vor ihrem Großerfolg Verträge abgeschlossen hat: London, Washington D. C., New York, Wien, St. Petersburg, Salzburg.

Bereits 2003/04 reist sie in neun Städte mit insgesamt 38 Auftritten: London, Los Angeles, München, Wien, Matsumoto (Japan), San Francisco, Verbier (Schweiz) und als sommerlicher Abschluss wieder Salzburg. In der darauf folgenden Saison 2004/05 sind es neun Stationen mit 41 Abenden: London, Philadelphia, New York, St. Petersburg, Los Angeles, Wien, Japan-Tour, London, Salzburg. Ein Pensum, mit dem sie geschätzte 600 000 Euro Jahreseinnahmen nur aus Gagen einspielt.

Grundprinzip bleibt, dass die Netrebko in Salzburg stets die wichtigste Neuproduktion in der Hauptrolle singt. Dort sind die künstlerischen Voraussetzungen am besten: Die bekanntesten Dirigenten, Regisseure, Bühnenbildner, Sängerkollegen und Musiker arbeiten hier. Entsprechend hoch ist auch die Aufmerksamkeit der Medien.

Zudem kann die Wundersopranistin hier mit ihrem Manager alle wichtigen Entscheidungsträger treffen, mit ihnen Geschäfte einfädeln. Intendanten, Konzertveranstalter, Plattenmanager, TV-Produzenten, potenzielle Sponsoren und Werbepartner – alle sind in der Sommerfrische von Salzburg versammelt. Den Rest des Jahres schlägt die Sängerin dann aus den dort geknüpften Kontakten kräftig Kapital.

Nach dem Erfolg in Salzburg sind Sie weltweit durchgestartet. Wie behagt Ihnen denn inzwischen all der Ruhm, der ganze Star-Zirkus?
ANNA NETREBKO: Es wird langsam ein bisschen viel. Ich weiß nicht mal mehr, wann meine letzte richtige Party war. Zum Feiern und Entspannen komme ich überhaupt nicht mehr. Insofern hat sich mein Leben stark verändert. Ständig habe ich Business-Verpflichtungen. Interview hier, Empfang dort. Um bei alledem noch gut zu singen, kann ich nicht laufend in irgendwelchen Bars abstürzen. *(Seufzt)* Das war früher anders.
Wie kommen Sie mit dem größeren Druck zurecht?

Anna Netrebko: Oft habe ich diesen Albtraum: Ich stehe auf der Spitze eines Wolkenkratzers, der kurz vor dem Einstürzen ist. Das sagt doch ziemlich viel über meine Situation.

Beeinträchtigen Stress, Anspannung, die vielen Verpflichtungen und Auftritte nicht irgendwann Ihre Stimme?

Anna Netrebko: Noch ist es zu früh, das zu beurteilen. Ich bin jung, meine Stimme ist bestens in Form. Schwer zu sagen, ob sie das gut übersteht. Ich bin Optimistin und hoffe das Beste. Häufig fühle ich mich müde, weil der ganze Rummel ununterbrochen weitergeht. Nonstop.

Aber ich zwinge mich zwischendurch zu einer Auszeit, weil ich neue Partien studieren und auch mal relaxen muss. Bis jetzt ist alles in Ordnung. Kein Grund, sich um die Stimme zu sorgen.

Haben Sie sich künstlerische Ziele gesteckt?

Anna Netrebko: Nein. Keine Ahnung. Ich habe einen Plan für die nächsten drei Jahre, meinen Terminplan. Aber den schreibe nicht ich, sondern mein Agent. Für die nächsten drei Jahre bin ich komplett ausgebucht. Darüber bin ich sehr glücklich. Andere Sängerinnen träumen von dieser Situation.

Meine Rollen sind gut. Sich starre Ziele zu setzen wäre falsch. Welches Repertoire ich mir neu aufbaue, hängt nicht zuletzt von den Angeboten ab, die ich bekomme.

Leidet Ihr Privatleben unter den vielen beruflichen Verpflichtungen?

Anna Netrebko: Das zu verbinden ist nicht leicht. Aber Beruf, Karriere, Erfolg – das allein ist nicht alles. Für mich nicht mal die Hälfte des Lebens. Ich brauche die Liebe. Glück im Privatleben ist mir sehr, sehr wichtig. Ohne das bringt mir aller Erfolg in der Oper rein gar nichts.

Wie halten Sie mit Ihrem Freund Simone Kontakt, wenn Sie so oft auf Reisen sind?

Anna Netrebko: Auch er reist ja viel. Aber so oft wie möglich versuchen wir uns zu besuchen. Das bleibt in letzter Zeit vor allem an ihm hängen, weil ich momentan sehr busy bin. Er fliegt mir zu vielen meiner Auftritte hinterher. Ein gutes Gefühl, wenn ich weiß, dass er im Publikum sitzt.

Bringt der Erfolg eines Partners nicht auch Schwierigkeiten für eine Beziehung?

ANNA NETREBKO: Er reagiert nicht eifersüchtig auf meinen Erfolg. Auch das ist sehr wichtig.

Sind Sie denn selbst ein eifersüchtiger Mensch?

ANNA NETREBKO: Ich bemühe mich, nicht allzu eifersüchtig zu sein. Wenn du immer denkst, die Blumen im Garten deines Nachbarn blühen bunter, dann machst du dich verrückt. Nein, du musst zufrieden sein mit dem, was du hast.

Ist es nicht schwirig, mehr als die Hälfte des Jahres weg von zu Hause zu sein?

ANNA NETREBKO: Ich bin Russin. Deshalb kehre ich auch immer wieder nach St. Petersburg zurück. Weil diese Stadt nicht so perfekt ist wie viele andere. Das behagt mir, das brauche ich. Wenn immer alles glatt läuft, werden wir Russen schnell unzufrieden. Aber natürlich: Es ist schwirig, längere Zeit entfernt zu sein von den Menschen, die ich liebe. Im Ausland fühle ich mich oft ziemlich einsam. Manchmal spreche ich nicht einmal die Landessprache. Ich bestelle Tee oder Kaffee – und keiner versteht mich. Im Fernsehen läuft nur unverständliches Blabla. So was macht mich fertig.

Auf der anderen Seite ist Reisen sehr schön. Man trifft interessante Leute. Es gibt viele Partys. Das macht Spaß.

Welche Bedeutung haben Festivals für Ihre Karriere?

ANNA NETREBKO: Ohne die Salzburger Festspiele gäbe es mich zumindest auf der internationalen Ebene nicht. Dieses Festival brachte mir den absoluten Durchbruch, den großen Hammer, auf den andere Sängerinnen immerzu warten, ohne ihn je zu erleben. Ein Traum, von dem ich nie dachte, dass er wahr wird.

Da habe ich Maestro Harnoncourt einiges zu verdanken. Er hat mich zur Donna Anna überredet – und weiß Gott, ich war an-

fangs sehr skeptisch. Aber wir haben die Produktion gemacht, und für mich ist sie ja wirklich äußerst glücklich gelaufen.
Besuchen Sie auch als Zuschauerin solche Sommer-Festivals mit viel Society und großen Sängerstars?
ANNA NETREBKO: Oh, ich würde sehr gerne. Aber mir fehlt die Zeit. An sich finde ich die Festival-Idee wunderbar. Die Leute kommen locker zusammen, sind in bester Urlaubsstimmung. Ganz anders als während des Jahres, wenn mehr Routine dahinter steckt. Im Hochsommer sind alle viel entspannter: Musiker, Sänger, Schauspieler.
Für alle sind Festivals wie Salzburg ein schöner Treffpunkt. Man wohnt in anregender Umgebung, man kann sich nach langer Zeit mal wieder bei einem Glas Wein austauschen. Da stehen die Chancen für glückliche Zufälle viel besser, die sich dann auch auf der Bühne auswirken.
Sie fahren auch jedes Jahr nach Verbier, dem Festival in den Schweizer Alpen, bei dem die Klassik-Prominenz zur Sommerfrische zusammenströmt?
ANNA NETREBKO: Wenn ich es schaffe, lasse ich Verbier nicht ausfallen. Eigentlich ist dieser Wintersportort im Sommer ein Mekka für alle Klassik-Künstler. Großartig. Alle sind den ganzen Tag betrunken. Dort kommt dieses Jugendorchester zur Sommerakademie zusammen. Alle wohnen in der Jugendherberge. Unten im Keller gibt es ein Pub mit Billardtisch und Flipper. Das gefällt mir viel besser als manche arrivierten Festspiele. Mit den Jungen proben wir tagsüber, und abends kippen wir Drinks. Alle tanzen. Total verrückt, ich liebe diese Atmosphäre.
Kommen die berühmten Kollegen auch dorthin?
ANNA NETREBKO: Aber ja. Der Geiger Nigel Kennedy hängt gerne im Pub ab, die russischen Geiger Maxim Vengerov oder Yuri Bashmet sind Stammgäste. Mit denen wird es immer sehr lustig. Dummerweise kann ich immer nur ein paar Tage bleiben.

Im vorletzten Jahr haben wir mit den ganzen Freunden vom Orchester am Morgen nach der Party sogar eine kleine Bergtour unternommen. Brüllend heiß war es an diesem Tag, und ich war immer noch halb betrunken. Da haben wir die Bergbahn genommen – hoch und runter, versteht sich *(lacht)*. Sonst verliere ich im Bergwind noch meine Stimme.

Normalerweise leben ja nur Reiche dort oben in den Schweizer Bergen.

ANNA NETREBKO: Mag sein, aber zu uns Musikern sind diese Leute meistens sehr gastfreundlich. Außerdem ist es im Sommer so heiß, dass man die Leute aus den Chalets gar nicht so oft zu sehen bekommt.

Ohne all die Reichen und Schönen wären die meisten Sommerfestivals gar nicht finanzierbar.

ANNA NETREBKO: Ich finde das in Ordnung, wenn Geld und Kunst zusammenkommen. Oper wäre ja völlig unmöglich, wenn sich keiner fände, der sie bezahlt. Das Programm in Salzburg ist nur deshalb so exklusiv, weil dort auch die Klientel anreist, die 300 Euro für eine Karte ausgibt.

Für uns Sänger hat die Society ihre Vorteile. In Salzburg gibt es manchmal kleine, geheime Empfänge, von denen die Öffentlichkeit ausgeschlossen ist. Irgendwelche Mäzene, reiche amerikanische Opernfreaks laden in ihre Villen ein. Champagner in verschwiegenen Gärten, grandiose Atmosphäre – für ein Mädchen aus Russland ist das schon eine aufregende Erfahrung. Manchmal geht es auch ein bisschen formell zu, aber da musst du als Künstler eben durch. Man trifft die wichtigen Konzertveranstalter, Geldgeber, Entertainment-Leute – das ist wichtig für die Karriere.

Sind Ihnen die privaten Partys lieber?

ANNA NETREBKO: Auf jeden Fall. Einmal, nach der Premiere von »Don Giovanni«, gab Regisseur Kusej ein tolles Fest. Der lebt in Salzburg in so einer Art Schloss. Das war eine Riesensause bis spät in die Nacht. Alle Mitwirkenden waren dabei. Wir haben mächtig getrunken und getanzt. Klasse!

Fädeln Sie bei solchen Festspielen auch Ihre Plattendeals ein?
ANNA NETREBKO: Die Leute von der Deutschen Grammophon sind immer vor Ort, auch viele Opernchefs und Veranstalter, alle möglichen wichtigen Menschen. Letztlich verbindet die ganze Branche dort das Freizeitvergnügen mit dem Geschäftlichen. Verträge werden in Salzburg oder Verbier sicher nicht ausgehandelt. Das übernimmt sowieso mein Manager dann im Anschluss. Aber die Kontakte entstehen dort.

Die Deutsche Grammophon (DG) zögert nach dem Volltreffer des »Don Giovanni« nicht lange. Zwar hat die führende Klassik-Tonträgerfirma aus Hamburg schon so ziemlich alle Größen unter Vertrag, die in diesem Gewerbe Rang und Namen haben. Gleichzeitig mit der Verpflichtung von Anna Netrebko hat das Unternehmen dem Konkurrenten Sony die US-Wundergeigerin Hilary Hahn weggeschnappt. Zusammen mit den Schwesterfirmen Philips und Decca deckt die DG inzwischen fast drei Viertel des Gesamtmarktes für klassische Musik ab. Doch auf die Umsätze wirkt sich dieses Quasi-Monopol nicht unbedingt positiv aus. Mangelnde Konkurrenz trocknet auf lange Sicht den Markt aus. Umso dringender suchen die Marketingleute ein neues Zugpferd, das die Bilanz wieder flottbekommt. Die langjährige Bestsellerin, Deutschlands Vorzeige-Geigerin Anne-Sophie Mutter, hat ihre langjährige Spitzenstellung eingebüßt.

In Anna Netrebko glauben die Manager die neue Hoffnungsträgerin gefunden zu haben. Seine künftige Frontfrau lobt der für den Bereich »Artist & Repertoire«, also die Entwicklung neuer Künstler zuständige DG-Vizepräsident Bogdan Roscic: »Nach vielen Jahren ist da wieder jemand mit Kraft, Persönlichkeit und Faszination. Jetzt geht es darum, sie dem breiten Publikum bekannt zu machen, ohne die Qualität zu kompromittieren.« Soll heißen: Hunderttausende CDs verkauft eine Sängerin nicht an das Stammpublikum der Oper allein. Dazu muss sie die breite Masse der potenziellen Hörer mobilisieren, ohne jedoch Verrat am seriösen Operngesang zu üben. Denn nur, wenn die Netrebko ihre Glaubwürdigkeit von der großen Bühne bis zu den Kassen von Media Markt, Kaufhof und Online-Versandhandel Amazon beibehalten kann, sind Hits in den Größenordnungen des Pop denkbar.

Kein ungefährliches Unterfangen, vor allem für die Künstlerin selbst. Sie trägt das Risiko ihrer Vermarktung. Ist sie erst verbrannt, kann die Plattenfirma zur Tagesordnung übergehen. Sie selbst nicht. Aber nur da, wo die größten Risiken eingegangen werden, locken auch die höchsten Gewinne.

Mit Hochdruck beginnt die Arbeit am Zukunftsprojekt, das Anna beim breiten Publikum durchsetzen soll. Die Grammophon aktiviert einen ihrer besten Studioproduzenten, den bei München lebenden Österreicher Christian Gansch. Der Fachmann für Meisterwerke im Hochglanzformat hat für die DG schon viele preisgekrönte Bestseller eingespielt. Mit dem Guru aller Dirigenten und Komponisten, Pierre Boulez, mit dem Pianisten Mikhail Pletnev oder der Mezzosopranistin Anne Sofie von Otter.

Innerhalb kürzester Zeit trommelt der erfahrene Musiker und Producer die Wiener Philharmoniker mit dem relativ unbekannten Dirigenten Gianandrea Noseda für einen Aufnahmetermin zusammen. Namhaftere Stabführer sind auf die Schnelle nicht aufzutreiben. Für Noseda spricht allerdings ein gewichtiges Argument: Mit der Netrebko hat er am Mariinskij-Theater bereits häufig zusammengearbeitet. Für die Sängerin, die ihre allererste CD aufnimmt, erhofft sich Gansch aus der Vertrautheit mit dem Italiener eine gute Arbeitsatmosphäre.

Gemeinsam mit ihr wählt Gansch ihre besten Arien aus: »Non mi dir, bell'idol mio« aus ihrer Mozart-Paraderolle Donna Anna, Musettas Walzer »Quando m'en vo'« aus Puccinis »La Bohème«, die Juwelenarie »Ah, je ris de me voir« aus Gounods »Faust« und sechs weitere Schmelzstücke von Bellini bis Dvořák. Im März 2003 beginnen im Wiener Musikverein, dem Konzertsaal mit der weltweit besten Akustik, die Aufnahmen. Die Zeit drängt. Schon im Juli soll Annas erste CD »Opera Arias« in den Läden liegen. Rechtzeitig zum neuen Festspielsommer.

»Plötzlich haben sich alle um sie gerissen«

Unter Extremdruck nimmt Produzent Christian Gansch mit Anna ihre erste CD auf

Nach dem durchschlagenden Erfolg des »Don Giovanni« wollte die Deutsche Grammophon sofort eine Platte nachlegen. Es macht ja keinen Sinn, erst nach einer Pause von zwei Jahren die CD in den Handel zu bringen. Also musste alles furchtbar schnell gehen. Hektisch war vor allem die Vorbereitungszeit.
Im Herbst 2002 habe ich gerade Urlaub in Vorarlberg gemacht, als ich einen Anruf aus Hamburg von der Grammophon bekam: Ob ich Annas Debüt-CD produzieren wolle? Ich bin ein guter Organisator, also haben sie mich gefragt. Innerhalb von ein paar Wochen ein gutes Orchester mit einem guten Dirigenten klarzumachen ist im heutigen Konzertbetrieb normalerweise ein Ding der Unmöglichkeit. Die Wiener Philharmoniker sind tagtäglich derart verplant – da passt einfach keine Aufnahme schnell mal zwischenrein.
Zunächst mal habe ich zwei Orchester angefragt: die Staatskapelle der Semperoper in Dresden und die Wiener Philharmoniker. Wobei die Wiener natürlich absolute Priorität hatten. Aber lange sah es so aus, als würde es mit denen terminlich nicht klappen. Mir ist dann eingefallen, dass für Annas geplantes Programm ja eine kleinere Besetzung ausreicht. Also haben die Wiener zugesagt. Tagsüber wollten sie mit uns aufnehmen, abends mit dem Dirigenten Seiji Ozawa für die nächsten Konzerte proben. Erst drei

oder vier Monate vor der Aufnahme war endgültig klar, dass alles hinhaut.

Anna kannte ich schon von einer Party bei den Salzburger Festspielen. Ich habe sie dann angerufen und ihr gesagt, dass ich der Kerl von dem Fest sei, mit dem sie jetzt ins Studio gehen soll. Wegen der Stücke habe ich täglich mit ihr oder ihrem Manager oder beiden telefoniert. Das läuft in einem permanenten Dialog. Denn es macht keinen Sinn, eine Sängerin etwas singen zu lassen, was sie partout nicht will. Solche geplanten CDs gehen meistens total in die Hosen. Anna ist sehr entspannt und unverdorben von allen Allüren. Ihr selbst hat ein halbes Jahr Vorbereitung völlig genügt. Bis sie in Salzburg mit »Don Giovanni« ihren Durchbruch hatte, hat sie zehn Jahre auf der Bühne gestanden. Da sieht so eine Künstlerin auch mal ein Studio von innen. Der rein technische Vorgang ist also kein besonderes Novum für sie gewesen.

Neu war der Druck, unter dem sie stand. Plötzlich haben sich alle um sie gerissen. Auch die Grammophon. Einen Live-Auftritt kannst du als Sängerin ja mal versieben. Aber eine mittelprächtige CD steht lange Zeit bei den Leuten im Schrank. Also hatte Anna gehörigen Respekt vor diesem Studiotermin. Sie war sich vollkommen bewusst, dass das eine große Sache war.

Für die Aufnahme haben wir uns schön Zeit genommen. Das lief dann nicht mehr so hektisch ab. In sechs Sitzungen spielten wir Annas Erstling locker ein. Jede dieser Aufnahmesessions dauert drei Stunden, bietet also genügend Spielraum. In dieser Zeit konnten wir die Arien aufnehmen, an Nuancen feilen, verschiedene Takes ausprobieren, Anna bestimmte Stellen mal so und mal anders intonieren lassen. Das wird dann hinterher so zusammengeschnitten, dass die optimale Aufnahme dabei herauskommt.

Die Musiker musste ich bei der Arbeit öfter ermahnen: Konzentriert euch bitte auf die Noten und nicht auf die Sängerin! Anna verdreht ja den meisten völlig den Kopf. Aber die Wiener Philharmoniker sind schon ein phänomenales Opernorchester: Die fallen nicht aus dem

Takt, selbst wenn sie nur dreimal während einer Arie aufs Blatt schauen. Beeindruckt hat mich die Stamina der Netrebko-Stimme. Sehr robust, sehr widerstandsfähig. Dabei sehr natürlich, mit ruhigen, schlichten Phrasierungen, die überhaupt nicht theatralisch wirken. Fast schon introvertiert.
Anna verträgt einiges. Die Aufnahme wurde im März gemacht. Ich hatte die ganze Zeit furchtbar Angst, dass sie sich verkühlt. Denn sie ist immer in so einem leichten Jäckchen herumgelaufen, auch hinaus ins Freie. Ich kenne da völlig paranoide Sängerinnen, die telefonieren am Tag vor einer Aufnahme nicht, sprechen nur noch im Flüsterton und kommen verhüllt wie die Beduinen ins Studio. Aber nicht Anna – die nimmt das alles sportlich, recht burschikos. Nach dem ersten Tag sind wir sogar abends noch tanzen gegangen. In den Wiener »Havanna Club«. Ich habe sie ermahnt: »Jetzt musst du aber langsam heimgehen.« Als ob ich ihr Vater wäre. Dabei habe ich mich nur um die Stimme gesorgt. Aber sie hat nur gelacht: Wieso denn? Getrunken hat sie nichts. Und am nächsten Tag stand sie wieder da wie eine Eins, als wäre nichts gewesen. Cool, sehr souverän.

Die Platte »Opera Arias« schlägt gewaltig ein. Innerhalb des ersten Jahres verkaufen sich 130 000 Stück allein in Deutschland. Mehr als zwanzigmal so viel wie eine durchschnittliche Klassik-CD heutzutage erwirtschaftet. Weltweit ist die Bundesrepublik der erste Markt, auf dem die Deutsche Grammophon das Album am 14. Juli 2003 herausbringt. Die Firma koordiniert die Veröffentlichung strategisch mit Auftritten der Sopranistin bei den Opernfestspielen in München, um die öffentliche Wirkung zu steigern.

Passend zum erotischen Image der Russin hat die Grammophon die New Yorker Fotokünstlerin Merri Cyr beauftragt, diese ins rechte Licht zu setzen. »Die meisten meiner Aufträge sind

Album-Cover. In diesem Feld gibt es noch Platz für Experimente«, sagt die Fotografin. Dass das frühere Model Cyr sonst für amerikanische Rockmagazine Musiker wie Jeff Buckley ablichtet, ist den Netrebko-Fotos nicht unbedingt anzumerken. In sanftem Weichzeichner erscheint die Opernsängerin auf ihren Porträts wie ein schwarzhaariger Schlafzimmerengel: Im tief dekolletierten ärmellosen Top posiert sie mit einer Rose im Haar.

Auf Anhieb platziert sich die CD in den deutschen Popcharts und erreicht bis Jahresende Platz 4 der meistverkauften Klassikplatten 2003. Mehr schaffen in diesem Jahr nur Violinistin Anne-Sophie Mutter mit zwei ihrer Alben sowie der blinde Tenor Andrea Bocelli. Noch ein Jahr nach Erscheinen belegt »Opera Arias« Rang 2 in der einschlägigen Klassik-Hitliste – hinter dem 2004 erschienen zweiten Netrebko-Longplayer »Sempre Libera«.

Angeheizt vom sexgeladenen Medienecho auf die neue Platte flammt die »Anna-Mania« auf. Kräftig angefacht vom Star selbst. Ihren Fans liefert die Stimmband-Artistin via Interview Wissenswertes aus der Zwischenwelt von Musiktheater und Phantasie. Ein Beispiel: »In der Oper fehlt gelegentlich ein Schuss Erotik. Dabei geht es doch oft um gesungenes Bettgeflüster.«

Keinen Zweifel lässt die Netrebko daran, dass sie die Berufene ist, die das Bettgeflüster gut hörbar bis in die letzte Reihe verstärken wird. Für ihr Deutschland-Debüt an der Bayerischen Staatsoper im Sommer 2003 sind die Karten binnen Stunden ausverkauft. Auf dem Schwarzmarkt bieten Händler Tickets bis zum sechsfachen Preis an. Das Publikum kauft. Keiner will die neue Sexbombe mit der umwerfenden Stimme verpassen. Beim Gala-Konzertabend mit Ramón Vargas assistiert der Tenor aus Mexiko City als nebensächlicher Statist. Alle Augen und Ohren richten sich auf La Netrebko.

Der Wirbel nimmt irreale Formen an. Bei einer Signierstunde für ihre CD im Rahmen der Festspiele lassen die Fans ihr Idol erst nach Stunden wieder gehen. Sie hält sich an die Grundregel im

Showbusiness: Keep smiling! Ihre Entourage wartet derweil beim Nobelitaliener gegenüber der Münchner Oper. Als die gereizte Jungdiva schließlich auftaucht, muss sie sich erst einmal abreagieren. »Fuck, fuck, fuck, fuck, fuck!«, ruft sie ins Restaurant. Dann lacht sie wieder: »Wenn ich stundenlang nur lächeln darf, muss ich hinterher erst mal was Schmutziges sagen.«

Die Sängerin pflegt einen unkonventionellen Stil. Gerade das fördert ihren Ruf als Opernstar der neuen Generation. Privat hört sie Musik von Robbie Williams, Justin Timberlake, Madonna, Kylie Minogue. Sie schaut gerne MTV, geht ausgiebig zum Shopping, feiert so oft sie kann bis in die Puppen mit Wein und Wodka.

Was sich bisher nur Pop-Diven à la Jennifer Lopez leisteten, macht Anna Netrebko auch im Musiktheater salonfähig. Selbstbewusst und spaßorientiert genießt sie den Kult, der um sie betrieben wird. Sie plappert, wie ihr der Schnabel gewachsen ist. Wenn sie sich mal verbal vergaloppiert, hat sie schnell eine Erklärung parat: War doch alles nur Spaß.

Trinken Sie gerne Wodka?
ANNA NETREBKO: Merken Sie sich eines: wenn Wodka, dann pur. Man darf nicht zu viel trinken und muss dazu reichlich essen. Das sind die ehernen Grundregeln. Die beherrsche ich ziemlich gut.
Sexappeal ist für die Pop-Königinnen unserer Zeit ein unentbehrliches Markenzeichen. Gehört das künftig auch für eine Opernsängerin dazu?
ANNA NETREBKO: Ich denke, es ist für eine junge Künstlerin wichtig, den eigenen Stil zu finden. Wenn es gut für dich ist, sexy zu sein, dann musst du es auch rauslassen. Wenn es einem zu viel wird, sollte man es gar nicht erst versuchen.
Sie tragen Hosen von Dolce & Gabbana, flippige Schuhe ...
ANNA NETREBKO: ... und viel Schmuck. Ich liebe Mode, zum Shoppen finde ich immer Zeit. Bei schönen Kleidern, Handtaschen

und Schuhen werde ich schwach. Ein bisschen Glamour im Leben muss sein.

Was bedeutet Mode für Sie?

ANNA NETREBKO: Ich kehre gerne meine Schönheit heraus, um abends im Licht zu erstrahlen. Das ist mein Traum von der Prinzessin, den wohl jede Frau in sich birgt. Wenn es mir durch ein Kleid mit tiefem Ausschnitt gelingt, ein bisschen mehr Erotik in die Oper zu bringen, freut mich das.

Hören Sie privat viel Klassik, viele Opern?

ANNA NETREBKO: Nur wenn ich es beruflich brauche. Aber so für mich allein höre ich keine klassische Musik. Natürlich gehe ich hin und wieder in Konzerte. Live gefallen mir Sinfonien und Liederabende viel besser. Aber nicht daheim. Von CDs kommt mir Klassik immer sehr weit entfernt vor. Da höre ich lieber Musik, über die ich nicht so viel nachdenken muss. Madonna, Kylie Minogue finde ich toll.

Würden Sie gerne aus dem goldenen Käfig der Oper ausbrechen?

ANNA NETREBKO: Eines ist sicher: Ich werde niemals Popmusik singen. Ich höre andauernd Pop. Aber für mich als Sängerin wäre das absolut nichts. Für Oper braucht man eine ganz andere Technik, eine ganz andere Stimme. Außerdem habe ich mein Genre ja bei weitem noch nicht ausgereizt.

Glauben Sie an diese Art Crossover zwischen Pop und Klassik, mit dem etwa die Drei Tenöre absahnen?

ANNA NETREBKO: Irgendwie wirkt das mit der Zeit ganz schön angestrengt und bemüht. Aufgesetzt irgendwie. Crossover hat meiner Meinung nach wenig Sinn. Sie können Klassik als Pop verpacken und verkaufen. Aber die echten Fans nehmen das auf Dauer übel, und die neuen, die sie damit erreichen, sind sehr flüchtige Hörer. Als Nächstes kaufen sie doch wieder Musik von Britney Spears oder den Red Hot Chili Peppers. Diese Leute müssen wir ganz woanders packen, sie auf die Oper als solche heiß machen.

Sie haben nach Ihrer ersten CD auch eine DVD mit Videoclips im MTV-Stil produziert. Möchten Sie so etwas wie die Operndiva für die Videogeneration werden?

ANNA NETREBKO: Ich finde, das ganze Metier verdient einen völlig neuen Ansatz. Unkomplizierter, lustiger, moderner eben. Ich schaue viel MTV. Vor allem diese Comedy-Serie »Jackass«, in der sich ein paar Ex-Stuntmen und Skateboarder dauernd selbst verstümmeln. Am besten finde ich diesen völlig Verrückten: Steve-O. Den habe ich auch im Kinofilm »MTV Jackass« gesehen, wie er in einer Sushi-Bar grüne Wasabi-Paste schnupft. Grauenvoll, was für Schmerzen das sein müssen! In der Oper wünsche ich mir auch gelegentlich diese Art von Spaß. Das muss nicht immer so ernst und bildungsbürgerlich sein.

Haben Sie in Ihrer Jugend selbst mal Mutproben wie in »Jackass« gewagt?

ANNA NETREBKO: Nein, nein, nein, ich bin kein Masochist. Jemand anderem kann ich schon mal Schmerzen verursachen, kein Problem. Aber wir selbst haben in der Zeit am Konservatorium meist nur harmlose Streiche gespielt. Wasserbomben werfen und so. Nichts Schlimmes. Wir haben viel Quatsch gemacht, Partys gefeiert. Ich finde, jeder hat ein Recht auf Spaß. Ein Grundrecht sogar. Aber ich habe nie Passanten unten auf der Straße mit meinen Wasserbomben getroffen. So harmlos bin ich *(lächelt)*.

Wirklich stubenreine Späße. Zu harmlos, um so was auch noch auf die DVD zu packen?

ANNA NETREBKO: Nein, da haben wir nur fünf Arien in sehr moderne, abgefahrene Bilder gefasst. In einer Szene aus »Rusalka« treibe ich auf einer Luftmatratze über einen glitzernden Pool. Hollywood-Stil. In meinem Lieblingsclip singe ich Mozart, während sich um mich herum Tänzer, als Bäume verkleidet, im Wind wiegen. Tolle Clips vom Videoregisseur Vincent Paterson!

Die meisten jungen Leute denken, Oper sei langweiliger Quatsch. Das finde ich wirklich bitter. Dass sie falsch liegen, werden sie in diesen Clips sehen: Haute-Couture-Kleider, Schmuck, der so teuer wie eine Nobelvilla ist, umwerfende Dekorationen, herrliche Farben und Lichteffekte. Sehr modern, ein klein wenig verrückt, ästhetisch und erotisch. Aber Grenzen werden nicht überschritten. Wichtig ist mir, dass wir die Musik nicht simplifizieren und verraten.

Laufen diese Clips tatsächlich auf MTV?

ANNA NETREBKO: Wahrscheinlich haben sie dort keine Chance. Die spielen dort Pop und Rock, nie Oper. Und die Kids von heute lassen sich keine Mogelpackungen andrehen. Nur weil die Optik modern ist, muss ihnen die Musik noch lange nicht gefallen.

Auch bei anderen Klassikkünstlern haben diese Videoversuche doch nie wirklich funktioniert. Die Geigerin Anne-Sophie Mutter hat mal Vivaldis »Vier Jahreszeiten« als Video eingespielt. Habe ich nie auf MTV gesehen. Auch der englische Geiger Nigel Kennedy versucht sich in einer Art Punk-Pose. Das bringt's nicht.

Meine Clips sind aber gedacht für Leute, die diese Arien mal in einem neuen Outfit präsentiert bekommen wollen. Ein schöner Versuch. Mir hat das großen Spaß gemacht, einmal mit dieser Technik zu spielen.

Die DVD »Anna Netrebko. The Woman, The Voice« dreht die Sängerin im Juni 2003. Als Grundlage dienen die Stücke von der vorangegangenen CD mit den Wiener Philharmonikern. Der Salzburger Videoproduzent Bernhard Fleischer, der die Firma Moving Images betreibt, hat im Sommer 2002 die Netrebko im »Don Giovanni« gesehen. Völlig begeistert tritt er nach diesem Erlebnis in Aktion. Mit US-Regisseur Vincent Paterson, der in der Popwelt spätestens seit seiner Musical-Verfilmung »Evita« mit Madonna in der Titelrolle legendären Ruf genießt, ködert er die Deutsche Grammophon für den Versuch, mit ihrem neuen Stern Netrebko Clips zu produzieren.

Paterson hat allerdings noch nie ein Opernhaus von innen gesehen. »Für ihn war es eigentlich nur ein kleiner Schritt – mit großer Wirkung«, meint Fleischer. Im Hangar-7 am Flughafen der Mozartstadt, den Netrebko schon von der Stockhausen-Party im Sommer 2002 kennt, dreht das Team die Videos.

Für fünf Arien erfindet Paterson kleine Kurzgeschichten, die den Bezug zum Original lösen und den Inhalt der jeweiligen Oper in neuem Zusammenhang transportieren. Gounods Juwelenarie verlagert der Regisseur in ein Spielzimmer für modische Girlies, in dem die Netrebko wie ein aufgedrehtes Gör mit allerlei Klunkern über quietschbunte Sofas turnt. Als Leidensfrau Musetta aus »La Bohème« lässt sie sich mit melancholischem Tränenblick in einer Limousine herumkutschieren. Die Arie der Donna Anna aus dem »Don Giovanni« inszeniert Paterson in einem Wald aus Tänzern, die wie Bäume um die nur in ein zauberhaftes Nichts aus Seide gehüllte Anna schwanken.

Unter konservativen Opernanhängern wird die DVD naserümpfend aufgenommen. Dafür erschließt das Werk neue Publikumsschichten aus dem Pop-Sektor. Kulturmagazine im öffentlich-rechtlichen Fernsehen senden die »sexy Clips der neuen Diva« dankend im Nachtprogramm. Ebenso wie zuvor die CD »Opera Arias« schießt das Video in die Hitparade und verweilt dort seitdem ununterbrochen.

Für die Oper sind Patersons Videos eine interessante Weiterentwicklung. Sängerstar Plácido Domingo, Chef der Musikbühnen in Washington und Los Angeles, begutachtet die DVD und verpflichtet den Regisseur sofort für zwei Inszenierungen in seinem Haus an der Westküste: Tschaikowskis Großgrundbesitzer-Drama »Eugen Onegin« und Puccinis lyrische Frauenoper »Manon Lescaut«. Die Hauptfigur Manon soll wiederum die Netrebko singen. Auf Umwegen findet also ein weiterer Vertreter der visuellen Künste des 20. Jahrhunderts in die alte, aber immer wieder aktuelle Opernwelt.

Diesen Weg beschreitet in Los Angeles auch George Lucas, Erfinder der Science-Fiction-Saga »Krieg der Sterne«. Der Filmemacher inszeniert dort mit Dirigent Kent Nagano Wagners »Ring des Nibelungen« und bestückt den Opern-Vierteiler mit futuristischen Bildern. In Deutschland setzen schon seit längerem prominente Leinwandregisseure Opern in Szene: Werner Herzog (»Fitzcarraldo«) bei den Bayreuther Festspielen, Doris Dörrie (»Männer«), Percy Adlon (»Out of Rosenheim«) und Bernd Eichinger (»Der Untergang«) an der Deutschen Staatsoper in Berlin. Das Haus Unter den Linden beschäftigt solche Publikumsmagneten gerne für die Klassiker des Repertoires. Dörrie hat bereits Mozarts »Così fan tutte« und Puccinis »Turandot« auf die Bühne gestellt, Adlon Donizettis »Liebestrank«. Eichinger zieht im Frühjahr 2005 mit Wagners »Parsifal« nach.

»Schlüssel zur Zukunft«

Regisseur Vincent Paterson philosophiert über die Chance des Videoclips in der Oper

Manchmal muss man die Menschen von einer völlig neuen Seite für eine Sache gewinnen. Diese Videos mit Anna stellen für die Oper eine riesige Chance dar. Vor allem erhoffe ich mir, dass diese Clips junge Leute ansprechen, die vielleicht noch nie in einem Opernhaus waren. So wie ich, bevor ich mit Anna gearbeitet habe. Wenn ich mich in einer Vorstellung umblicke, sehe ich eigentlich nur Menschen meines Alters und Ältere. Das darf nicht sein. Diese Altersstruktur gefährdet eine so lebendige Kunstform wie das Musiktheater. Vielleicht locken unsere kleinen, verrückten Clips den Nachwuchs an. Hoffentlich!

Angetragen wurde mir diese Idee, als ich beim Tanzfilm-Festival in Monte Carlo war. Dort traf ich den Produzenten Bernhard Fleischer, der die Netrebko gerade im Salzburger »Don Giovanni« erlebt hatte. Sie habe ein Faible für MTV-Clips, erzählte er mir. Pop zu singen sei zwar nicht ihre Absicht, aber sie konsumiere selbst gerne diese Musikfilmchen.

Nun bin ich in den USA in einer Schicht aufgewachsen, in der Oper gewöhnlich kein Thema ist. Diese Unbefangenheit sei doch gerade ideal, meinte Fleischer daraufhin.

Als ich Anna dann zum ersten Mal traf, dachte ich: Unmöglich, das kann keine Opernsängerin sein. Sie ist viel zu schön. Ich hatte mir ein Konzept zurechtgelegt, bei dem ich mich nur auf die einzelnen Arien konzentrieren wollte. Den gesamten Kontext der jeweiligen Oper ließ ich beiseite.

Die Transformation dieser Musikwelt in ein anderes Medium kann ihre Bedeutung und Reinheit nur vergrößern, denke ich, nicht ruinieren. Leute, die noch nie eine Oper besucht haben, bekommen in unseren Videos einen schönen Eindruck, woraus ihr Zauber besteht. Der moderne Mensch ist nun mal an Emotionen im Kinoformat gewöhnt. Da kann der cineastische Einfluss die Oper nur unterstützen.

Filmbilder profitieren vom Soundtrack ebenso wie die szenische Oper vom Gesang. Aufgrund dieser Analogie bin ich überzeugt: Für die jahrhundertealte Kunstform des Gesangs im Theater ist die Filmoptik der Schlüssel für die Zukunft.

Auch ohne Hollywood bringt die Netrebko jede Menge Glanz und Glamour in ihre Auftritte. Wo immer die Jungdiva gastiert, löst sie ein mittleres Beben aus. Ihr selbst ist der zunehmende Kult nicht ganz geheuer. Überall steht sie unter interessierter Beobachtung. Die Zeitungen bauschen jede Kleinigkeit zur Sensation auf. Was Britney Spears für Teenager darstellt, ist sie für die ältere Generation der Opernfans. Gesetzte Herren verlieren angesichts der zum Sexsymbol aufgebauten Sängerin die Beherrschung.

In der früher vertrauten Sängergemeinde neidet ihr manche Kollegin den plötzlichen Ruhm, andere beobachten ihre Entwicklung wohlwollend. Die bulgarische Mezzosopranistin Vesselina Kasarova, die sie gut kennt, meint: »Anna ist klug genug, diesen ganzen Zirkus richtig zu steuern und sich nicht verheizen zu lassen.«

Die beiden pflegen ein fast schwesterliches Verhältnis. Am Londoner Royal Opera House treten die beiden als Geschwisterpaar Servilia und Sextus in Mozarts römischer Cäsaren-Oper »La Clemenza di Tito« auf. Das Bühnenbild stellt einen realistisch nachgebauten Irrgarten aus Hecken dar, in dem das Duo Kasarova/Netrebko sich mit traumwandlerischer Sicherheit verständigt. Ein durchschlagender Erfolg unter dem Dirigat von Pultchef Sir Colin Davis.

Die Rückkehr nach München sprengt allerdings tatsächlich das normale Maß. Im angegrauten Repertoire-Schinken von Verdis »La Traviata«, den einst Günter Krämer werktreu-konservativ in Szene gesetzt hat, brilliert Anna im seidenen Kokottenfummel als Edelhure Violetta. Was die Phantasien ohnehin schon beflügelt. Für die Proben bleibt nicht viel Zeit. Ihr Bühnenpartner, der aufstrebende mexikanische Tenor Rolando Villazón, erzählt: »Diese ›Traviata‹ mit Anna gehört zu meinen schönsten Erinnerungen überhaupt. Es gab nur zwei Proben, und wir waren beide völlig spontan und haben vieles einfach aus dem Moment heraus entwickelt. Dadurch bekam die Aufführung eine unglaubliche Frische.«

Eine Woche lang trommelt die örtliche Boulevardpresse ihren Lesern per Schlagzeile auf der Titelseite ein, was für ein heißer Feger da gerade in der Stadt weilt. Und Anna bedient die Bedürfnisse. Der »Abendzeitung« erklärt sie, sie habe bei einer nächtlichen Spritztour kein geeignetes Striptease-Lokal gefunden. Dabei gehören solche Nacktbars für sie beim Ausgehen in St. Petersburg angeblich zum Pflichtprogramm. Skandal im Sperrbezirk! Eine erhitzte Debatte hebt an, ob die Stadt zu langweilig sei oder ob genug Rotlicht über dem Millionendorf München strahle.

Den Kartenandrang steigert der Aufruhr nur. Die Schwarzmarktpreise für Annas »Traviata«-Auftritt ziehen mit denen für ein Champions-League-Spiel des FC Bayern München gleich. Als die aufgeregte Woche sich dem Ende neigt, verfassen der bayerische Minister für Kunst Thomas Goppel, Star-Architekt Stephan Braunfels und Kabarettist Dieter Hildebrandt öffentliche Liebesbriefe. Entflammt dichtet der CSU-Politiker: »Wenn Sie uns nach Ihrem finalen Triumph verlassen, bleiben zurück: ein nachhaltig verzücktes Publikum. Eine ganze Stadt, die Ihnen zu Füßen liegt. Ein grauer Winter, in den Sie so viel Farbe brachten.«

Baumeister Braunfels, der die Sängerin zu einer privaten Führung durch »seine« gerade neu errichtete Pinakothek der Moderne gedrängt hat, sekundiert: »So betörend schön gesungen und gespielt habe ich die Violetta noch nie erlebt.« Hildebrandt trägt der Russin gleich die deutsche Staatsbürgerschaft an: »Weil wir Sie jetzt zu unseren eigenen Stars zählen und erwarten, dass Sie wiederkommen, dass Sie Ihre neuen Rollen alle hier vorstellen.«

Die Netrebko beherrscht das Spiel mit der Öffentlichkeit prächtig: Nicht nur dass sie die Erwartungen anheizt – sie erfüllt sie auf der Bühne auch mit bravourösen Leistungen.

»Postkommunistische Stimmen sind stark«

Verblüfft verfolgt Mezzosopranistin Vesselina Kasarova den kometenhaften Aufstieg des neuen Fixsterns am Opernhimmel – und warnt vor den Folgen des Starrummels

Wir haben viel zusammengearbeitet, im Londoner Covent Garden und in Chicago. Deshalb kennen wir uns recht gut. Bei den Proben verhält sich Anna sehr professionell und konzentriert. Sie ist nicht von gestern, sondern hat schon eine Menge Erfahrung gesammelt. Und sie verfügt über hohe Intelligenz, die sie auch braucht.

Wenn du großen Erfolg hast, beginnt dieser ganze verrückte Zirkus. Plattenfirmen drängen dich immerzu in deine öffentliche Rolle: erotischer Vamp oder anmutige Schöne, unnahbare Femme fatale oder sympathisches Mädchen von nebenan. So läuft die Logik der Vermarktung: einfache Muster, die bestimmte Klischees bedienen, sind gefälliger als die wahre Persönlichkeit. Bei Anna ist dieser Zirkus extrem. Darin kann sie sich verlieren, wenn sie nicht aufpasst, wenn sie aus dem Blick verliert, was sie will und was ihr selbst entspricht.

Aber sie muss auch daran denken, dass sie irgendwann vierzig Jahre alt wird und das Publikum ihr nicht mehr bedingungslos jedes Image abkauft. Die Zuschauer sind sehr klug und verstehen intuitiv, was echt und was nur vorgegaukelt ist. Wenn Anna älter wird, muss sie auch ernste Rollen verkörpern können, um als erwachsene Frau glaubhaft zu bleiben.

Das ganze Spektakel kannst du nur mitmachen, solange deine Stimme fabelhaft ist. Aber in dem Moment, in dem du abbaust, wirkt dieser Firlefanz nur noch peinlich und lächerlich. Anna wird selbstbewusst genug sein, in diesem Wirbel den Kopf oben zu behalten.

Wir postkommunistischen Stimmen sind stark. Das resultiert aus der Ausbildung, die wir genossen haben. Im Osten hat der Staat schon

immer Musik und Sport besonders gefördert, weil dabei viel Prestige zu holen war. Auf diesen beiden Gebieten wollte die Sowjetunion dem Westen lange Zeit ihre Überlegenheit demonstrieren. Auch weil dort in der Ausbildung mit allen Mitteln gearbeitet wurde. Im Sport mit Doping, in der Kultur mit Härte und Disziplin, mit fast militärischem Drill. Die Leute in den Opernhäusern haben gesungen bis zum Umfallen.
Heute wird das zwar nicht mehr ganz so brutal gehandhabt. Aber ein Rest dieser unbedingten Disziplin ist geblieben. Da kommen nur die Widerstandsfähigen durch. So wie Anna. Die können dann aber auch lange bestehen. Das ist ihr Vorteil im Wettbewerb im Westen. Annas schönes Timbre, ihr Körper sind ihr Startkapital – fürs dauerhafte Überleben unter Druck ist sie gut abgehärtet.

Beirren lässt sich die Netrebko vom Wirbel um ihre Person keineswegs. Im Gegenteil: Kühl nutzt sie die Chance, die sich ihr wie keiner anderen Sängerin ihrer Generation bietet. Sie kennt und beherzigt die Gesetze des modernen Musikgeschäfts, sie beherrscht die Klaviatur der Medien. Klassische Musik ist nur die Ware, mit der sie handelt, verkauft wird sie über das Drumherum. Virtuose Koloraturen zu singen allein genügt nicht.

Der gekonnte Registerwechsel in der Selbstinszenierung ist der Schlüssel zum dauerhaften Erfolg. So wie sich Madonna, die Popdiva per se, für jedes neue Album, jede neue Tournee als Kunstfigur komplett neu erfindet. Mit neuem Sound, neuem Outfit, neuem Tanzstil, neuem Liebhaber, neuem Auto, neuer Villa. Für das überreizte Publikum mit kurzer Aufmerksamkeitsspanne bleibt ein Star auf diese Weise länger interessant.

Schöner Schein allein genügt aber nicht. Hinter der Fassade muss sich jedes Mal substanziell etwas ändern. Sonst durchschaut das Publikum früher oder später die Masche – und wendet sich gelangweilt ab. Die wahre Kunst besteht in der fortwährenden originellen Neuschöpfung, auf die dieser kreative Prozess angelegt ist. Für eine Opernsängerin, die ständig konzertiert, ist das eine schwere Aufgabe. Dieses Chamäleonverhalten ist umso anstrengender, weil schon allein die körperliche Verausgabung eines Opernabends gehörig an den Kräften zehrt.

Zwischen die Künstlerin Anna und die öffentliche Person La Netrebko drängt sich dabei eine stetig größer werdende Kluft. In die halsbrecherischen Verdi- oder Mozart-Partien stürzt sie sich mit unvermindertem Einsatz. Die ermüdende Marketing-Tarantella dagegen tanzt sie mit distanzierter Lässigkeit. Als ob sie damit eigentlich nichts zu tun hätte, den Kommerz von ihrer Kunst in Wahrheit fern halten wollte. Darin liegt natürlich ein enormer Widerspruch, da im Madonna'schen Sinne Kunst aus dem publikumswirksamen Spiel mit dem Kommerz erst erwächst.

Die strikte Trennung zwischen sich und ihrem Alter Ego, der Medienfigur, unterscheidet Anna Netrebko jedenfalls fundamental von ihrem Idol Maria Callas. Die Callas glaubte noch an ihre übernatürliche Göttlichkeit, die Netrebko begreift sie nur als Teil eines Schauspiels, das sie mit coolem Gestus absolviert. Die »Tigerin« verband ihr sängerisches Wohl und Wehe untrennbar mit ihrem Privatleben. Die Netrebko zieht hier eine klare Grenze. Die Nervosität des Privatlebens will sie nicht ins Künstlerleben überlappen lassen. Das Zeitalter der Operngöttinnen à la Maria Callas ist in ihren Augen passé. Abgeklärte Halbgöttinnen sollen ausreichen, um das Bedürfnis des Publikums nach Übernatürlichem zu befriedigen. »Diven, die ihre Spleens an den Leuten auslassen, sind nicht mehr zeitgemäß. Ich finde solche Exemplare einfach nur blöde«, erklärt sie.

Ein Drahtseilakt. Wie lange funktioniert die Konstruktion des Superstar-Status? Durch die Trennung zwischen sich und ihrer Rolle spaltet Anna Netrebko ihre Persönlichkeit unvermeidlich auf. Zu beobachten sind die Folgen schon zwei Jahre nach ihrem Durchbruch.

Nach außen reagiert die Netrebko immer scheuer, abweisender. Argwöhnisch beäugt sie bei ihren Auftritten in München, London, New York jeden Autogrammjäger, jeden Reporter. Die Superdiva verwandelt sich in eine Diven-Darstellerin. Äußerlich echt ist sie nur, wenn sie singt. Dann sprüht sie Funken, verströmt Aura, Charisma, Charme.

Wenn sie sich aber unbeobachtet hinter der Bühne wähnt, bei Konzerten unbeteiligt auf ihren Einsatz wartet, wirkt sie seltsam leer und konturlos. In dem Moment, in dem sich der Spot auf sie richtet, alle Blicke sie einfangen und die Kameras klicken, verwandelt sich ihr Gesicht in eine blühende Landschaft. Als hätte in ihrem Kopf jemand einen Schalter umgelegt, straffen sich ihre Züge, vibriert ihre Stimme, blitzen die Augen. Ein Geschöpf, das ganz und gar nach der Logik der Medien funktioniert: Ist sie im Bild, knipst sie die Netrebko an. Schwenkt die Kamera, bleibt Fräulein Anna zurück. Womöglich ist sie nur von sich selbst überfordert.

Diese Persönlichkeitsveränderung geht unbemerkt an jenen Zuschauern vorüber, die mit Anhimmeln vollauf beschäftigt sind. Wohin sie kommt, erntet sie Jubel. In Los Angeles brilliert sie in Donizettis »Lucia di Lammermoor« mit der höllisch schweren Wahnsinnsszene im Schlussakt. In San Francisco gibt sie wieder die Musetta in »La Bohème«.

Weltweit im Fernsehen zu sehen ist ihr Auftritt beim Wiener Opernball im Februar 2004. Den Saal der Staatsoper zieren 60 000 Tulpen und Rosen, als Anna in schulterfreiem rotem Prada-Design hereinschwebt. Auf das Großereignis warten rund 6000 Prominente, Reiche, Mächtige und ein paar hundert Debütanten. Alles Walzer. Vor Bundespräsident Thomas Klestil, Hollywood-Mimin Andie MacDowell und Fußballkaiser Franz

Beckenbauer gibt die Netrebko Petitessen wie Lehárs Operettenmelodie »Meine Lippen, sie küssen so heiß« zum Besten. An diesen Lippen hängen bei der Live-Übertragung allein im deutschsprachigen Raum 4,5 Millionen Zuschauer.

Zwischen all den umjubelten Auftritten reist Anna Netrebko zu ihrer Lehrerin Renata Scotto nach New York. Denn ihre nächste CD ist bereits in Planung. Stardirigent Claudio Abbado hat sich einen Mitschnitt ihres Donna-Anna-Auftritts bei den Salzburger Festspielen besorgt und ist sehr angetan. Der frühere Chef der Berliner Philharmoniker lässt über seinen persönlichen Studioproduzenten Christopher Alder bei der Deutschen Grammophon ausrichten, er würde mit der Netrebko gerne eine Aufnahme machen. Doch er möchte es nicht beim Repertoire bewenden lassen, das sie ohnehin schon beherrscht. Er fordert sie heraus: Mit ihm soll sie auch drei Arien der Desdemona aus Verdis »Otello« versuchen, die sie noch nie gesungen hat.

Da die Italienerin Scotto selbst schon in den 60er-Jahren mit ihrem Landsmann Abbado live sowie im Plattenstudio gearbeitet hat, ist sie die perfekte Beraterin. Sechs Wochen lang feilen die beiden in insgesamt 14 Unterrichtseinheiten an den Partien der jungen Sängerin. Dabei geht es weniger um Technik als um Interpretationshilfen. Nachdem die erste CD »Opera Arias« ein wenig flüchtig zusammengestellt wirkt, soll diesmal ein ausgereifteres Werk entstehen. Auch wenn der Diva ihre Stimme zu hoch für die Desdemona erscheint – sie will diese leidende Frauenfigur, die an der rasenden Eifersucht Otellos zugrunde geht, bewältigen. »Und die Netrebko kann so wunderschön leiden«, findet Aufnahmeleiter Alder.

Zum Aufnahmetermin Ende Februar 2004 reist die Opernsängerin mit gehöriger Nervosität nach Reggio Emilia. In der norditalienischen Stadt gastiert Abbado gerade im städtischen Theater für einige Abende mit »Cosí fan tutte«. Als Begleitensemble bringt der Dirigent das Mahler Chamber Orchestra mit, das er von einem hoch talentierten Jugendorchester zu einem der engagiertesten Klangkörper der Gegenwart geformt hat. Die Musiker sind im Schnitt um die dreißig Jahre alt, entsprechen also der Hauptdarstellerin von Alter und Temperament her bestens.

Für die Aufnahme sind fünf Sessions à vier Stunden angesetzt. Die Überlänge der Sitzungen erklärt die Starsopranistin selbst: »Ich bin ein Arbeitstier und möchte viel singen. Wir brauchen auch Zeit zum Abhören der Bänder.« Nicht zuletzt beansprucht sie zwischen den Aufnahmen im Teatro Municipale jeweils einen freien Tag, den sie mit ihrem Freund Simone verbringen möchte. Spazieren gehen, Cappuccino trinken, Spaß haben.

Abbado freut sich sehr auf die Arbeit. Erst vor sieben Jahren hat er selbst einen ganzen »Don Giovanni« mit Carmela Remigio als Donna Anna aufgenommen. »Hätten wir dafür schon die Netrebko gehabt, wäre ich noch glücklicher mit dem Stück«, sagt der Perfektionist. Eingespielt wird ein rein italienisches Programm, in dem sowohl Netrebkos als auch Abbados Stärken als Interpreten liegen.

Am Ende des dritten Sitzungstages schwingt sich die Hauptdarstellerin zu einem ersten Höhenflug auf. Die Musiker wollen gerade ihre Instrumente zusammenpacken, da verkündet Anna unvermittelt: »Ich möchte noch die Desdemona probieren.« Abbado zieht die Augenbrauen hoch, die Crew ist überrascht. Ein arbeitsreicher Tag liegt hinter ihnen, eigentlich wäre längst Feierabend. Aber da die Sopranistin insistiert, willigt Abbado ein. Die folgende Viertelstunde soll zur bewegendsten der gesamten Woche werden. Anna singt die todtraurige Arie »Piangea cantando nell'erma landa« (»Sie weinte, als sie sang ...«). Produzent Alder verfolgt das Geschehen im Technikraum über seinen Monitor.

Nach exakt sieben Minuten verklingt der letzte Takt, Alder schaut auf den Bildschirm: »Das war wirklich ergreifend: Abbado hat geweint, das ganze Orchester war in Tränen aufgelöst. Und die Netrebko – die war völlig fertig. Auf der CD ist wirklich zu hören, dass da emotional was passiert.« Sie weinen tatsächlich, als Desdemona singt.

Am folgenden Tag überrascht die Russin den Dirigenten mit stimmlichem Hochleistungssport. Die vierminütige Arie »Sempre libera« aus Verdis »La Traviata« steht auf dem Plan. Ein wahrer Kehlenknacker mit mehreren hohen C und Es, also maximaler Schwierigkeitsstufe. Die Netrebko singt die Nummer sagenhafte zwölfmal hintereinander, um verschiedene Nuancierungen zu versuchen. Abbado ist völlig platt. »Normalerweise ist man bei einer Sängerin froh, wenn sie dieses Ding einmal fehlerfrei hinkriegt«, sagt Producer Alder. Danach ist die Netrebko so aufgekratzt, dass sie das gesamte Orchester spontan in ein teures Restaurant um die Ecke einlädt. Nach dem Essen tanzt und feiert sie mit den Musikern bis vier Uhr morgens.

Beeindruckt bekundet Abbado nach Abschluss der Aufnahmen, wie »schön und künstlerisch anregend« er die Zusammenarbeit mit der Netrebko empfunden hat. Für seine Verhältnisse ein geradezu überschwängliches Lob. Schließlich hat der scheue, wortkarge Maestro schon mit Agnes Baltsa, Mirella Freni, Teresa Berganza, Luciano Pavarotti, Plácido Domingo und Dutzenden anderen Spitzeninterpreten im Studio gestanden.

Die Mühe zahlt sich aus. Annas zweites Album »Sempre libera«, das im August 2004 erscheint, verkauft sich noch besser als ihr Debüt »Opera Arias«. Schon in der ersten Woche erobert es die Top Ten der Pop-Charts. Innerhalb von nur zwei Monaten setzt die Plattenfirma in Deutschland 100 000 Stück ab. Für eine Klassik-CD sensationell. »Sempre libera« und die Vorgängerplatte »Opera Arias« werden zu den beiden meistverkauften Klassik-CDs 2004. Der Künstlerin selbst bleibt die Zeit in Reggio Emilia als »beste Phase in meinem Leben« in Erinnerung.

Mit der neuen CD bricht die Sängerin in den lukrativen

Massenmarkt der Popmusik ein. Im Live-Geschäft würde sie gerne Ähnliches vollbringen. Der Salzburg-Sommer 2004 fällt zwar bescheiden aus. Da die geplante Aufführung von Mozarts »Hochzeit des Figaro« wegen Renovierungsarbeiten im Kleinen Festspielhaus auf 2006 verschoben wird, tritt sie nur viermal konzertant mit dem Mariinskij-Ensemble auf. Ende August singt sie aber mit dem argentinischen Tenor Marcelo Álvarez auf der Berliner Waldbühne vor 15000 Besuchern ihr allererstes Openair.

Künstlerisch mag der verregnete Abend nicht zu Netrebkos Highlights zählen. Von der Breitenwirkung her aber wird der »Italienische Abend« ihr größter Treffer überhaupt. Das ZDF sendet das Konzert Anfang September als »Sommernachtsmusik« in voller Länge. Eine ganze Stunde zur besten Sendezeit. Dafür schalten 1,52 Millionen Deutsche den Fernseher ein, was einer Reichweite von 8,2 Prozent entspricht. So viele Zuschauer verzeichnet der Mainzer Sender sonst nur bei Krimis. Ein Quotenhit, der den durchschlagenden Erfolg der neuen Netrebko-CD weiterhin begünstigt.

Machen Ihnen solche Openairs Spaß?
ANNA NETREBKO: Ich finde, es ist an der Zeit, Oper auf unkonventionelle Art zu präsentieren. Ich bin jung, Marcelo Álvarez ist es auch. Wir sind eine neue Generation, die frischen Wind in den Gesang bringen will. Das ist auch eine Frage der Präsentation. Berlin ist eine aufregende Stadt mit gutem Publikum. Ich habe hier zuvor noch nie gesungen. Aber man hat mir erzählt, dass die Opernfans sehr kritisch sind. Das beflügelt uns.
Was können Sie uns über die Aufnahmen für »Sempre Libera« verraten? Waren die nach dem Erfolg der ersten CD eine Art Bewährungsprobe?
ANNA NETREBKO: Oh, die Aufnahmen sind prima gelaufen. Weil ich mich getraut habe, eine neue Partie auszuprobieren. Noch nie

in meinem Leben habe ich die Desdemona aus Verdis »Otello« gesungen. Eigentlich dachte ich, das ist keine Rolle für meine Stimme. Die ist sehr tief angelegt für einen Sopran. Da müsste ich eigentlich ein paar Jahre älter sein. Auf der Bühne würde ich so ein Experiment nur ungern wagen.

Was gab denn den Ausschlag, es doch zu tun?

ANNA NETREBKO: Maestro Abbado wollte die Arie unbedingt aufnehmen, also habe ich mich überreden lassen. Lange habe ich mich geweigert, habe immer wieder betont: O Gott, o Gott – ich kann das nicht singen. Nie. Aber er war beharrlich. Also habe ich's schließlich doch getan. Und als ich das Ergebnis vom Band abgehört habe, war ich ganz überrascht. Das ist, als ob du seit Jahren aufs Zehn-Meter-Brett steigst, dich aber nie zu springen traust. Und dann tust du es doch. Das ist wirklich eine vertrackte Arie, die höchste Stufe an sängerischer Schwierigkeit. Und ich hab's getan.

Haben Sie auch die Passagen aus »La Traviata« an Ihre Leistungsgrenzen getrieben?

ANNA NETREBKO: Die Violetta ist gesangstechnisch ungeheuer fordernd, weil man im Grunde vier verschiedene Stimmen benötigt. Für jedes Bild eine andere. Violetta ist eine Hure, und sie stirbt langsam. Die Darstellerin muss sich in diese Tragödie einfühlen, muss mit ihr lieben, mit ihr leiden, mit ihr zugrunde gehen. Wer das tut, bezahlt auch immer mit der Stimme dafür.

War die Arbeit an »Sempre Libera« anspruchsvoller als an Ihrer ersten CD, der man den Zeitmangel anmerkt?

ANNA NETREBKO: Die Aufnahmen für die zweite Platte waren das unglaublichste Erlebnis in meinem Künstlerleben. Wir haben viel mit dem Tempo herumprobiert, die hohen Noten wieder und wieder geübt. Claudio Abbado – was für ein Mann!

Er gilt als scheuer Schweiger. Wie haben Sie beide harmoniert?

ANNA NETREBKO: Er spricht nicht viel. Aber wenn er redet, sagt er nur kluge Dinge. Ein sehr spezieller Dirigent. Er weiß Sachen, die kein anderer überhaupt ahnt. Er verfügt über ein so profundes Wissen, besonders über italienische Opern. Wow! Ich glaube nicht an Gott, aber an Abbado. Er verfügt über eine gewisse Aura, das gewisse Etwas. Eine göttliche Präsenz, die während der gesamten Aufnahme-Sessions zu spüren war.

Was macht er denn so Besonderes? Wie führt er Sie zum Beispiel an die Desdemona heran?

ANNA NETREBKO: Er macht überhaupt nichts, er zeigt nur. Er dirigiert, er formt mit den Fingern, er fordert mit Gesten bestimmte Sachen von dir, die du dann intuitiv herausbringst. Abbado singt nie etwas vor, aber er drückt es mit Bewegungen aus, sodass ich es als Sängerin nachvollziehen kann. Als ob ich sein Medium wäre. Du schaust ihn an, du fühlst ihn – und dann singst du ihn.

Er hat auch ein famoses Orchester zu den Aufnahmen mitgebracht.

ANNA NETREBKO: Ja, sein Mahler Chamber Orchestra, das er vor ein paar Jahren gegründet hat. Lauter junge Leute. Die haben mich auf Händen getragen. Da ist richtige Sympathie entstanden. Viele Amerikaner und Europäer sind unter den Musikern, sogar eine Russin, ein paar Italiener, Deutsche, Dänen und Schweden.

Sprechen Sie mit den Russen dann auch Russisch?

ANNA NETREBKO: Wenn wir allein sind, unterhalten wir uns in unserer Muttersprache. Aber wenn andere dabei sind, möchte ich immer höflich sein. Arbeitssprache ist normalerweise Englisch. Während der Sessions gab es durchaus ruppige Momente mit Streit und Fetzereien. Sehr emotionale Menschen. Vollblutmusiker. Dann spricht jeder seine Sprache. Aber Abbado hat genau gewusst, wann er die Zügel straffen muss. Eine sehr intensive Erfahrung.

Hat sich auch ein privater Kontakt außerhalb des Studios ergeben?

ANNA NETREBKO: Natürlich. Wir haben in Italien, in Reggio Emilia aufgenommen. Die Stadt hat ein schönes kleines Theater und eine putzige Innenstadt. Jeden Abend sind wir gemeinsam ins selbe Restaurant gegangen. Und am letzten Abend habe ich alle eingeladen: *(Lacht)* Los Leute, bestellt, so viel ihr essen könnt. Eine tolle Party – wir haben gefuttert, getrunken und getanzt. Da war ich glücklich.

Sind Sie das denn nicht die meiste Zeit?
ANNA NETREBKO: *(Sehr nachdenklich)* Hm, wenigstens bemühe ich mich um ein glückliches Leben. Bis jetzt klappt das auch einigermaßen. Wenn du nicht mehr glücklich bist, musst du deine Situation ändern.

Warum zögerten Sie mit der Antwort ein paar Sekunden?
ANNA NETREBKO: Sehen Sie, ich müsste eigentlich sehr zufrieden sein. Ich habe alles, was ich brauche, was ich mir wünsche. Nur, manchmal fühle ich mich schrecklich leer. Aber das kommt nur vom ständigen Herumrennen. Wenn du dauernd reist, singst, dann gibst du viel von deinem Herzen, bekommst aber wenig zurück. Es fehlt die Gelegenheit, dein Herz wieder aufzuladen.
Zurzeit singe ich und habe in ruhigen Momenten das Gefühl, dass irgendwas falsch läuft. Dieser ganze Glitzerkram mit Fotos, Interviews, jubelndem Publikum macht Spaß. Aber das kann nicht alles sein.

Müssten Sie nicht einmal im Jahr eine längere Pause einlegen?
ANNA NETREBKO: Unmöglich, einfach unmöglich. Momentan befinde ich mich in einer sehr wichtigen Phase. Ich bin oben angekommen, und jetzt will ich dort auch bleiben. Mir reichen einzelne Erfahrungen, um wieder zu mir zurückzukommen. Die CD-Aufnahmen mit Claudio Abbado zum Beispiel oder bestimmte Auftritte mit tollen Kollegen.

Für wie vergänglich halten Sie Ihre Glückssträhne als Künstlerin?
ANNA NETREBKO: Der Mensch kann nicht immerzu sonnig drauf sein. Wenn du dich für dauerhaft glücklich hältst, bis du schlichtweg dumm. Nur Blödmänner denken, sie haben das Glück ständig auf ihrer Seite.

Haben Sie Angst abzustürzen?
Anna Netrebko: Keine Sorge. Ich werde nicht zu hoch hinausfliegen wie Ikarus und dann tief fallen. Das kann natürlich jedem Künstler passieren. Anders als viele Berufe ist so eine Sängerkarriere eine sehr fragile Angelegenheit. Man überreizt die Stimmbänder, hat einen Unfall oder so – und, flups, ist die Karriere mit einem Schlag vorbei. Oder du gibst dem Druck nach, singst zu viele schwierige Partien in zu kurzer Zeit, und die Stimme bekommt einen irreparablen Knacks.

Das wird mir nicht passieren. Ich habe ein gutes Gefühl für meinen Körper, für meine Grenzen. Ich weiß, dass ich einen sehr robusten Stimmapparat habe und einiges vertrage. Mein Management mutet mir genau so viel zu, wie ich vertrage. Bis jetzt läuft alles wunderbar. Toi, toi, toi. Das werde ich nicht aufs Spiel setzen.

VII. Akt Strategie Superdiva

Agenten, Impresarios, Analysten: Mit Anna Netrebko fasst der Geist der Wall Street auf dem Opernparkett Fuß. Wie Management und Unterhaltungsindustrie das Goldkehlchen vermarkten

Der Rubel rollt. Die Russin Anna Netrebko verkauft hunderttausende CDs, DVDs, Eintrittskarten, Opernabonnements. Ein kapitaler Traum für Intendanten, Konzertveranstalter, Produzenten und Agenten. Noch der Verschlafenste in dieser Branche hat inzwischen gemerkt: Mit Anna sind Millionen zu verdienen.

Weitgehend unbemerkt von der Öffentlichkeit wälzt ihr Erfolg den Musikmarkt tiefgreifender um, als es zunächst den Anschein hat: Mit dem Goldkehlchen hält die Philosophie der internationalen Finanzmärkte Einzug ins Theater. Nicht auf abstrakte Weise, sondern ganz real in der Person ihres Managers Jeffrey Vanderveen. Opern- statt Börsenparkett. Große Sangeskunst im Geist der Wall Street.

Zusammen mit Anna Netrebko betritt ein völlig neuer Typus von Agent die Welt der klassischen Musik. Vanderveen, geboren 1964, managt die Karriere der Russin seit ihren Anfängen in den USA im Jahr 1995. Zuvor war der smarte Dynamiker fünf Jahre lang für Sullivan & Cromwell in New York, später in Paris als Experte im Bereich Mergers & Acquisitions beschäftigt – dem geheimnisvollsten und gewinnträchtigsten Zweig im Geldgewerbe, wo große Firmenfusionen mit Milliardeneinsätzen organisiert und vollzogen werden. Im Jahr 2004 etwa hat Vanderveens früherer Arbeitgeber die Übernahme des Pharmaherstellers Aventis durch die Sanofi-Synthelabo vorbereitet. Ein knallhartes Geschäft, von dem die emotionale Welt der Arien und hohen Cs meilenweit entfernt scheint.

Den Star versteht ihr Macher im Hintergrund nicht mehr als singuläre Ausnahmekünstlerin, sondern als treibendes Element in einer Wertschöpfungskette, die er auf maximalen Gewinn auslegt. Von der Planung ihrer Tourneen bis hin zur anschließenden Vermarktung der Auftritte auf CDs und DVDs überlässt er nichts dem Zufall.

Manager Jeffrey Vanderveen hat zwar Musik am renommierten College in Oberlin, Ohio, studiert und liebt Gesang seit seinem 14. Lebensjahr. Seine prägende Schulung hat er allerdings am wichtigsten Finanzplatz der Welt erfahren. Da mag die Netrebko noch so häufig beteuern, sie sei nur am Singen interessiert, nicht an schnellen Dollars. Ihre Plattenfirma und die Opernchefs sind es umso mehr! Tatkräftig angeleitet vom alerten Vanderveen, über den seine Geschäftspartner am liebsten diskret schweigen.

Von Zahlen, Bilanzen, Risiken und Shareholder-Value hat der Kapitalfachmann Vanderveen jedoch nach aufreibenden Jahren an der Wall Street die Nase voll. Er bewirbt sich bei der renommierten New Yorker Künstleragentur Columbia Artists, der CAMI. Dort regiert seit Jahrzehnten der zentrale Machthaber und Strippenzieher im Operngeschäft, Ronald Wilford, in der Branche »Silberfuchs« genannt. Ein Phantom, von dem kaum Fotos existieren, dessen Wirken in Konzert- und Opernhäusern bei eisernen Vertragsverhandlungen aber umso präsenter ist. Gagengroßverdiener wie US-Dirigent James Levine, die argentinische Pianistin Martha Argerich oder die deutsche Geigerin Anne-Sophie Mutter haben zumindest die pekuniären Segnungen ihrer Karriere großteils dem alten Fuchs Wilford zu verdanken.

Neueinsteiger Vanderveen lernt unter Wilford das Business von der Pike auf. Heute sieht er die Zeiten dieser Macher vom alten Schlag dem Ende entgegengehen. »Ich gehöre zu einer ganz neuen Generation von Agenten«, reklamiert er für sich. »Die Alten haben sich immer als Impresarios aufgespielt, auf deren Fingerzeig hin Karrieren entstehen oder im Sand verlaufen. Aber das entspricht nicht mehr der Realität am Markt: Meine Generation schaut, was machbar ist, wen wir kennen, wer uns was ermöglichen kann. Und innerhalb dieser Möglichkeiten holen wir das Beste für unsere Künstler heraus.« Klingt bescheiden, erschließt aber bislang ungeahnte Horizonte.

Seit einigen Jahren sinkt Wilfords Stern. Heutzutage sind laut Vanderveen völlig neue Strategien gefragt. Schon weil die staatlichen Subventionen für Kulturinstitutionen in vielen Ländern wegbrechen. Da hilft es nicht mehr, den Besetzungsbüros der Bayerischen Staatsoper oder der Salzburger Festspiele möglichst hohe Abendgagen abzuknöpfen. Die Krise der Klassik eröffnet in Vanderveens Augen überhaupt erst marktwirtschaftliche Möglichkeiten jenseits des staatlichen Opernbetriebs. Er ist auf der Suche nach neuen Konzepten, mit denen im Netzwerk aus Musikbühnen, Medien, Platten- und Konsumgüterindustrie die ganz großen Summen zu verdienen sind. Die Einsätze steigen in diesem Geflecht zwar, dafür aber auch die Gewinnchancen. Und Vanderveen gilt als besonders findig im Verknüpfen dieses Netzes.

Nach fast zehn Jahren in Diensten der CAMI wechselt er Anfang 2004 mit Anna zur Konkurrenzagentur IMG World. Ein hübscher Aufstieg für den erfolgreichen Agenten, der beim neuen Unternehmen das Londoner Europa-Büro leitet. Rund 250 Opern- und Klassikkünstler stehen in diesem Office unter Vertrag, von denen Vanderveen die 16 wichtigsten persönlich betreut. Neben dem aufstrebenden Startenor Joseph Calleja aus Malta zählt die Netrebko als Nummer eins zu dieser Elite.

Oper ist gut, Pop ist besser. Vanderveens Strategie zielt darauf ab, die Sängerin mit dem seriösen Image der ernsten Musik auf dem Unterhaltungsmarkt zu positionieren. Dabei dient der Name

Maria Callas als Zauberformel, um das Pop-Publikum für die Klassik zu interessieren. Vanderveen umreißt seinen Plan: »Anna soll wie eine Diva im alten Stil wirken. Bis jetzt entspricht ihre Entwicklung ja genau der der Callas. Anna orientiert sich bei neuen Rollen daran, was die Callas im selben Alter als Nächstes gelernt hätte.« Wenngleich dies großer Unfug ist. Beispielsweise hat die Callas schon in jungen Jahren Wagner-Partien wie die Brünnhilde im »Ring« gesungen – was Frau Netrebko noch lange nicht schafft und auch für die Zukunft ausschließt. Andererseits hat die Callas niemals die Donna Anna versucht, die doch der Mozart-Spezialistin Netrebko so außerordentlich gut gelingt.

Aber Vanderveens Strategie zielt ja gar nicht auf eine echte Kopie der Callas ab. Der Schein bestimmt das Sein. Suggestiv soll vielmehr beim Publikum der Eindruck entstehen, Anna fülle die seit Callas' Tod vakante Leerstelle der Primadonna assoluta. Unmerklich, eher virtuell, unterhalb des kognitiven Radars der Musikfans. Denn wenn sie Vanderveens Callas-Trick erst durchschauen, ist er auch schon perdu. So oft die Russin also behauptet, sie unterscheide sich grundsätzlich von der legendären Heroine der Oper, die ganze Story, die sie als »neue Callas« verkauft, sei reine Medienerfindung – im Hintergrund forciert ihr Manager genau diesen Slogan.

Sich an den Mythos der Opernlegende zu hängen weckt beim Publikum mächtigere Erinnerungen und Assoziationen, als der Neuaufbau einer selbstständigen Künstlerpersönlichkeit jemals erzeugen könnte. Der Retro-Chic, der auf die 50er- und 60er-Jahre verweist, liegt seit Jahren voll im Trend. Ob Design, Mode, Film oder Musik – die Stärke dieser assoziativen Bilderwelten kalkuliert der in Popkultur ebenso wie im Marketing geschulte Vanderveen exakt ein. Da fehlte nur noch die passende Operndiva mit dem luxuriösen Charme dieser Epoche – so seine Idee.

Am liebsten würde der Manager das Leben der Callas mit dem der Netrebko auf der Kinoleinwand verschmelzen. »Mein großer

Traum ist ein Hollywood-Spielfilm über das Leben der Maria Callas. Mit Anna in der Hauptrolle und Jack Nicholson als Aristoteles Onassis. So in drei, vier Jahren wäre der beste Zeitpunkt. Dann ist Nicholson genau im richtigen Alter. Das wär's doch!«

Dummerweise hat gerade Film- und Opernaltmeister Franco Zeffirelli einen ähnlichen Traum mit völlig anderer Besetzung verwirklicht. Im Herbst 2004 kam seine Hommage »Callas Forever« in die Kinos – mit der französischen Schauspielerin Fanny Ardant in der Hauptrolle. In den 50er- und 60er-Jahren hatte der Italiener von »Tosca« bis »Norma« zahlreiche Opern mit seinem Idol in der Titelpartie inszeniert. Sein Film über die zum Denkmal erstarrte Diva scheitert allerdings an der Kinokasse dieser Tage kolossal.

Vanderveen lässt sich in seinen Plänen jedoch nicht verunsichern. Fürs Erste hat er seiner Neo-Callas eine kleine Nebenrolle im Disney-Film »Plötzlich Prinzessin 2« besorgt. In dem Teeniestreifen spielt sie auf einer Party zu Harfenbegleitung sich selbst und trägt Ausschnitte aus ihrer ersten CD »Opera Arias« vor. Wenn schon nicht in der Rolle der Opernkönigin, so muss einstweilen die Nähe zu Königstöchtern im Popcorn-Genre ausreichen. »Diesen Film kann man wahrscheinlich nur unter Schmerzen anschauen, weil er für zwölfjährige Barbie-Mädchen gemacht ist«, erklärt Vanderveen trocken. »Aber Anna hatte ihren Spaß daran. Und vielleicht ist es ja der erste Schritt in Richtung Traumfabrik.«

Vorerst muss er ihre traumhaft gestartete Karriere auf der Opernbühne festigen und ausbauen. Dabei denkt der Finanzexperte in Fünfjahres-Schritten. Systematisch will er bis circa 2010 Annas Repertoire erweitern, sie nach und nach mit allen hohen, dramatischen Rollen aus dem Belcanto-Bereich in die Arenen der Welt schicken. Stets orientiert am Werdegang des Vorbildes Callas. Eine Karriere in Schablonen, die seine Klientin noch mit eigenem

Leben füllen muss. Kein Wunder, dass sie gelegentlich in Interviews gegen dieses aufgesetzte Image rebelliert. Ihr Manager bleibt bei seiner Planwirtschaft. »Wenn sie dann älter wird, kann ihre Stimme langsam etwas tiefer werden. Das ist die natürliche Entwicklung. Dann singt sie die älteren Tragödinnen«, erklärt er.

Derzeit nimmt er nur Angebote bis zum Jahr 2008 an. Im Moment schreibt er ihr bis zu sechzig Auftritte pro Jahr in den Terminkalender, bei denen sie sich erstaunlich wenige Ausfälle erlaubt. Sein Schützling ist robust genug, um das Fünfjahres-Soll zu erfüllen. Bisher. In Zukunft sollen es weniger Opernauftritte sein, dafür mehr Arienkonzerte und Liederabende. »Vom Zeitplan her ist das besser zu handhaben und für Anna kräftemäßig leichter zu bewältigen«, meint Vanderveen. In seiner Idealvorstellung tritt Anna künftig bei fünf großen Opernproduktionen im Jahr auf. Ansonsten konzentriert sie sich auf Konzerte.

Die musikalische Landkarte teilt Annas Agent in »Musik-Hauptstädte« ein, von denen aus er seine Top-Frau aufbaut. Ziel: maximale Breitenwirkung. In den USA zählen für ihn New York mit der Metropolitan Opera und dem Konzerthaus Carnegie Hall sowie Los Angeles mit der neuen Disney Concerthall und der Oper dazu. Diese Städte verfügen über eine ausreichend hohe Mediendichte, die das Image der Sängerin transportieren soll. »In den Staaten tun wir uns schwer«, berichtet der Amerikaner. »Du bewegst dich immer in regionalen Märkten. Es gibt keine national verbreitete Tageszeitung.«

In Europa hat er London im Fokus, im deutschsprachigen Raum speziell München, Salzburg, Wien. Genau in dieser Rangfolge. »Deutschland ist unser größter Markt, und München ist hier am wichtigsten. Dort steht das größte deutsche Opernhaus, an der Bayerischen Staatsoper hat Anna ihr größtes Publikum.« Die Salzburger Festspiele und die Wiener Staatsoper rangieren als prestigeträchtige Auftraggeber gleich dahinter.

In diesen Städten gewährt Vanderveen zentrale Engagements. »In Zagreb oder Straßburg würde Anna nie auftreten«, sagt er. Dies liegt nicht nur an der geographischen Randlage dieser Orte, sondern auch an der Zahlungskraft ihrer Theater. Denn Madame Annas Abendgagen zwischen 15 000 und 20 000 Euro haben die Tendenz zu steigen. Da hält nur die obere Liga der Intendanten in hoch subventionierten Spitzenhäusern mit. Schließlich muss die IMG-Vorzeigefrau neben den Live-Auftritten noch einen prall gefüllten Kalender mit PR-, Interview- und Studioterminen einhalten.

Mit der Modemarke Escada und dem Uhrenhersteller Rolex fädelt Vanderveen einträgliche Kooperationen ein. In Textilien der edlen Damenschneiderei tritt sie regelmäßig auf. Für die Schweizer Luxus-Chronometer wirbt sie wie viele andere prominente Opernsängerinnen, etwa die Italienerin Cecilia Bartoli oder die Amerikanerin Renée Fleming. Vor allem aber hat Vanderveen der Netrebko einen lukrativen Vertrag mit der Plattenfirma Deutsche Grammophon ausgehandelt – zu im Klassikbereich weltweit einzigartigen Bedingungen. Bis 2007 wird Anna beim gelben Label fünf CDs herausbringen, nach den beiden ersten Arien-Samplern »Opera Arias« (2003) und »Sempre Libera« (2004) folgt im Herbst 2005 ein Mozart-Album. Mühelos haben die ersten beiden die Pop-Charts erreicht. Zudem wird die Diva jedes Jahr in Zusammenarbeit mit der Universal, dem Mutterkonzern der Deutschen Grammophon, eine Opern-DVD veröffentlichen.

Die erste Videoproduktion »The Woman, The Voice« (2003) erreichte ebenso spielend wie ihre CDs die Popcharts. Unter den meistverkauften Klassiktonträgern des Jahres 2004 belegen die beiden Audio- und der Videotitel die Ränge eins, zwei und sechs. Als nächste DVD folgt im Weihnachtsgeschäft 2005 die Gesamtaufzeichnung der Salzburger Festspielinszenierung von Verdis »La Traviata« aus dem Sommer 2005 in der Regie von Willy Decker. Mit dieser Produktion testet Vanderveen zum ersten Mal sein Vernetzungskonzept. »Die Zukunft liegt in kombinierten Events, die wir selbst als Pakete anbieten. Wir bringen unsere besten Künstler zusammen, suchen ein passendes Orchester und bieten dieses ›Package‹ potenten Veranstaltern an«, erklärt er. Top-Besetzungen, die er dank seiner exklusiv aufgestellten Agentur ermöglicht, können erfolgshungrige Konzertmacher kaum ausschlagen, kalkuliert er.

Hinter diesem Vorhaben kündigt sich ein Machtkampf zwischen dem Agenten und den Besetzungsbüros um Einfluss auf die Spielpläne an. Wer bestimmt künftig, wen oder was das Publikum zu sehen bekommt – die Opernhäuser selbst oder die Anwälte der Künstler? Vanderveen fühlt sich dabei in komfortabler Position. Schließlich ist er das Zentrum seines eigenen Netzwerks, das die Musikbühnen nur als komplementäre Partner benötigt: »Die kommen für die Gagen auf. Dann holen wir Rundfunk und Fernsehen dazu, die produzieren und bezahlen die Aufnahme. Und diese Audio- und Videoprodukte vermarkten wir als Zweitverwertung dann wieder an die Tonträgerindustrie.«

Im Fall der Salzburger »La Traviata« setzt er dies in Ansätzen bereits um. Über Subventionen für das Edelfestival hat der österreichische Steuerzahler somit Vanderveens Spitzenbesetzung finanziert. Der aus Gebühren alimentierte Sender ORF und möglicherweise auch der deutsch-französische Kulturkanal Arte übertragen die Aufführung. Aus dem TV-Material kann dann die Universal ihre DVD schneiden. Vanderveen liefert für viel Geld die personelle Ausstattung und kassiert an mehreren Stellen des Prozesses. Von derart perfekten Wertschöpfungsketten können die Vorstände integrierter Medienkonzerne wie Universal normalerweise nur träumen. »Von Koproduktionen profitieren doch alle: Universal, Festspiele, Fernsehen«, argumentiert unterdessen der Netrebko-Macher. »Das wird die zentrale Opernproduktion 2005.«

Über solche findigen Konzepte hinaus zeichnet Vanderveen natürlich auch verantwortlich für Annas Finanzmanagement.

Konten hat er in mehreren Ländern für sie eingerichtet. Die meisten Gagen erhalte die Sopranistin cash auf die Hand – wie im Opern-Business allgemein üblich. Große Stars, die ihr Honorar bar in der Plastiktüte nach Hause schleppen, sind in dieser Branche keine Seltenheit. In diesem Metier gab es schon mehrere Steuerhinterziehungsprozesse, die ein grelles Licht auf die Finanzpraktiken in diesem Geschäft werfen.

Mit so etwas will Vanderveen nichts zu tun haben. Er betont, dass seinem Schützling nicht viel von diesen Bargeldern übrig bleibt. »Aber ich rate ihr immer: Du musst sparen, clever anlegen.« Am Ende müsse so viel Geld da sein, dass sie den Beruf an den Nagel hängen kann, wann immer sie will. »Das würde sie nie tun, dazu ist sie zu sehr Opernkünstlerin. Aber sie leidet sehr unter dem Zirkus, dem Gezerre, der Hysterie. Das laugt sie aus.« Geld sieht die Sängerin als beruhigendes Kissen für Krisenzeiten. Nach der ersten Euphorie über ihren Erfolg verjubelt sie ihre Einnahmen inzwischen etwas zurückhaltender in Boutiquen und Kneipen. Zur Vermehrung der Barschaft setzt Vanderveen sein Investment-Talent ein, das er seit seinen Wall-Street-Tagen nicht verloren hat: »Bis jetzt ist das ganz gut gelaufen«, grinst er zufrieden.

Damit der Rubel für die Russin auch weiterhin rollt, weitet Vanderveen derweil ihr Portfolio aus. Opernbühnen bringen zwar Renommee und Gagen. Wenn die Sängerin mit dem klassischen Diven-Image aber Verkaufsdimensionen wie die Popköniginnen Madonna oder Jennifer Lopez erreichen will, muss sie zwangsläufig deren Auftrittsformen imitieren. Deshalb startet ihr Manager im Spätsommer 2004 einen ambitionierten Versuch: Ihre erste Darbietung in Berlin absolviert sie nicht etwa in einem der drei Opernhäuser der Hauptstadt. Für sein Edelgeschöpf sind ihm diese Bühnen zu schäbig. Kein Glanz, kein Glamour. »Die Produktionen der Staatsoper Unter den Linden sind bestenfalls zweitrangig. Von den beiden anderen Häusern brauchen wir gar nicht zu reden. Außerdem hat das moderne Regietheater dort viel zu großen Einfluss. Bei diesem ›Euro-Trash‹ würde Anna nie mitmachen«, sagt ihr Manager.

Deshalb singt sie mit dem Startenor Marcelo Álvarez ein italienisches Arien-Openair auf der Waldbühne am Berliner Olympiastadion. Ein guter Ort für ihren Start im Nordosten Deutschlands, wo sie bis dahin noch nie auftrat. In der Freiluftarena geben sonst nur Popstars wie Robbie Williams Konzerte. Für die Netrebko genau die richtige Bühne, um den nächsten Schritt zur populären Opernheldin zu vollziehen. Im Vergleich zur Bayerischen Staatsoper oder gar den Salzburger Festspielen sind die Karten für diesen Event günstig: bis zu 78 Euro. Dafür fasst die Waldbühne aber 20 000 Zuhörer – zehnmal so viele wie die Oper in München. Diejenigen, die es dennoch exklusiv wünschen, können VIP-Karten zu 199 Euro erstehen, inklusive Aftershow-Einladung ins Hotel »InterContinental«. Letztendlich kommen am 28. August 2004 insgesamt 15 000 Besucher zu ihrem Konzert.

Veranstaltet hat den Versuchsabend der Berliner Musikmogul Peter Schwenkow. Mit seiner börsennotierten Deutschen Entertainment AG (DEAG) organisiert der Mann sonst eigentlich Großveranstaltungen wie die Tourneen der Rolling Stones. Ein einziger Auftritt des aufstrebenden Sterns am Klassikhimmel ist ihm glatt 45 000 Euro Honorar wert. Reines Risikokapital für den zukunftsorientiert denkenden Musikindustriellen. Da er auch bei Thomas Gottschalks TV-Sendung »Wetten, dass ...?« mitmischt, kann er das Netrebko-Konzert zudem im ZDF unterbringen. Als ZDF-Ausstrahlung »Sommernachtsmusik«, moderiert von Nina Ruge, erreicht es satte 1,5 Millionen Fernsehzuschauer. Schwenkow spielt seine Kosten schon mit 10 500 Besuchern in der Arena wieder ein. Kurz vor Weihnachten 2004 ist die Sängerin schließlich bei »Wetten, dass ...?« live als Gast dabei – vor 14 Millionen Fernsehzuschauern.

Beflügelt vom Erfolg plant der Konzertveranstalter inzwischen Netrebko-Tourneen im großen Stil. In den gegenwärtigen Trends im Live-Geschäft sieht er große Potenziale für die Künstlerin: »Die 80er-Jahre haben die Proletarisierung der Klassik gebracht. In den 90ern haben die Drei Tenöre als einziger Klassik-Act breite Publikumsschichten in die Stadien geholt. Das jetzige Jahrzehnt hat die Chance, die Single-Stars der Oper ganz nach vorne zu bringen.«

Opernpuristen mag sich bei solchen Prophezeiungen jedes einzelne Haar sträuben. Der DEAG-Vorstandsvorsitzende pflegt jedoch ein untrügliches Gespür für rentable Ideen. »Die Netrebko hat Starqualitäten und noch dazu die Bereitschaft, mit den neuen Vermarktungsmethoden zu experimentieren, die sich heute bieten.« Zu ihrem Manager Vanderveen wahrt er jedoch sichere Distanz. Über den Herrn aus London möchte er kein Wort verlieren. »Der Mann ist zu wichtig – der große Mister X in diesem Bereich«, orakelt Schwenkow.

Umgekehrt traut das Phantom der Oper, Jeffrey Vanderveen, seinem Gegenüber ebenso wenig über den Weg: »Für meinen Geschmack forciert Schwenkow diese Openairs zu sehr.« Wer von beiden nun machthungriger agiert, lässt sich schwer entscheiden. Offensichtlich ist, dass hier zwei Brüder im Geiste um die Vorherrschaft im gemeinsamen Projekt ringen.

Hinter Schwenkows Wort von den »neuen Vermarktungsmethoden« tut sich bislang Unerhörtes für die Oper auf. »Die Waldbühne ist als Beginn einer ganzen Serie von Openairs geplant«, gewährt er Einblick in seine Planung. Pro Jahr sollen ab Sommer 2005 bundesweit vier Freiluftkonzerte der Sopranistin über die Bühne gehen sowie weitere vier bis sieben Großveranstaltungen in der Halle. Die DEAG beabsichtigt nach weiteren Konzerten in Hamburg und Leipzig für 2005 neue Auftritte auf dem Münchner Königsplatz, in Köln und Frankfurt am Main.

Für den Kartenhandel strebt Innovator Schwenkow ein »ganzheitliches Verkaufskonzept« an, wie er es schon bei den Top-Tourneen von Rock-Giganten praktiziert. Dahinter steckt die kalkulierte Hysterie der Fans, die der Veranstalter durch künstliche Verknappung der Tickets erzeugt. Schwenkow geht ins Detail: »Erst verkaufen wir die Karten in München. Angenommen, die sind innerhalb einer Stunde ausverkauft, steht das anderntags in allen Zeitungen. Und mit dieser Nachricht in der Hinterhand gehen wir dann gleich in Frankfurt in die Läden.« Grassiert das Anna-Fieber an einem Ort bereits, breitet es sich auf diese Weise sofort auf andere aus.

All dies freilich funktioniert bislang nur in Schwenkows Phantasie. Ob Opernliebhaber wirklich nächtelang um Karten anstehen wie Popfans, ob sie später bereit sind, in der Online-Börse eBay astronomische Schwarzmarktpreise zu berappen, ist die Frage. Auch bleibt abzuwarten, ob dieses Gebaren nicht irgendwann dem zu Markte getragenen Objekt Anna Netrebko schadet.

Indizien für den Erfolg dieser Strategie mehren sich freilich. So hat das Festspielhaus Baden-Baden die Karten für ein Konzert im November 2005 bereits im Spätherbst 2004 restlos ausverkauft – innerhalb von nur zwei Tagen! Der Intendant des Hauses, Andreas Mölich-Zebhauser, frohlockt: »So einen Hype habe ich noch nie erlebt! Die Netrebko wird mal größer als die Drei Tenöre es je waren. Da bin ich mir ganz sicher.«

Der Sommer 2005 wird erweisen, ob Annas Manager Vanderveen tatsächlich jener Marketing-Zauberer ist, für den sie ihn hält. Fast liebevoll nennt sie ihn »meinen Harry Potter«. Der Wechsel zusammen mit Vanderveen von der CAMI zur IMG hat ihr bislang nur Vorteile verschafft. Auch wenn diesem Fahnenwechsel eine Weile lang der Hauch des Halblegalen anhing. Eigentlich ist es im internationalen Agenturgeschäft unüblich, wenn nicht gar unzulässig, dass ein Manager beim Jobwechsel seine wichtigste Künstlerin gleich mitnimmt. Aber offensichtlich erlaubte die Vertragslage dies.

Offiziell firmierte Vanderveen zunächst nicht als Netrebkos zuständiger IMG-Agent. Diesen Part übernimmt nach außen vorübergehend ein Londoner Kollege. Schon nach einem halben Jahr im Dienste seines neuen Arbeitgebers lässt Manager Jeffrey Vanderveen jedoch alle Vorsicht fahren. In E-Mails beantwortet der damalige »Director Designate« der IMG World geschäftliche Anfragen: »I will make all decisions concerning Anna Netrebko – ich treffe alle Entscheidungen.«

VIII. Akt
Sex, Drogen & Bausparvertrag

Anna privat: Escada und Eskapaden – die Star-Sängerin feiert wild und shoppt exzessiv. Tief in der Party-Queen aber schlummern bürgerliche Träume: Eigentumswohnung und Ehe

Für Wohlstandsdepressionen von Popstars halten Psychologen eine Diagnose parat: das »Paradiessyndrom«. Zu schneller Erfolg, gepaart mit wildem Lebensstil, verursacht offenbar eine Art Schleudertrauma. Rocker Robbie Williams hat angeblich damit zu kämpfen, ebenso die millionenschweren Hotel-Erbinnen Paris und Nicky Hilton oder Fußballergattin Victoria Beckham. Menschen, die scheinbar alles haben – Ruhm, Reichtum, Sex, schöne Villen, schnelle Autos – und dennoch todunglücklich sind.

In ihrer eigenen Wahrnehmung decken sich öffentliche Beachtung und tatsächliche Leistung nicht mehr. So geraten sie in einen Teufelskreis: Je berühmter sie werden, desto mehr hadern sie mit Selbstzweifeln und Niedergeschlagenheit. Je exzessiver sie ihre Haut zu Markte tragen, umso stärker zeigen sie Fluchtreflexe. Sänger Williams füllt die innere Leere mit Drogen und Alkohol. Die Hilton-Mädels und das frühere Spice Girl ziehen bis zum Umfallen durch die Boutiquen.

Was es bedeutet, berühmt, begehrt und trotzdem unzufrieden zu sein, weiß auch Anna Netrebko. Von zu vielen Reisen, damit einhergehender Vereinsamung und Sinnentlehrung kann auch die Überfliegerin des Operngewerbes ihre Arie singen. Die Folgen bekämpft sie mit Shopping und wilden Partys. Escada und Eskapaden. Auf diese Weise kompensiert sie auch, dass ihr disziplinierter Karriereaufbau einer ausgeglichenen Lebensführung lange im Wege stand. Ein Burnout zeichnet sich ab.

»Anna ausgelaugt: Termine abgesagt«, melden die Gazetten im Juli 2004. Das fürs Verbier-Festival angekündigte Duett mit ihrem Lebensgefährten Simone Alberghini bläst sie kurzfristig ab. »Wegen Krankheit«, wie sie mitteilt – entgegen Gerüchten, sie habe sich vom Freund getrennt. Zwar hält sich die Zahl ihrer Konzertausfälle in Grenzen. Anders als ihr Vorbild Maria Callas bemüht sie sich geflissentlich, alle Verpflichtungen einzuhalten. Doch ihr straffer Terminplan fordert seinen Tribut. Foto-Shooting für die Modezeitschrift »Vogue« hier, Pressekonferenzen dort. CD-Präsentation, Interviews, Signierstunden im Sommer, Konzerte in Leipzig, Hamburg, München im Winter – Anna gelangt an ihre Grenzen.

Überwältigt vom Erfolg hat sie noch vor kurzem keine Feier und keinen Empfang ausgelassen. Doch die zunehmende Vereinnahmung durch den Beruf erreicht beim neuen Opernstern einen bedrohlichen Sättigungsgrad. Anna, die als gut gelaunte, unkomplizierte, stets offenherzige Partyfrau herumgereicht wird, verhält sich zunehmend scheu und misstrauisch.

Bei ihrem Salzburger Comeback mit der Mariinskij-Truppe im August 2004 wird der Sinneswandel sichtbar. Den Hintereingang der Felsenreitschule vor dem Prokofjew-Konzert, das um 18.30 Uhr beginnt, belagern schon Stunden davor Autogrammjäger. Um unbehelligt zu ihrer Einsatzstätte zu gelangen, bleibt Anna nichts anderes übrig, als noch früher im Taxi vorzufahren. Am frühen Nachmittag steigt sie im weißen Sommerröckchen, rosa Stöckelschuhen und ärmellosen schwarzen Top aus der Droschke und will flink zum Eingang huschen. Doch selbst mit diesem Manöver entkommt sie nicht. Ein älterer Herr im grün karierten Sakko hat sich rechtzeitig auf die Lauer gelegt.

Eine absurd unkommunikative Situation ist zu beobachten: Wortlos hält ihr der Mann das Cover ihrer CD »Sempre Libera«

vor die Nase. Anna will ausweichen, stumm verstellt ihr der Herr den Weg und drückt ihr einen Filzstift in die Hand. Mit fahrigem Blick sucht die Netrebko die Umgebung ab, ob noch mehr Menschen auf sie warten. Schnell signiert sie die Hülle und hastet weiter. Kein einziges Wort ist zwischen den beiden gefallen. Erst viel später kommt der Rest der Mariinskij-Mannschaft gemeinsam im Bus angefahren. Inzwischen stehen Dutzende Fans herum. Doch selbst den bekannten Bariton Dmitri Hvorostovsky spricht niemand an. Alle warten nur auf den Star des russischen Ensembles, Anna Netrebko. Zu spät.

Da die Sängerin eigentlich zu den geselligen Menschen zählt, schlägt ihr diese Abkapselung nur umso schwerer aufs Gemüt. Zwei Jahre lang hat ihr die Pose des umschwärmten Publikum-Darlings gefallen, jetzt werden ihr die Begehrlichkeiten offensichtlich langsam lästig. Noch im Frühjahr 2004 tigert sie bei ihrem München-Gastspiel von Gala zu Preisverleihung, von Party zu Party. Ihr Image als wilder Star mit Faible für Wodka und Striptease kommt auf.

Nach der Premiere von »La Traviata« wird sie den Besuchern eines Wohltätigkeitsballs zugunsten herzkranker Kinder als Stargast vorgeführt. Unter den spendenfreudigen Promis finden sich die üblichen Verdächtigen der Isar-Society: Schauspielerin Uschi Glas, »First Lady« Karin Stoiber, Medien-Zar Josef von Ferenczy, Prinz Leopold und Prinzessin Uschi von Bayern, Modemacherin Gabriele Strehle, Hypo-Vereinsbank-Chef Albrecht Schmidt, Verleger Florian Langenscheidt, Gabriele Quandt aus der Familie der BMW-Erben, FC-Bayern-Vize Karl-Heinz Rummenigge, Charlotte Knobloch vom Zentralrat der Juden. Die Losung des Abends gibt der angereiste Jenoptik-Chef Lothar Späth aus: »Für eine Sängerin solchen Kalibers ist es gefährlich, auch noch gut auszusehen. Weil dann alle nur noch über ihre Schönheit reden.« Die Münchner Bussi-Gesellschaft tut dies ausgiebig.

Anna jedoch reagiert gereizt auf die drängenden Kamerateams und Pressefotografen. Worin denn das Geheimnis ihrer Stimme bestehe, fragt eine TV-Reporterin. »Keine Ahnung. Fragen Sie die Zuhörer«, faucht die Vokalistin zurück.

Wenige Tage später ist ihr der Überdruss am Gehabe der Isar-Prominenz bereits anzumerken. Auf dem Sternefest der »Abendzeitung« kippt sie sich ordentlich Rotwein in die Kehle. Um sie drängen sich ältere Männer. Mit Regisseur und Intendant Dieter Dorn posiert sie für die Fotografin. An ihrem Tisch sitzen der bayrische Minister für Kunst, Thomas Goppel, und mal wieder der bekennende Netrebkist Stephan Braunfels. Beschwipst berichtet sie den Kerlen, sie beherrsche sogar drei Wörter auf Deutsch. Oh, frohlockt die Tischrunde, welche? Mit herbem Akzent artikuliert die Russin: »Junge – Küssen – Schwanz!« Selbst dem Geschwätzigsten in der Herrenrunde verschlägt es in diesem Moment die Sprache. Solche Schockmomente genießt die Diva indes in vollen Zügen.

Bis heute bestreitet die Netrebko diese Szene. Sicher ist aber, dass Baumeister Braunfels sie noch am selben Abend so lange bequatscht, bis seine Tischdame zu einer Privatführung durch die jüngst eingeweihte Pinakothek der Moderne einwilligt. Bedingung: keine Presse. So »diskret« läuft diese Besichtigung ab, dass der Museumserbauer sogleich im Anschluss einen exklusiven Bericht für die »Abendzeitung« anfertigt. Glaubt man Braunfels, war die Netrebko voll der Bewunderung für Braunfels. Ob Ironie im Spiel war, bleibt unklar, als sie ihn mehrfach fragt: »Wie kann man sich so ein Gebäude ausdenken?«

Damit macht sich der Architekt zum Gespött der ganzen Stadt. In einer Glosse witzelt die »Süddeutsche Zeitung«: »Seine notorische Bescheidenheit muss ihm verwehrt haben, die Frage wahrheitsgemäß zu beantworten. Wir hören ihn förmlich stammeln: Keine Ahnung, ist doch nicht der Rede wert. Die paar Steine, das baut sich doch von selbst.« Die Netrebko festigt ihren Ruf, gestandenen Männern en passant den Kopf zu verdrehen.

Dummerweise lockert ihr der Wein auf dem Fest der Boulevardzeitung derart die Zunge, dass sie von einem kleinen Ausflug ins Münchner Nachtleben schwadroniert und einer Journalistin offenbart, sie habe kein geeignetes Striptease-Lokal zum Feiern gefunden. Das Blatt verwertet diese Steilvorlage umgehend in einer Schlagzeile: Die Netrebko finde München langweilig! Und die Sängerin muss sich mit teils beleidigten, teils belustigten Lesern herumschlagen. Ex-Playmate Gitta Saxx bietet öffentlich an, mit ihr durch die Szene zu ziehen. Bayern-Kabarettist und Fernsehkommissar Ottfried Fischer befindet, München habe »so was New-Yorkisches« wie Nacktbars gar nicht nötig.

Wie kam es eigentlich zu Ihrem Münchner Striptease-Skandal?
Anna Netrebko: Die Leute von der »Abendzeitung« haben mich in dieses Spiegelzelt eingeladen. Zuerst fand ich das nett. Aber die Reporterin ist den ganzen Abend neben mir hergelaufen und hat alles aufgeschrieben, was ich gesagt habe. Daraus haben Sie dann eine Geschichte gestrickt: Anna findet das Nightlife in München mies. Dabei habe ich nur Wein getrunken, mit allen gequatscht und gelacht. Das sollte ein Witz von mir sein. Aber die haben das auf die Titelseite gehoben, und am nächsten Tag hatte ich den Ärger.
Aber wie haben Sie es denn nun wirklich gemeint?
Anna Netrebko: München ist nicht langweilig. Das ist eine sehr schöne Stadt. Nur: Wir hatten am Abend vorher eben versucht, einen Striptease-Club zu finden. Mein Freund Simone, mein Manager Jeffrey und ich. In Russland gehören solche Schuppen zum Nachtleben. In Wien nach dem Opernball haben wir auch problemlos so ein Ding gefunden. Aber der Taxifahrer in München kannte keinen. So was existiert dort einfach nicht.

Kann ich nicht ganz glauben ...
ANNA NETREBKO: Nein, nein, nein. Das gibt's dort einfach nicht. Haben wir genau recherchiert.
Mit ein wenig Phantasie sollte sich so was auch in München aufstöbern lassen.
ANNA NETREBKO: Ja, vielleicht so schmierige Läden. Aber keine eleganten, coolen Strip-Clubs. Wir wollten ja in kein Bordell gehen, sondern nur in eine Bar, wo es Drinks gibt und ein paar Mädchen die Klamotten fallen lassen. Daheim in St. Petersburg gibt es das überall.
Woher stammt Ihre Faszination für Nacktbars?
ANNA NETREBKO: *(Irritiert)* Warum fragen Sie das?
In vielen Ihrer Interviews kommen Sie darauf zu sprechen. Sogar im »Christian Science Monitor«, immerhin so eine Art Kirchenzeitung.
ANNA NETREBKO: *(Kichert)* Aber ich mache doch nur Spaß.
Sehen Sie eine Ähnlichkeit zwischen der Opernbühne und einer Strip-Bühne?
ANNA NETREBKO: Also, ich bin jetzt mal sehr offen. Wenn ich nachts träume, sehe ich mich manchmal auf der Bühne singen. Dann bin ich fast immer nackt. In meinen Träumen singe ich nackt. Manchmal fehlt mir auch das Herz – dann sehe ich eine große klaffende Wunde hier oben an meiner Brust.
Wie erklären Sie sich diesen Traum?
ANNA NETREBKO: Angst, pure Angst. Oft, wenn wir Sänger uns zu einer Probe oder einem Auftritt treffen, sind wir schlecht vorbereitet. Dann kommt diese existenzielle Furcht zu versagen. Vielleicht rührt dieser Traum daher.
Anfangs hat mich dieser Albtraum sehr befremdet. Aber ich habe Kollegen gefragt, und viele haben mir dasselbe erzählt. Wenn sie träumen, stehen sie splitterfasernackt auf der Bühne. Da sitzt etwas unterhalb des Gehirns, das pure Angst ausstrahlt. Du entblößt dich als Opernsängerin auf der Bühne normalerweise völlig. Aber du brauchst Schutz.

Haben Sie je einen Psychologen deshalb konsultiert?
ANNA NETREBKO: Nein, so ernst ist es nicht. Auch wenn ich weiß, dass alle Träume nach Sigmund Freud eine Bedeutung haben. Das ist nicht einfach nur Kino im Kopf, sondern jedes Bild symbolisiert etwas. Aber vorerst beruhigt mich, dass viele Kollegen diesen Traum kennen. Das ist die natürliche Angst zu versagen.
Wie verarbeiten Sie diese verschärfte Form des Lampenfiebers?
ANNA NETREBKO: Dagegen kannst du nichts machen. Es kommt und vergeht auch wieder. Auch wenn mir das Publikum manchmal wie ein wildes Tier erscheint, darf ich mich nicht allzu sehr einschüchtern lassen. Man muss das mal von der anderen Seite sehen. Wenn ich auf der Bühne ein paar Töne nicht treffe – dann ist das doch mitunter auch gute Unterhaltung für die Leute. Dann können sie erzählen: Ich habe die Netrebko beim Versagen erlebt. Ist doch auch nicht schlecht. Also: Immer locker bleiben! Stark bleiben! Absolut.
Arbeiten Sie mit speziellen Konzentrationstechniken?
ANNA NETREBKO: Hm, schwer zu sagen. Du musst einfach immer entspannt sein, dann ist es eher unwahrscheinlich, dass du abstürzt.
Aber die Party in München war ansonsten nicht gerade fürchterlich?
ANNA NETREBKO: Nein, kein bisschen. Ich saß mit dem Minister und diesem Architekten am Tisch. Er hat mich dann auch sofort eingeladen, mit ihm die Pinakothek der Moderne zu besuchen. Ich habe ihm versprochen, dass ich mitkomme, solange keine Reporter anwesend sind. Ist toll dort! Ich habe ihm auch versichert: Ehrlich, das Haus ist schöner als die Kunst dort.
Wasser auf seine Mühlen – das behauptet Braunfels jedenfalls seit der Eröffnung des Gebäudes.
ANNA NETREBKO: Ja, ja, er hat die ganze Zeit betont, wie schrecklich er die ganzen Kunstwerke im Bau findet. Vor allem diese knallbunte Riesengirlande an der großen Säule im Eingangsbereich. Da habe ich einfach geschwiegen, denn die ist nun wirk-

lich wunderschön. Ein bisschen schräg vielleicht, aber für meinen Geschmack fügt sie sich toll in diese abstrakten Formen der Architektur ein, diese atemberaubend fliehenden Perspektiven.
In manchen Punkten hat er ja Recht. Da gibt es so eine Art Amphitheater, in dem ein paar Stühle herumstehen. Das sollte der Museumsdirektor ändern. Aber grundsätzlich gehört schließlich Kunst in ein Museum, sonst ist es doch sinnlos. Da regt sich dieser Architekt ein bisschen zu sehr auf.

Haben Sie ein Faible für Kunst?

ANNA NETREBKO: O ja. Am nächsten Tag bin ich gleich noch in die Alte Pinakothek gegenüber gegangen. Ganz allein. In die alten Meister habe ich mich vom Fleck weg verliebt. Rubens mag ich nicht so gerne – die ganzen Frauen sind mir zu fett und zu feist. Aber Albrecht Dürer gefällt mir. Die Gesichter, die Farben, die exakt gearbeiteten Details.

Interessiert Sie Architektur genauso?

ANNA NETREBKO: Moderne Gebäude besuche ich für mein Leben gerne. Als ich am Royal Opera House in London gesungen habe, hat mich ein Mitarbeiter des Star-Architekten Sir Norman Foster zu einer Besichtigung dieses atemberaubenden neuen Hauptquartiers der Schweizer Rückversicherung mitgenommen.
Vom Dach des Opernhauses am Covent Garden sieht man dieses riesige Glasei am Horizont emporwachsen. Aber wenn man näher kommt, ist es gar kein Ei, sondern eher wie zwei gebogene Linsen, die aneinander lehnen. Wunderschön. Mir imponieren Hochhäuser, die im Inneren so luftig sind, dass man durchatmen kann.

Nicht umsonst entwerfen viele Baumeister gerne Theater und Opernhäuser. Hat sich der Architekt Braunfels nicht handfest in Sie verliebt?

ANNA NETREBKO: *(Kichert)* Ach, der ist ein Süßer.

Hat er in einer Zeitung nicht sogar einen Liebesbrief an Sie veröffentlicht?

ANNA NETREBKO: Finde ich nett. Mein Manager hat mir davon erzählt. Aber das passiert oft. Manchmal bekomme ich schriftliche

Heiratsanträge von Männern, die ich gar nicht kenne. Das finde ich schmeichelhaft.
Aber wissen Sie, die verlieben sich gar nicht in mich, sondern nur in die Bühnenfigur Netrebko. Das ist so oberflächlich, wie wenn ich mich in einen Kollegen verknalle. Ist mir schon öfter passiert. Ganz normal. Wenn Sie mit jemandem intensiv zusammenarbeiten, entsteht diese Magie, die sich auch erotisch auswirkt.
Lieben die Männer nur das Bild der Diva?
Anna Netrebko: Wahrscheinlich auch mehr. Die Stimme, den Körper, die Präsenz auf der Bühne. Aber das müssen Sie die Männer fragen.
Meist sind das doch Kerle zwischen vierzig und sechzig, oder?
Anna Netrebko: Nein, nein. Auch jüngere.
Denen verdrehen Sie ja auch mächtig den Kopf. In der Tischrunde im Münchner Spiegelzelt haben Sie angeblich die drei Wörter ausgesprochen, die Sie auf Deutsch beherrschen.
Anna Netrebko: *(Harmlos)* Welche?
Junge. Küssen. Schwanz.
Anna Netrebko: *(Kichert)* Woher wissen Sie das denn?
Hat einer der Anwesenden ausgeplaudert.
Anna Netrebko: Hm, also, was immer Sie gehört haben – es ist nicht wahr.

Gerne kokettiert die Sängerin mit ihrem sexy Image. Nachdrücklich liefert sie den Zeitungen immer wieder eindeutig-zweideutige Aussagen. »Sex macht mir Spaß«, erklärt sie ungefragt. »Oper ist sexuelle Kunst«, behauptet sie, »meinen Gestalten versuche ich, immer eine erotisch-verliebte Haltung zu verleihen.« Einen Dessous-Laden könne sie nicht verlassen, ehe sie für mindestens 200 Euro eingekauft habe. »Opernmusik ist erotisch. Sie zu spüren, zu erkennen ist nicht schwer«, erzählt sie einem russischen Magazin. Und einem sonst eher trockenen Wirtschaftsblatt erklärt Anna lachend: »Ich liebe alle meine Bühnenpartner. So sehr, dass sie manchmal von der Bühne flüchten.« Enge Vertraute schwören Stein und Bein, dies sei alles nur Gerede. Ihrem Freund Simone sei die Russin bedingungslos treu.

Ihrem letzten Statement entspricht jedenfalls die Erfahrung, die Bühnenpartner Manolito Mario Franz mit der Netrebko im Frühjahr 2004 macht. Bei ihrem Münchner »Traviata«-Gastspiel tritt der italienischstämmige Tenor an der Bayerischen Staatsoper mit ihr gemeinsam auf. Schon vor der ersten Anspielprobe sind sämtliche Mitwirkenden völlig aus dem Häuschen. »Alle kriechen der in den Hintern. Kein Wunder, dass die kapriziös reagiert«, erzählt der Sänger. Am Abend dann, während der Vorstellung, wartet er hinter einem Paravent auf seinen Auftritt. Sie steht schon auf der Bühne – und lächelt ihm von dort auffordernd zu. Auf einem Empfang nach der Vorstellung spricht Franz sie deshalb an. Ihr sei fruchtbar langweilig, gesteht die Netrebko. Ob sie denn mitgehen wolle in eine Cocktailbar gegenüber vom Hofbräuhaus? Sie winkt zunächst ab.

Die beiden plaudern ein wenig, und der Sänger empfindet den vermeintlich affektierten Star als »äußerst sympathisch, nicht übermäßig intelligent, dafür aber klug, fast gerissen«. Schließlich schleicht sie sich doch mit ihm davon, in die Kneipe unweit des Opernhauses. Die gemeinsame Wodka-Rechnung über angeblich 180 Euro bewahrt der Tenor bis heute wie eine Trophäe auf. Franz verlässt die Bar nach eigenen Angaben solo.

Zumindest frönt die Sängerin mit dem losen Mundwerk ungehemmter Verbalerotik. Im Gegensatz zu anderen steht sie aber inzwischen derart unter Beobachtung, dass selbst der kleinste Ausrutscher sofort bekannt wird. Die Frage, ob all ihre Prahlereien reine Phantasien sind oder gelegentlich auch in die Tat umgesetzt werden, beantwortet sie wie immer standardmäßig: Ich mache doch nur Spaß.

Ernst ist es der Party-Löwin derweil mit dem Shopping. Große Teile ihrer Gageneinnahmen setzt sie umgehend in Boutiquen, Kaufhäusern, Parfümerien um. Bevorzugte Marken: Escada, Dolce & Gabbana, John Galliano, Emilio Pucci, Manolo Blahnik, Aveva. Marc Jacobs, Catherine Malandrino, Sergio Rossi, Rene Caorilla. Häufige Bezugsquellen: die Modeabteilungen von Bergdorf Goodman und Henri Brendel in New York, Blahnik in Paris. Mit Escada in München hat sie ohnehin einen Sponsorenvertrag abgeschlossen – da lässt sich das Angenehme leicht mit dem Nützlichen verbinden.

Mindestens ebenso viel Geld wie für Kleider gibt Anna Netrebko für Möbel aus. Inneneinrichtung liegt ihr am Herzen, seit sie sich von ihren Einnahmen eine eigene Bleibe in St. Petersburg gekauft hat. Nur zwei Gehminuten vom Mariinskij-Theater entfernt im hippen Stadtteil Sennaja Ploschtschad hat sie sich eine großzügige Altbauwohnung mit hohen Räumen und rund 190 Quadratmeter Fläche zugelegt. Vom Fenster aus schaut sie auf einen hübschen, baumbestandenen Platz und kann das Opernhaus sehen. Das Viertel ähnelt mit seinen verfallenen Hinterhöfen und morbide heruntergekommenen Fassaden angesagten Stadtteilen in Berlin wie dem Prenzlauer Berg.

Ihre Wohnung hat die Sängerin mit Fundstücken eingerichtet, die sie auf Reisen zusammengetragen hat. Antiquitäten stehen neben modernen Lampen, knallig lackierte Kommoden auf gediegenem Parkett. Eine freche, fröhliche Mischung. Kunterbunter Anna-Stil. Die »New York Times« hat sogar schon einen Reporter geschickt, der für die »Style Section« der Zeitung eine Reportage über ihre Einrichtung verfasst. In einem übergroßen Schrank hebt sie sämtliche Konzertroben auf, die sie je getragen hat. Da sie jedes Kleid gewöhnlich nur eine Spielzeit lang verwendet, hat Anna darin inzwischen eine ansehnliche Sammlung angehäuft.

Schon seit längerem lebt sie in Wohngemeinschaft mit ihrer Freundin Katja Melnikowa zusammen, einer Ex-Kommilitonin vom Konservatorium. Diese junge Frau stammt aus Sibirien, hat jedoch nach dem Studium bei weitem nicht so viel erreicht wie Anna. Als sich Katja von ihrem Lebensgefährten trennt, einem bekannten Petersburger Maler, bietet Anna an, bei ihr einzuziehen. Während sie durch die Welt reist, soll die Mitbewohnerin auf das Apartment aufpassen. Bei der Renovierung der Wohnung hat Katja den Auftrag, die Bauarbeiter zu beaufsichtigen. Manchmal ist das gemeinsame Wohnen nicht ganz unproblematisch. Ihre andere Freundin Slata erzählt: »Leider ist Katja kein Star geworden. Heute lebt sie eigentlich von Anna.«

Doch für Streit fehlt ihr schlichtweg die Zeit. Zu viel Aufmerksamkeit beanspruchen ihre Tourneen. Nur mehr selten kehrt sie nach St. Petersburg zurück. Eine der seltenen Gelegenheiten ergibt sich im Sommer 2004, als sie zum Mariinskij-Programm »Weiße Nächte« fährt. Das Festival findet zur Zeit der Mittsommernacht statt, wenn die Polarsonne einige Wochen lang nicht untergeht und es 24 Stunden lang hell ist in St. Petersburg. In diesen stimmungsvollen Tagen versucht sie, ihr Heimweh vorübergehend zu kurieren, indem sie sich mit alten Freunden, Bekannten, Kollegen und Lehrern verabredet und das Wiedersehen ausgiebig feiert.

Sind Sie stolz auf Ihre neue Wohnung?
ANNA NETREBKO: Sehr. Sehen Sie, ich bin ein Stadtmensch. Ich brauche das Gefühl von Vitalität, Leben, Menschen um mich herum. St. Petersburg ist schon immer meine Traumstadt gewesen. Mir gefallen die prachtvollen Paläste und breiten Boulevards, ich besuche für mein Leben gerne die Eremitage, spaziere über die Kanäle und Brücken in meinem neuen Viertel. Aber ohne die abgetakelten Teile wäre die Metropole nicht perfekt in meinen Augen. Außerdem leben dort viele Menschen, die mir etwas bedeuteten. Die Melancholie ist stetiger Teil des russischen Lebens.

Wie meinen Sie das?
ANNA NETREBKO: Die Stadt hat eine sehr intensive Ausstrahlung. Das Leben hier ist nicht leicht. Sechs Monate im Jahr ist es dunkel, selbst im Sommer regnet es oft. Manchmal glaube ich, dass ich hier verrückt werde. Manchmal, wenn ich mich umschaue und die Leute in meiner nächsten Nähe beobachte, die ich wirklich liebe und bewundere, dann sehe ich, dass sie nicht so glücklich sind wie ich. Manchen möchte ich helfen und kann nicht richtig.
Wem zum Beispiel?
ANNA NETREBKO: Meiner Freundin Katja. Wir kennen uns noch vom Konservatorium und wohnen noch heute zusammen. Jetzt habe ich mir ja gerade meine eigene Wohnung gekauft. Katja ist sehr allein, hat sich in einen verheirateten Mann verliebt. Ein Riesenmist ist das, wirklich. Aber da kann ich nichts ausrichten. Es hat überhaupt keinen Sinn, ihr zu sagen: Verlass ihn! Oder: Bleib mit ihm zusammen!
Für Ihre Freundin ist es sicher auch schwer, Arbeit zu finden in Russland. Belastet Ihr weltweiter Erfolg solche Freundschaften?
ANNA NETREBKO: Na ja, die Freundschaft zu Katja ist stabil genug. Aber es ist schon tragisch: In Russland gibt es kaum Jobs, vor allem nicht für Sänger und Musiker. Es sind einfach viel zu viele. In St. Petersburg werden gerade mal drei große Theater betrieben. Katja hat eine schöne Stimme, aber als Darstellerin auf der Bühne ist sie nicht gut genug. Dazu fehlt ihr der Mut und wahrscheinlich auch der tiefe, echte Wunsch, dort oben zu stehen.
Ist diese Job-Problematik nicht in vielen Ländern der Welt zu beklagen?
ANNA NETREBKO: Ich glaube, viele Länder befinden sich in einem Stadium des Verfalls. Für uns, die junge Generation, ist es deutlich schwieriger, den Standard zu halten, den die Generation unserer Eltern erreicht hat. Das Gefühl, dass alles im nächsten Moment auseinander fällt, finde ich in den USA ebenso wie in

Europa. Die Gesellschaft, die Wirtschaft, alles. Nur, dass in Russland alles noch viel schlimmer ist.

Gehen Sie deshalb so viel zum Einkaufen? Um zu verdrängen?

ANNA NETREBKO: Was weiß ich, warum. Jedenfalls gehe ich für mein Leben gerne einkaufen. Das macht einfach Spaß. Shopping ist so eine Art Therapie für die Seele. Ich versuche, nicht zu viel nachzudenken. Ehrlich gesagt, denke ich mehr über schöne Schuhe nach als über die Musik *(lacht, räuspert sich)*. Sorry.

Also, ich denke schon viel über die Oper nach, eher zu viel – aber eben nur, solange ich dort bin. Wenn ich nicht arbeite, mache ich auch andere Sachen gerne. Einkaufen, Kino, solche Sachen eben.

Was kaufen Sie am liebsten?

ANNA NETREBKO: Bei schönen Kleidern, Handtaschen und Schuhen werde ich fast immer schwach. Das ist der Glamour, den ich mir in meinem Leben leiste.

Ist Mode ein bestimmender Faktor in Ihrem Leben?

ANNA NETREBKO: Schon als kleines Mädchen habe ich mir gerne auf dem Speicher die Kleider meiner Mutter angezogen. Das war, als ob ich in eine andere Welt eintauchte. In die Zukunft. Das ist wahrscheinlich mein alter Prinzessinnentraum.

Größer als der Operntraum?

ANNA NETREBKO: Also, meine Gefühle in der Oper halten sich in Grenzen. Das muss so sein, sonst kriege ich beim Singen einen Aussetzer. Manchen kommen ja im Theater die Tränen, so schön finden sie das. Ich weine nur, wenn ich mich verletze. Neulich habe ich mich beim Bügeln verbrannt. Da habe ich geheult vor Schmerzen *(lacht)*. Selbst meine Tränen haben im weitesten Sinne mit Mode zu tun.

Von Ihren Phantasiegagen kaufen Sie sich Kleider und eine Wohnung. Warum nicht auch ein tolles Auto?

ANNA NETREBKO: Ich liebe schnelle Sportwagen. Aber leider kann ich selbst nicht Auto fahren – ich habe keinen Führerschein. Bis jetzt fehlte mir die Zeit, ihn zu machen.

Stimmt es, dass Sie jederzeit und ausgiebig Partys feiern?
Anna Netrebko: Wenn wir im Theater sagen: Los, wir gehen heute Abend aus, dann sagen viele Sänger: Ach nein, lieber nicht. Da könnte eine Klimaanlage sein, das schadet meiner Stimme. Aber so bin ich nicht. Ich denke mir: Du lebst nur einmal. Wenn mir auf der Bühne ein Fehler unterläuft, dann strafe ich mich auch nicht ab dafür. So ungefähr: Heute darf ich nicht tanzen gehen, weil ich schlecht gesungen habe. So ist eben das Leben – mal läuft's gut, mal weniger gut.
Gehen Sie auch auf Tournee gerne noch hinterher in Bars?
Anna Netrebko: Natürlich muss eine Sängerin immer darauf achten, wo die Grenze verläuft, ab wann sie wirklich ihren Stimmbändern Schaden zufügt. Allein gehe ich sowieso ungern aus. Aber wenn ich Leute in der jeweiligen Stadt kenne, ist das super. In New York habe ich zum Beispiel tolle Freunde. Da gehen wir mal zum Bowling, mal in die Disco. Mit meinem Manager Jeffrey, der lange in New York gelebt hat, sind wir in den Tanzclub »Webster Hall« gegangen. Wir waren bis um 4 Uhr morgens unterwegs und sind hinterher noch in so einem fettigen Burger-Schuppen eingekehrt. Zu Hause in St. Petersburg gehe ich gerne in die »Idiot«-Bar. Die ist nach dem gleichnamigen Dostojewski-Roman benannt. Da hängt eine ganz bizarre Mischung aus Künstlern und Szeneleuten ab. Aber ehrlich gesagt, habe ich inzwischen gar nicht genug Zeit, um nachts auszugehen. Ich kann mich gar nicht mehr erinnern, wann ich meine letzte Party gefeiert habe.
Werden Sie jemals wieder für längere Zeit nach St. Petersburg zurückkehren?
Anna Netrebko: Wer weiß, was in zehn Jahren ist. Vielleicht singe ich dann gar nicht mehr. Möglich ist alles.
Warum leben Sie nicht mit Ihrem Freund zusammen?
Anna Netrebko: Ich vermisse ihn ganz schrecklich. Aber selbst wenn wir eine gemeinsame Wohnung hätten, könnten wir uns nicht häufiger sehen. Er tritt genauso oft auf wie ich.

Wünschen Sie sich Familie?
ANNA NETREBKO: Eines Tages ja. Aber momentan lässt es mein Beruf noch nicht zu. Später möchten wir auf jeden Fall Kinder haben. Im Moment habe ich noch nicht mal genug Zeit für mich selbst. Wie soll ich mich da um ein Baby kümmern?
Simone ist ehrlich und liebt mich abgöttisch. Wenn ich Sorgen habe, steht er an meiner Seite. Einmal habe ich ihn angerufen und geheult, dass ich so allein bin. Da sagte er: Ich komme sofort. Nachts wollte er mit dem Auto von Italien über die Alpen zu mir nach Salzburg fahren. Das habe ich ihm verboten. Aber er wollte es tun.

Auf ihre Heimreise nach St. Petersburg im Spätsommer 2004 nimmt sie den geliebten Bassbariton mit, um ihn Freunden vorzustellen. Dabei enthüllen die beiden eine kleine Sensation. Annas »zweite Mama« Tatjana Lebed, ihre erste Gesangslehrerin am Konservatorium, laden die beiden in ein Restaurant ein. Anna und Simone tuscheln während des Essens auf Italienisch. Dann zeigt die Netrebko ihrer Ersatzmutter einen Ring am Finger. »Ich erfuhr, dass Simone ihr einen Heiratsantrag gemacht hat«, erzählt die Lebed gerührt. »Am Tisch vor mir saß eine frisch gebackene Braut.« Im Frühjahr hat sich das Paar verlobt. Wann die Hochzeit stattfindet, steht jedoch noch nicht fest.

Nicht auszuschließen ist, dass die Sopranistin künftig weniger an ihrer Karriere als verstärkt an ihrem persönlichen Glück arbeiten muss. Einen rundherum zufriedenen Eindruck vermittelt sie jedenfalls nur selten, wenn sie öffentlich auftritt. Das gesellschaftliche Interesse erscheint ihr zunehmend lästig. Einerseits arbeitet sie mit großem Ehrgeiz an ihrer Karriere, will viel Geld verdienen. Andererseits freundet sie sich mit den Nebenerscheinungen des Geschäfts nur widerstrebend an. So als ob sie sich dem ganzen Anna-Zirkus nicht gewachsen fühle.

Nervös, misstrauisch, verunsichert wirkt sie beispielsweise bei ihrem Auftritt in »Wetten, dass ...?« im Dezember 2004. Im Verlauf der Show macht Popsänger Robbie Williams ihr vor laufenden Kameras massiv Avancen. Moderator Thomas Gottschalk fragt: »Könntest du dir vorstellen, mit Anna mal ein Duett zu singen?« Robbie grinst mindestens zweideutig: »Ich könnte mir alle möglichen Duette mit ihr vorstellen.«

Bei den Fernsehzuschauern muss der Eindruck entstehen, zwischen den beiden bahne sich eine Affäre an. Doch wer Robbie Williams kennt, kann sich ungefähr vorstellen, wie ernst er diese Avancen gemeint hat. Alles entpuppt sich als reine Show, bei der die Netrebko noch dazu eine schlechte Figur abgibt. Was denn mit Robbie nach Sendeschluss noch gelaufen sei, fragt eine Klatschreporterin auf einer Pressekonferenz am nächsten Tag. Die Opernsängerin zieht die Augenbrauen hoch, lächelt lasziv und sagt: »Das bleibt unter uns.«

In der TV-Welt mit ihren Scheinwahrheiten wirkt die Russin eher ungeschickt, agiert unglücklich. Hinter ihrer maximalen Zurschaustellung, ihrer medialen Vermarktung verbirgt sich zunehmend sogar das Potenzial für ein gewaltiges persönliches Drama. Kein Zweifel besteht daran, dass Anna Netrebko zu den derzeit besten Sängerinnen zählt. Der Hype um ihre Person basiert ganz wesentlich auf ihrer künstlerischen Seriosität. Im Gegensatz zu dem blinden Tenor Andrea Bocelli hat die Netrebko eine wirkliche Opernstimme zu bieten.

Doch in dem Maß, in dem auch sie sich von einer Sängerin auf der Opernbühne in eine Sänger-Darstellerin fürs Fernsehen verwandelt, wächst die Gefahr des Absturzes. Nervlich schwer zu ertragen muss es für einen sensiblen Menschen wie Anna Netrebko sein, sich fortwährend als Attrappe ihrer selbst zu verkaufen. Zumal, wenn die Strategie ihres Managers exakt dara gelegt ist. Sie selbst jedenfalls wirkt alles andere als glücklich mit dieser Entwicklung, deren Dynamik sie nur schwer beeinflussen kann.

Die Callas war zu ihrer Zeit prominent – hauptsächlich wegen ihrer großartigen Stimme. Heute sind Sängerinnen wie die Netrebko breiten Massen bekannt – allein schon deswegen, weil sie im TV auftreten. Ob sie dabei gut oder schlecht singen, ist nebensächlich. Prominenz ist in der modernen Mediengesellschaft ein Wert an sich, der nicht unbedingt auf große Leistungen zurückzuführen sein muss. Damit aber wächst die Austauschbarkeit der Darsteller. Ganz oben ist eine Sängerin bei diesem Spielchen schnell. Nur – für wie lange? Ein bedrohliches Szenario, zumindest für empfindliche Gemüter.

Im Grunde stellt sich der Netrebko die Frage, wie viel Raum sie in ihrem Leben dem Kommerz einräumt und wie viel davon sie für ihre künstlerische Integrität reserviert. Solange sie noch mehrheitlich in Opernhäusern statt in TV-Studios auftritt, verliert sie die Balance nicht. Hält sie dieses Gleichgewicht, hat sie das Zeug zur neuen Diva des 21. Jahrhunderts. Doch nur im Theater vor echtem Opernpublikum kann sie ihre Fähigkeiten als Sopranistin glaubwürdig unter Beweis stellen.

Sie singt prächtig, spielt grandios, sieht gut aus. Jetzt muss Anna Netrebko ihre Chance nur vernünftig nutzen, ohne sich verheizen zu lassen. Dann behält der Opernstar der neuen Generation seine Strahlkraft.

IX. Akt
La Traviata – Bewährungsprobe für die Kameliendame

Sommer 2005 in Salzburg: Die Erwartungen an Anna sind gewaltig. Doch die Sängerin hält stand

Die große Bewährungsprobe der mit so viel Vorschusslorbeeren bedachten Sopranistin kommt im Sommer 2005. Die allgemeine Hysterie um die Auftritte von Anna Netrebko gipfelt im völlig überhitzten Premierenfieber der Salzburger Festspiele. Zehnfach überzeichnet sind die Karten für die Neuinszenierung von »La Traviata«, und Intendant Peter Ruzicka erhält Briefe, in denen ihm für Tickets Traumsummen geboten werden. Doch der Festspielleiter bleibt standhaft und freut sich über die Vorabbegeisterung. Anna Netrebko in ihrer Leib- und Magenrolle, als Kurtisane Violetta Valery in Verdis Parade-Schmachtfetzen, an ihrer Seite ihr neuer Traumpartner, der mexikanische Tenor Rolando Villazón als ihr Liebhaber Alfredo Germont – da will die internationale Opern-Schickeria keinesfalls fehlen.

Die Proben unter Regisseur Willy Decker beginnen im Frühsommer. Die Netrebko versucht zwar außerhalb der Bühne noch immer als unbeschwerte, lebenslustige Diva zu erscheinen, doch so richtig will ihr das nicht mehr gelingen. Bei PR-Veranstaltungen im Vorfeld der Festspiele, wie einer öffentlichen Suppenküche zu wohltätigem Zweck, wirkt sie eher gequält. Kein Wunder: Die Klatschpresse versucht beharrlich, ihr eine Schwangerschaft sowie ein mehr als kollegiales Verhältnis zu Gesangspartner Villazón anzudichten. Dabei ist der Südamerikaner glücklich liiert, und auch die Netrebko scheint weiterhin ihrem Bariton Simone Alberghini zugetan, wenn sie auch die Heiratspläne auf die lange Bank schiebt. »Ich habe einfach keine Zeit für eine Hochzeit«, erklärt die Diva wiederholt – und heizt die Gerüchteküche damit erneut an.

Kurzum: An eine entspannte Vorbereitung auf die Premiere ist nicht zu denken. Der Druck steigt so sehr an, dass selbst die sonst so kaltschnäuzige Sängerin ihm nur schwer standhält. Umso triumphaler gelingt ihr dann die sehnlich erwartete Aufführung, die Regisseur Decker noch dazu als doppeldeutige Metapher auf die Karriere seiner Hauptdarstellerin inszeniert hat. Im knallroten Escada-Kleid spielt und singt Anna Netrebko nicht nur Verdis Pariser Lebedame, sondern zugleich auch sich selbst. In der Eröffnungsszene liegt ihr der Chor der Männer ebenso zu Füßen wie in Wirklichkeit das Publikum. Wenn sich das Objekt der Begierde auf einem liebesroten Ledersofa in aufreizender Pose räkelt, verschmilzt ihre Rolle auf der Bühne mit ihrer realen Rolle im öffentlichen Leben, und ihre hinreißende Darbietung wird zu einem melancholischen Auf- und Abgesang auf ihr Leben als Star und Darstellerin. Zu Beginn der Premiere wirkt La Netrebko noch ein wenig gedämpft, steigert sich dann aber im zweiten und dritten Akt zur Topform. Das Ende, Violettas tragischer Tod, wirkt umso bedrückender, weil der künstlerische Ausdruck vor dem realen Hintergrund der Inszenierung beinahe hyperreal beim Publikum ankommt.

Die Premiere schlägt triumphal ein. ORF und ARD, die das Ereignis live beziehungsweise zeitversetzt ausstrahlen, erreichen 1,7 Millionen Zuschauer – für eine Oper im Fernsehen eine Quotensensation. Selbst die Feuilletons, die den märchenhaften Aufstieg der Sängerin bislang skeptisch und distanziert beäugt haben, ergehen sich in uneingeschränkten Huldigungen: Der Tod der Klatsch-Kurtisane Violetta bedeute nichts anderes als »die Geburt der Künstlerin Anna Netrebko«, notiert der Rezensent der »Süddeutschen Zeitung«.

Das überschwängliche Lob verwandelt die Neugeborene umgehend in kommerziellen Erfolg. Schon im Herbst 2005 erscheint der Salzburger Mitschnitt der Oper auf CD, als Gesamtaufnahme auf zwei Tonträgern in edler Box oder in Auszügen auf einem. Beide Versionen steigen sofort in die Pop-Charts auf – befeuert durch gemeinsame Auftritte von Anna Netrebko und Rolando Villazón in Gottschalks »Wetten, dass ...?« und anderen Fernsehshows.

»Wir sind das neue Traumpaar«

Tenor Rolando Villazón freut sich über die künstlerische »Ehe« mit Superdiva Anna

Dass wir das neue Traumpaar der Oper sind, kam eher zufällig über uns. Im Jahr 2004 haben wir an der Wiener Staatsoper zusammen im 'Liebestrank' gesungen. Das hat uns beiden irre Spaß bereitet, der sich direkt auf der Bühne ausgewirkt hat. Die Presse in Wien hat das natürlich bemerkt und uns zum künstlerischen Traumpaar ausgerufen. Stimmt ja auch irgendwie. Außerdem bedeutet das für mich enorme Aufmerksamkeit, die ich zu schätzen weiß. Ein wenig bin ich auch neidisch auf den unvorstellbaren Hype um Anna. Da wird immer wieder behauptet, das sei schlecht für sie. Aber mal ehrlich: Warum sollte ihr das schaden? Warum sollte es für einen Opernsänger schädlich sein, wenn er so populär ist wie Anna? Ich denke, das ist nicht nur gut für sie – es ist auch gut für die gesamte Opernwelt. Ich persönlich liebe es, wenn die Leute von mir sprechen, wenn sie zu unseren Konzerten kommen. Sonst könnte ich ja unter der Dusche singen. Nur muss man als Künstlerin mit der Publicity sehr vorsichtig umgehen, weil das ganze Drumherum natürlich mächtig unter Druck setzt. Dabei geht es einerseits um Ruhm und Glamour, um Doppelseiten in den Magazinen, Millionenauflagen von CDs und

rauschende Konzerte, die innerhalb von Stunden ausverkauft sind. Das alles ist gut für ihn. Aber gleichzeitig muss ein Künstler viele Interviews geben. Dabei darf er seine Wahrheit nicht verlieren. Wenn er sie verliert, ist das verheerend für seine Psyche.
Als Kind wollte ich werden wie die Figuren in der Literatur. Weil ich dachte, dass die mehr Wahrheit um sich herum haben als die normalen Leute, die ich kannte. In der Verbindung mit Anna scheint mir die Erfüllung dieses Kindheitsbedürfnisses näher, als ich mir je erträumt habe.
Anna und ich, wir unternehmen auch viel gemeinsam, selbst wenn wir nicht zusammen auf der Bühne stehen. Wir wollen auch zusammen Aufnahmen machen, mal ganz abgesehen von der 'Traviata' in diesem Sommer. Aber das ist eine Besonderheit, weil wir in Salzburg singen. Abseits davon stellen gemeinsame Studiosessions ein kleines Problem dar: Ich stehe bei der EMI unter Vertrag, Anna bei der Deutschen Grammophon. Aber das lässt sich schon irgendwie regeln. Ganz sicher werde ich mein Label nicht verlassen und zu ihrem wechseln. Dafür verdanke ich der EMI zu viel.

Zumindest die letzte Aussage hat nicht allzu lange Bestand. Schon im Spätsommer 2005 wechselt Villazón ebenfalls zur Deutschen Grammophon. Immerhin tourt er nach dem großen »Traviata«-Erfolg bereits mit Netrebko für die Deutsche Entertainment AG (DEAG) auf den großen Konzertbühnen. Da ist es nur logisch, auch zum selben Plattenlabel zu gehen. So kann das Traumpaar künftig auch gemeinsam Traumverkäufe am Ticketschalter und im Tonträgerhandel abwickeln. Gütertrennung wäre für die Verbindung nur hinderlich. Im Sommer 2006 soll aus der »Ehe« sogar ein Dreier werden: Dann konzertieren Netrebko und Villazón mit Startenor Plácido Domingo.

Vorerst erfüllen die Doppelkonzerte jedoch nicht ganz die Erwartungen, die Impresario Peter Schwenkow in sie setzt. Anders als die stets binnen Stunden ausverkauften Opernauftritte sind nicht alle Netrebko-Recitals wirklich voll. Schon bei Netrebkos erstem Solokonzert in der Berliner Waldbühne sind nur 15 000 der 18 000 Eintrittskarten verkauft.

Villazón freilich tut sein Bestes, die Aufmerksamkeit auf sich und seine Traumpartnerin zu ziehen. In einem Interview mit dem Berliner »Tagesspiegel« erklärt der Mexikaner in Bezug auf das mittlerweile berühmte Nackt-Sing-Geständnis der Diva: »Ich weiß: der Netrebko-Traum! Sie soll mal gesagt haben, in ihren Träumen singe sie nackt. Ich kann mir ohne Probleme vorstellen, nackt auf der Bühne zu stehen. Es müsste allerdings Teil des Aufführungs-Konzeptes sein. Wenn es lediglich einen Skandal provozieren soll, dann nicht.«

Wer weiß, welche Möglichkeiten das FKK-Geständnis in Zukunft auf der Konzertbühne eröffnet.

Da capo – Annas Zukunft, die Zukunft der Oper

Ein Interview über Trends im Musiktheater, Annas Pläne und ihre geheimen Wünsche

Viele Menschen sehen in Ihnen die Zukunft der Oper. Ist es wahr, dass eine völlig neue Generation von Sängerinnen auf die Bühnen drängt? Sind Sie deren Anführerin?
Anna Netrebko: Als Speerspitze einer Bewegung sehe ich mich nicht gerade. Ich bin vollauf damit beschäftigt, meine Arbeit gut zu machen. Aber es stimmt: So viele junge, verrückte, gute Sängerinnen hat es lange nicht mehr im Operngeschäft gegeben. Definitiv übernimmt da eine neue Generation die Szene: gut aussehend, hervorragend ausgebildet, nicht zu stoppen.
Ist das Aussehen für eine Sängerin mittlerweile wichtiger als die Stimme?
Anna Netrebko: Ohne tolle Stimme geht überhaupt nichts. Aber mit Sicherheit haben es dicke, hässliche Sängerinnen heute schwerer als früher.
Denken Sie an den Skandal um die Amerikanerin Deborah Voigt am Royal Opera House in London. Was für ein Aufruhr! Sie ist eine sehr gute Sopranistin, nur eben etwas beleibt. Sehr sogar. Der Regisseur in London hat sie hinausgeworfen, weil sie die jugendliche Liebhaberin mit ihrer Körperfülle angeblich nicht mehr glaubwürdig darstellen konnte. Und genau das – glaubwürdig darstellen – ist heute wichtiger denn je. Unabhängig von der Stimme.
Woher kommt dieser Zwang, in der Oper gut auszusehen?

ANNA NETREBKO: Aus dem Kino und dem Fernsehen, denke ich. Einerseits liegt genau hierin die Chance zu überleben. In der Optik muss sich ja wirklich einiges ändern. Aber andererseits interessiert sich in der Oper niemand für Models, die überhaupt nicht singen können. Nur der schöne Körper allein hilft einer Sängerin nicht weiter. Du musst eine gute Stimme haben *und* super singen. Alles muss zusammenkommen. Das ist noch immer die oberste Maxime. Manchmal verzeiht man fetten Sängerinnen, wenn sie hinreißend schmettern können.

Verlassen sich moderne Menschen in ihrer Wahrnehmung zu sehr aufs Auge und vernachlässigen dabei ihr Ohr?

ANNA NETREBKO: Natürlich, und so finde ich es eigentlich auch normal. Der optische Reiz von Kino und Fernsehen hat alles verändert. Warum sollen nur unansehnliche Leute auftreten dürfen? Schöne Körper haben einer Aufführung noch nie geschadet.

Entsprechen Sie selbst noch dem Ideal der klassischen Diva?

ANNA NETREBKO: Das Wort Diva ist völlig überholt und meiner Meinung nach total aus der Mode. Vor zwanzig oder dreißig Jahren mögen Extravaganz, Chic, Arroganz und Eskapaden noch öffentliche Bewunderung hervorgerufen haben. Heute provoziert so was nur Irritationen.

Es wäre extrem unklug für mich, die Diva zu spielen. Ich bin sicher, dass eine Sängerin umso beliebter ist, je einfacher die Menschen mit ihr umgehen können.

Was muss sich ändern, damit die Oper im 21. Jahrhundert überleben kann?

ANNA NETREBKO: Schwer zu sagen. In jedem Fall muss Qualität stärker vor Quantität gehen. So viele Schrott-Produktionen werden dem Publikum vorgesetzt. In Europa gab es lange Zeit riesige Butterberge und Milchseen. Die sind inzwischen abgebaut, aber niemand dämmt die Überproduktion im Opernsektor ein.

Kann es das überhaupt geben: zu viel Oper?

Anna Netrebko: Vielleicht gibt es nicht zu viele Inszenierungen, aber bei weitem zu viele schlechte. Gute Regisseure haben noch immer Seltenheitswert. Ich will nicht sagen, dass sie alle zu mies sind, aber viele sind nicht gut genug.

Oper zu inszenieren ist eine sehr schwierige Sache. Die Anforderungen sind extrem hoch. Sie müssen etwas von Musik, Gesang, Bühnenbild und Struktur verstehen. Sie müssen Noten lesen können, eine Ahnung vom Schauspiel haben, gut mit den Medien zusammenarbeiten können.

Viele haben es da schwer, die Balance zu finden. Regisseure müssen inszenieren, dürfen aber nicht überinszenieren. Zu viel Bühnenkonzept bei zu wenig Gefühl tötet jede Oper. Wenn wir Sänger nur in den Kulissen herumrennen, ohne Sinn und Verstand, flüchtet das Publikum doch zur Pause aus dem Theater in die umliegenden Restaurants.

Was halten Sie von dem derzeitigen Trend, Schauspielregisseure für Opern zu engagieren?

Anna Netrebko: Eigentlich ist das nicht schlecht. Nur, sie müssen sich eben darauf einlassen, dass nicht sie den Rhythmus des Stücks bestimmen, sondern die Musik. Anders als im Schauspiel gibt es noch einen zweiten Zampano, den Dirigenten. Viele sehen das nicht ein und brechen einen Machtkampf vom Zaun. Den können sie aber nicht gewinnen. Es sei denn, die gesamte Aufführung verliert.

Wie stellen Sie sich den idealen Regisseur vor?

Anna Netrebko: Der Regisseur muss gerne mit Sängern arbeiten – nicht nur ansagen, wo sie stehen und was sie tun sollen. Er muss Lust haben, die Emotion aus ihrer Kehle zu kitzeln. Ich muss als Sängerin meine Rolle ans Publikum ausliefern können und will nicht an ungünstigen Stellen absurde Tätigkeiten ausführen. Es gibt bestimmte Positionen, in denen ich einfach nicht gut singen kann. Kopfüber hängend oder so. Solche Dinge muss der Regisseur wissen.

Das heißt nicht, dass ich nur an der Rampe stehen und meine Partie in den Saal schmettern will. Schauspiel ist für mich mindestens so wichtig wie der Gesang, so habe ich es auch gelernt. Aber die Regie darf die Musik nicht ausschließen.
Mit wem haben Sie diesbezüglich besonders gute Erfahrungen gesammelt?
Anna Netrebko: Martin Kusej, in dessen »Don Giovanni« ich 2002 durchgestartet bin. Er kennt die Grenzen und weiß, bis wohin er mit uns Sängern gehen kann. Gleichzeitig erkennt er unser Potenzial sehr gut.
In vielen Inszenierungen zeigen Sie sich nur als Gaststar für ein paar Abende. Wird das künftig – bei Ihrem vollen Terminkalender – zunehmen?
Anna Netrebko: Schätzungsweise. Aber eigentlich gehört es doch zum Metier eines Opernsängers, jederzeit in jede Produktion problemlos einsteigen zu können.
Wie orientieren Sie sich im jeweiligen Regiekonzept, wenn Sie vor Ort sind und für den ersten Auftritt proben?
Anna Netrebko: Wenn ich beispielsweise in München »La Traviata« singe, komme ich normalerweise zwei Tage vor meinem Auftritt an und habe nur eine einzige Probe. Die Partner singen in der Regel schon länger in der Inszenierung, sodass maximal ein oder zwei zusätzlich engagierte Stars auf der Bühne stehen, denen die Produktion völlig neu ist. Ich komme zur Probe und lasse mich von der Regieassistentin einweisen. Der Regisseur reist ja immer schon nach der Premiere ab, und seine Mitarbeiter müssen die Repertoire-Aufführungen leiten.
Die Assistenten zeigen mir alles Notwendige auf der Bühne: Bitte hier vorsichtig sein, da ist eine Stufe. Bitte dort drüben nicht laufen, denn dort werden Bühnenelemente aus dem Boden hochgefahren. Hier ist Ihre Geheimtür, durch die Sie die Bühne betreten. Sie ist ein bisschen schwer zu finden, aber im Dunkeln können Sie sich an diesem Licht hier orientieren. Man zeigt mir für jede einzelne Szene die Seite, von der ich auftrete.

Fällt es Ihnen schwer, eine gut einstudierte Rolle immer wieder in völlig neuer Umgebung zu singen?
ANNA NETREBKO: Man gewöhnt sich daran. Oft ist es auch sehr erfrischend für eine alte Produktion, wenn neue Darsteller dazukommen. In München ist das wirklich wichtig. »La Traviata« läuft ja seit einer halben Ewigkeit. Manche Kulissenteile sind schon ganz durchgescheuert, fast antik.
Würden Sie nicht gerne mal bei den Bayreuther Festspielen singen?
ANNA NETREBKO: Zum Zuhören würde ich sehr gerne mal hinfahren, aber bestimmt nicht zum Singen. Das kann ich definitiv ausschließen. Warum sollte ich mein Organ überstrapazieren! Ich liebe Wagner, wirklich. Aber wenn ich mich für etwas sehr anstrengen muss, dann will ich auch wissen, wozu.
Die Violetta in »La Traviata«, okay: Schwierige Partie, aber ich dachte, ich kann diese Noten singen, ich kann mich in diese Rolle hineinarbeiten. Das spielt sich innerhalb meines Horizonts ab, also mache ich es. Aber die Kundry im »Parsifal« oder die Senta im »Fliegenden Holländer« – da gibt es tausend Mädchen, die das viel besser beherrschen als ich.
Worin sehen Sie Ihre Stärken für die Zukunft?
ANNA NETREBKO: Ganz klar im leichten Repertoire. Hier bin ich unschlagbar. Dabei höre ich gerne Wagner. Aber im italienischen oder russischen Fach fühle ich mich stimmlich viel mehr zu Hause.
Lädt Sie denn niemand nach Bayreuth ein, wenigstens als Zuhörer?
ANNA NETREBKO: *(Kichert)* Ja, dieser Architekt, Braunfels. Als ich in München war, hat er mich pausenlos gebeten, mit ihm dorthin zu fahren. Aber ich kann nicht, weil ich zur selben Zeit meistens in Salzburg auftreten muss. Irgendwann klappt es schon mal.
Die Macher der Bayreuther Festspiele wollten auch unbedingt, dass ich zur Premiere komme. Aber alle Tickets, die sie mir angeboten haben, waren für einen Abend, an dem ich in Salzburg engagiert war. Selbst eine meiner Freundinnen aus St. Petersburg

hat dort im »Ring des Nibelungen« eine der Rheintöchter gesungen: Elena Zhidkova. Sie ist in Berlin im Ensemble der Staatsoper. Zu gerne würde ich die mal dort erleben.
Können Sie sich vorstellen, einmal etwas anderes als Oper zu machen?
ANNA NETREBKO: Womöglich habe ich in zehn Jahren gar keine Lust mehr. Aber darüber zerbreche ich mir nicht jetzt schon den Kopf.
Was würden Sie denn machen, wenn Sie vor der Wahl stünden, Ihr Leben zu ändern?
ANNA NETREBKO: Irgendetwas, wo ich helfen kann. Oft, wenn ich fernsehe, bin ich völlig verängstigt. Dieser ganze Krieg im Nahen und Mittleren Osten, die Gewalt überall. Hin und wieder kommt mir diese seltsame Phantasie: Ich möchte für ein paar Monate im Krankenhaus arbeiten. Kostenlos, nur um Menschen beizustehen. Am besten auf einer richtig schlimmen Station. Um zu sehen, wie mies das Leben laufen kann, wie viel Pech manche Leute haben. Ich glaube, ich muss so etwas sehen, um mit den Füßen wieder ganz auf den Boden zu kommen.
Wieso?
ANNA NETREBKO: Manche Freunde von mir machen so was quasi aus psychotherapeutischen Gründen: Sie wollen großes Leid sehen, um wieder wirklich fühlen zu können. So meine ich das aber nicht.
Ich glaube, man sollte ab und zu die Schattenseiten des Lebens zur Kenntnis nehmen, um das eigene Leben wieder mehr zu schätzen. Die Oper ist ja meilenweit von der Realität entfernt. Aber den Kontakt zur Wirklichkeit möchte ich nicht verlieren.
Stört Sie die Realitätsferne der Oper?
ANNA NETREBKO: Manchmal schon.
Woher beziehen Sie die Kraft für Ihre Arbeit?
ANNA NETREBKO: In meinem Beruf geht es immer darum, jemand anderen darzustellen. Das entspricht mir sehr, denke ich. Weil ich gerne selbst jemand anderer wäre. Manchmal wahrscheinlich so-

gar viel lieber als ich selbst. Freunde sagen mir oft, dass ich auf der Bühne echter wirke als im wirklichen Leben. Das ist nicht gut, das gefällt mir nicht besonders. Möglich, dass das als Kompliment für mich als Darstellerin gemeint ist. Aber als Person finde ich das irgendwie traurig. Aber ich wäre nun mal gerne ein anderer Mensch.

Würden Sie tatsächlich mal mit einer anderen Person tauschen wollen?
ANNA NETREBKO: Ach, ich könnte die Königin von England sein. Nur für einen Tag. Aber bitte nicht für den Rest meines Lebens! Königin, das könnte Spaß machen. Oder Stripperin *(lacht)*. Nur so, zum Spaß. Einen Tag, und dann ist es vorbei. Das fände ich gut. Aber lieber wäre ich oft weit, weit weg von hier. Auf einer einsamen Insel oder so. Um dort Dinge zu tun, die nicht von dieser Welt sind. Mal etwas ganz anderes als sonst.

Klingt alles nicht sehr ehrgeizig. Halten Sie sich für eine ambitionierte Künstlerin?
ANNA NETREBKO: Ich möchte immer vorankommen, neue Dinge lernen. Bloß nicht stagnieren. Die kommenden Jahre sind sehr wichtig für mich. Ich will neue, anspruchsvolle Rollen schaffen. Vielleicht mal die Elektra oder die Salome.
Kritik interessiert mich sehr, darauf bin ich regelrecht angewiesen. Ehrlich gesagt enttäuscht es mich, wenn Regisseure oder Dirigenten gar nichts Konstruktives sagen. So in dem Sinne: Okay, okay, alles wunderbar. Ich möchte schon wissen, was nicht gut war an meiner Performance und wo ich mich noch verbessern und korrigieren muss.

Können Sie mit strenger Kritik umgehen?
ANNA NETREBKO: Im Grunde bin ich ein Mensch mit relativ wenig Selbstvertrauen. Mich plagen ständig Zweifel. Hier bist du schlecht und dieses hast du nicht optimal geschafft, denke ich häufig. Das bremst mich. Aber so war das immer schon bei mir. Jahrelang konnte ich mich nicht richtig öffnen. Oft dachte ich, ich sei nicht gut genug. Warum engagieren die mich alle? Aber egal.

Inzwischen gibt sich diese Versagensangst langsam. Weltweit wollen mich die Theater haben. Und darüber bin ich glücklich. Da frage ich nicht mehr nach dem Grund. Nicht nötig, sich schlechter zu machen, als man ist. Ich versuche, mein Bestes zu geben, die Erwartungen zu erfüllen. Das ist schon eine Menge.
Sind Sie gerne ein Star?
Anna Netrebko: Ich denke nicht viel darüber nach, berühmt zu sein. Es macht Spaß, sicher. Wenn ich alt bin und mich an diese Zeit erinnere, werde ich sicher sagen: O Gott, ist das wirklich alles mir passiert?

Anhang

Was, wann, wo? – Rollendebüts der Anna Netrebko

	Opernhaus	Figur	Oper
1994	Mariinskij-Theater St. Petersburg	Susanna	»Die Hochzeit des Figaro«
	Mariinskij-Theater St. Petersburg	Zerlina	»Don Giovanni«
	Mariinskij-Theater St. Petersburg	Amina	»La Sonnambula«
	Mariinskij-Theater St. Petersburg	Rosina	»Der Barbier von Sevilla«
	Mariinskij-Theater St. Petersburg	Pamina	»Die Zauberflöte«
	Mariinskij-Theater St. Petersburg	Micaela	»Carmen«
	Mariinskij-Theater St. Petersburg	Louisa	»Die Verlobung im Kloster«
1995	San Francisco Opera	Ludmila	»Ruslan und Ludmila«
	Mariinskij-Theater St. Petersburg	Ludmila	»Ruslan und Ludmila«
1996	San Francisco Opera	Adina	»Der Liebestrank«
	San Francisco Opera	Violetta	»La Traviata«
1997	Mariinskij-Theater St. Petersburg	Blumenmädchen	»Parsifal«
1998	San Francisco Opera	Susanna	»Die Hochzeit des Figaro«
	San Francisco Opera	Louisa	»Die Verlobung im Kloster«
	San Francisco Symphony		»Messias«
	Salzburger Festspiele	Blumenmädchen	»Parsifal«
	Metropolitan Opera New York	Louisa	»Die Verlobung im Kloster«
	Metropolitan Opera New York	Ludmila	»Ruslan und Ludmila«

	Opernhaus	*Figur*	*Oper*
1999	Washington National Opera	Gilda	»Rigoletto«
	Washington National Opera	Ilia	»Idomeneo«
	Concertgebouw Amsterdam	Teresa	»Benvenuto Cellini«
	London Festival Hall	Teresa	»Benvenuto Cellini«
	San Francisco Opera	Ilia	»Idomeneo«
2000	Mariinskij-Theater St. Petersburg	Lucia	»Lucia di Lammermoor«
	Mariinskij-Theater St. Petersburg	Natascha	»Krieg und Frieden«
	Mariinskij-Theater St. Petersburg	Antonia	»Hoffmanns Erzählungen«
	San Francisco Opera	Musetta	»La Bohème«
	San Francisco Opera	Zerlina	»Don Giovanni«
	San Francisco Opera	Marfa	»Die Braut des Zaren«
	Royal Opera House London	Natascha	»Krieg und Frieden«
	Maggio Musicale Florenz		»Judas Maccabäus«
2001	San Francisco Opera	Nanetta	»Falstaff«
	Teatro Real Madrid	Natascha	»Krieg und Frieden«
	Teatro alla Scala Mailand	Gilda	»Rigoletto«
	Mariinskij-Theater St. Petersburg	Musetta	»La Bohème«
	Washington National Opera	Susanna	»Die Hochzeit des Figaro«
2002	Royal Opera House London	Servilia	»La Clemenza di Tito«
	Metropolitan Opera New York	Natascha	»Krieg und Frieden«
	Opera Company Philadelphia	Giulietta	»I Capuleti e i Montecchi«
	Los Angeles Opera	Natascha	»Krieg und Frieden«
	Mariinskij-Theater St. Petersburg	Ksenia	»Boris Godunov«
	Mariinskij-Theater St. Petersburg	Violetta	»La Traviata«
	Mariinskij-Theater St. Petersburg	Donna Anna	»Don Giovanni«
	Salzburger Festspiele	Donna Anna	»Don Giovanni«
2003	Los Angeles Opera	Lucia	»Lucia di Lammermoor«
	Wiener Staatsoper	Violetta	»La Traviata«
	Bayerische Staatsoper München	Violetta	»La Traviata«

	Opernhaus	Figur	Oper
	Metropolitan Opera New York	Zerlina	»Don Giovanni«
	Royal Opera House	Donna Anna	»Don Giovanni«
2004	Wiener Staatsoper	Donna Anna	»Don Giovanni«
	Salzburger Festspiele	Natascha	»Krieg und Frieden«
	Salzburger Festspiele	Giulietta	»I Capuleti e i Montecchi«
	Los Angeles Opera	Ilia	»Idomeneo«
	Mariinskij-Theater St. Petersburg	Marfa	»Die Braut des Zaren«
	Metropolitan Opera New York	Musetta	»La Bohème«
2005	Los Angeles Opera	Juliette	»Romeo et Juliette«
	Wiener Staatsoper	Adina	»Das Liebeselixir«
	Royal Opera House London	Gilda	»Rigoletto«
	Salzburger Festspiele	Violetta	»La Traviata«
	Bayerische Staatsoper München	Gilda	»Rigoletto«

außerdem eine Konzerttournee nach Hamburg, Frankfurt/Main, München, Baden-Baden

GEPLANT:

2006	Salzburger Festspiele	Susanna	»Die Hochzeit des Figaro«
	Metropolitan Opera New York	Norina	»Don Pasquale«

Diskographie und Videographie

Anna Netrebko auf CD

- »Sempre Libera«
  Anna Netrebko
  Claudio Abbado, Mahler Chamber Orchestra
  Arien von Verdi, Bellini, Donizetti, Puccini

  Deutsche Grammophon 2004
  CD 474 800-2

- »Opera Arias«
  Anna Netrebko
  Gianandrea Noseda, Wiener Philharmoniker
  Arien von Mozart, Massenet, Berlioz, Donizetti, Bellini, Gounod, Dvořák, Puccini

  Deutsche Grammophon 2003
  CD 474 240-2

- »Prokofiev: Enfant terrible – A Selection of his Works«
  u. a. Anna Netrebko

  Universal, 5 CDs
  B000084H93

- »Glinka: Ruslan and Lyudmila«
  Gesamtaufnahme
  Anna Netrebko, Valery Gergiev, Mikhail Kit, Vladimir Ognovienko
  Kirow Chor und Orchester St. Petersburg

  Philips, 2 CDs
  456-248-2

- »Prokofiev: Betrothal in a Monastery«
  Gesamtaufnahme
  Anna Netrebko, Valery Gergiev, Nikolai Gassiev,
  Alexander Gergalov
  Kirow Chor und Orchester St. Petersburg

  Philips 2 CDs
  289-462 107-2

- »Prokofiev: Love for Three Oranges«
  Gesamtaufnahme
  Anna Netrebko, Valery Gergiev, Mikhail Kit, Egeny Akimow
  Kirow Chor und Orchester St. Petersburg

  Philips, 2 CDs
  289-462 913-2

geplant:

- »Mozart-Arien«
  Anna Netrebko (erscheint im Herbst 2005)

  Deutsche Grammophon

Anna Netrebko auf DVD

- »Anna Netrebko – The Woman, The Voice«
  Anna Netrebko, Wiener Philharmoniker
  Arien von Mozart, Puccini, Bellini, Dvořák
  als Videoclips im MTV-Stil
  Regie: Vincent Paterson

  Deutsche Grammophon
  B0001GH58S

- »Wagner: Parsifal«
  Gesamtaufnahme
  Anna Netrebko, Plácido Domingo, Valery Gergiev,
  Violeta Urmana, Nikolai Putilin, Matti Salminen
  Kirow Chor und Orchester St. Petersburg

  Naxos
  B0000808C7

geplant:

- »Verdi: La Traviata«
  Gesamtaufnahme von den Salzburger Festspielen
  (erscheint im Winter 2005)
  Anna Netrebko
  Regie: Willy Decker

  Universal

Bildnachweis

1. Teil

Seite 1:
Nah am Wasser gebaut: Anna flaniert entlang der Newa durch
St. Petersburg. Ihre Wahlheimat liebt die Kosmopolitin wie keine
andere Stadt auf der Welt.
(Foto: Peter Rigaud)

Seite 2:
Erfinder-Lohn: Dirigent Valery Gergiev hat die Sopranistin für die
Bühne entdeckt. Bis heute konzertiert Anna Netrebko mit dem Pultchef
des Petersburger Mariinskij-Theaters – hier beim Oster-Festival 2003.
(Foto: Photo Press Service)

Seite 3:
Paraderolle: Schon als Jugendliche verschlang die Russin Tolstois
»Krieg und Frieden« und entdeckte die Heldin Natascha. Jahre später
singt sie die tragische Frauenfigur in Prokofjews Vertonung des
Romans am Mariinskij.
(Foto: Natasha Razina)

Seite 4:
Der große Durchbruch: Im Sommer 2002 erregt Anna Netrebko bei
den Salzburger Festspielen internationale Aufmerksamkeit. In Mozarts

»Don Giovanni« singt und spielt sie Don Juans Geliebte Donna Anna so ergreifend wie lange zuvor keine Darstellerin mehr.

(Foto: Photo Press Service)

Seite 5:
Drüber und Drunter: Opern-Paar Netrebko und Villazón in der turbulent gefeierten »La Traviata« bei den Salzburger Festspielen – das Bühnenereignis des Jahres 2005.

(Foto: dpa)

Seite 6:
Im Blickpunkt der Society: Mit ihrer drei Jahre älteren Schwester Natascha wird Anna im August 2004 bei einem Sektempfang der Salzburger Festspiele gesichtet.

(Foto: Photo Press Service)

Seite 7:
Große Liebe: Lebensgefährte Simone Alberghini – selbst Bariton – begleitet Anna im Sommer 2003 zur Eröffnung der Show-Halle »Hangar 7« am Salzburger Flughafen.

(Foto: Photo Press Service)

Seite 8:
Neues Traumpaar: Mit dem mexikanischen Tenor Rolando Villazón geht die Sopranistin eine einträgliche künstlerische »Ehe« ein. Im November 2005 treten die beiden gemeinsam bei »Wetten, dass ...?« auf.

(Foto: dpa)

2. Teil

Seite 1:
Unter Tänzerinnen: Anna isst und trinkt für ihr Leben gerne – am liebsten mit alten Kollegen unter den Wandmalereien in der Kantine des Petersburger Opernhauses.

(Foto: Peter Rigaud)

Seite 2:
Damen für den Don: Anna Netrebko mit Nuccia Focile und Rosemary Joshua in »Don Giovanni« am Londoner Royal Opera House.
(Foto: Robbie Jack/Corbis)

Seite 3:
Primadonna Anna: Als sie mit Ian Bostridge im Herbst 2003 am Londoner Royal Opera House in Mozarts »Don Giovanni« auftritt, ist Anna Netrebko in der Rolle der Donna Anna bereits ein Weltstar.
(Foto: Robbie Jack/Corbis)

Seite 4:
Rosen für den Publikumsliebling: Dirigent Zubin Mehta überreicht Anna einen Strauß nach ihrem Comeback an der Münchner Oper.
(Foto: dpa)

Seite 5:
Hinter den Kulissen: Anna, bereits in voller Robe, in der Umkleide der Bayerischen Staatsoper.
(Foto: Picture Press/stern/Volker Hinz)

Seite 6:
Flotter Zweier: Mit dem Shooting-Star unter den Tenören, Rolando Villazón, debütiert die Netrebko im Juli 2003 an der Bayerischen Staatsoper – in Verdis »La Traviata«.
(Foto: Wilfried Hösl)

Seite 7:
Im Fieberwahn: Anna im weißen Nachthemd der um Liebe und Leben kämpfenden Salondame Violetta in »La Traviata«.
(Foto: Wilfried Hösl)

Seite 8:
Nahbare Diva: Anna Netrebko, Opern-Grazie mit großer Zukunft.
(Foto: Peter Rigaud)

3. Teil

Seite 1:
Auf Shopping-Tour: Anna Netrebko flaniert über die Boutiquen-Meile von St. Petersburg, wo sie sich inzwischen eine Wohnung gekauft hat. Im Hintergrund: die Isaak-Kathedrale
(Foto: Peter Rigaud)

Seite 2:
Alles Walzer: Beim Wiener Opernball tanzt die Sängerin mit Ioan Holender, Intendant der Staatsoper.
(Foto: Sabine Brauer)

Seite 3:
Operette sich wer kann: Als Höhepunkt des Opernballs trägt die Netrebko Melodien von Franz Lehár vor.
(Foto: dpa)

Seite 4:
Mode an die Freude: Anna Netrebko liebt Kleider über alles. Im blütenbedruckten Sommerkleid posiert sie für den »stern«.
(Foto: Picture Press/stern/Volker Hinz)

Seite 5:
Glamour auf Video: Als eine der ersten Opernsängerinnen produziert Anna Arien-Clips im Stil von MTV. Regisseur Vincent Paterson hat bereits mit Madonna gedreht.
(Foto: Photo Press Service)

Seite 6 oben:
Gesellschaftslöwin: Bei einer Party mit Dirigentenwitwe Eliette von Karajan.
(Foto: Photo Press Service)

Seite 6 unten:
Strippenzieher: Netrebko-Manager Jeffrey Vanderveen (links) vermarktet die Primadonna mit noch nie gekanntem Druck – und ebensolchem Erfolg. Bei einem Empfang in Salzburg plaudert der Macher der Diva mit Mozart-Dirigent Marc Minkowksi.
(Foto: Photo Press Service)

Seite 7:
Preis-Wert: Im Sommer 2005 strahlt Anna Netrebko bei der Gala zum »Echo Klassik«. Die Russin erhält den Preis der deutschen Plattenindustrie in gleich zwei Kategorien: Beste Sängerin und Bestseller des Jahres.
(Foto: dpa)

Seite 8:
Auferstanden aus Ruinen: An St. Petersburg liebt Anna den schroffen Charme der bröckelnden Hinterhöfe.
(Foto: Peter Rigaud)

Register

A

Abbado, Claudio 132, 135, 186 ff., 190 f.
Adlon, Percy 178
Akimow, Ewgenij 108
Alberghini, Simone 112, 157, 187, 210, 213, 224, 227 f.
Albert, Prinz von Monaco 158
Alder, Christopher 186 f.
Aldrin, Buzz 158
Alexandrow, Jurij 102
Álvarez, Marcelo 189, 204
Archipowa, Irina 81 f.
Ardant, Fanny 199
Argerich, Martha 196

B

Baltsa, Agnes 188
Bano, Al & Power, Romina 31
Bartoli, Cecilia 148, 157, 201
Barbieri, Fedora 93
Bardi, Giovanni de' 55
Bashmet, Yuri 165
Baur, Uli 15
Bayerische Staatsoper 68, 89, 172, 197, 200, 204, 218, 237
Beckenbauer, Franz 186
Beckham, Victoria 209
Beethoven, Ludwig van 54, 57
Bellini, Vincenzo 44, 66, 72, 81, 95, 120, 127, 168
Berganza, Teresa 188
Bergdorf Goodman 219
Berliner Philharmoniker 186
Bizet, Georges 52, 65, 101
Blahnik, Manolo 219
Bocelli, Andrea 172, 225
Bonney, Barbara 157
Borodina, Olga 87
Boulez, Pierre 168
Braunfels, Stephan 51, 181, 212, 237
Brendel, Henri 219
Breschnew, Leonid 20, 25
Buckley, Jeff 172
Bulytschowa, Slata 44, 71, 77 f., 80
Burin, Andrej 80

C

Caballé, Montserrat 76
Callas, Maria 15, 39, 64, 76, 84, 119, 121, 126, 134, 145, 184, 198 f., 210
Calleja, Joseph 197
Carl Gustaf, König von Schweden 155

Carreras, José 14
Caruso, Enrico 15, 145
Charles, Prince of Wales 14
Charitonowa, Irina 15
Chromuschin, Oleg 34 f.
Chruschtschow, Nikita 20
Churchill, Sir Winston 130
Cotrubas, Ileana 93
Cyr, Merri 171

D

Davis, Collin 180
Decca 167
Decker, Willy 201, 227
Deutsche Grammophon 138, 157, 167, 169 ff., 176, 186, 201, 230
Diener, Melanie 140
Dörrie, Doris 178
Doiaschwili, David 102
Dolce & Gabbana 173, 219
Donizetti, Gaetano 66 f., 91, 95, 101, 133, 178, 185
Domingo, Plácido 14, 93, 112 f., 155, 177, 188, 230
Dorn, Dieter 212
Dumas, Alexander 25, 28

E

Eichinger, Bernd 178
Escada 201, 209, 219
Eschenbach, Christoph 160

F

Farinelli 57, 145
Ferenczy, Josef von 211
Fischer, Jens Malte 68, 126
Fischer, Ottfried 213
Fleischer, Bernhard 176, 179
Fleming, Renée 110, 201
Flimm, Jürgen 160
Foster, Sir Norman 216
Franz, Manolito Mario 218
Freni, Mirella 76, 123, 133, 136, 188
Freud, Sigmund 215
Funès, Louis de 29

G

Galliano, John 219
Gansch, Christian 157, 168, 169
Gergieva, Larissa 92, 94, 98
Gergiev, Valery 13, 15, 45, 83 f., 88, 94, 104, 106, 132, 138
Glas, Uschi 211
Glasunow, Alexander 79
Glinka, Michail 45, 53, 76, 79, 81, 91, 99
Gluck, Christoph Willibald 57
Goppel, Thomas 181, 212
Gorbatschow, Michail 20, 41, 47, 88
Gorchakowa, Galina 97
Gottschalk, Thomas 155, 204, 225, 229
Gounod, Charles 168, 177
Gruberova, Edita 68
Guleghina, Maria 87
Guriakowa, Olga 87

H

Händel, Georg Friedrich 57, 113
Hahn, Hilary 167
Hampson, Thomas 140, 156, 244
Harnoncourt, Nikolaus 132, 139, 143, 145, 153, 155, 164
Haydn, Joseph 57
Hepburn, Audrey 29
Herzog, Werner 178

Hildebrandt, Dieter 181
Hill, Aaron 57
Hilton, Nicky 209
Hilton, Paris 209
Holender, Ioan 51
Humperdinck, Engelbert 52
Hussek, Josef 140
Hvorostovsky, Dmitri 211

J

Jelzin, Boris 90

K

Karajan, Eliette von 160
Kasarova, Vesselina 180, 182
Kennedy, Nigel 165, 175
Kiepura, Jan 145
Kipling, Rudyard 47
Kirow, Sergej 77, 87
Kissin, Jewgenij 95
Klestil, Thomas 185
Knobloch, Charlotte 211
Kontschalowskij, Andrej 102
Kosman, Joshua 110
Kožená, Magdalena 12 f., 140, 147
Krämer, Günter 180
Kruse, Anja 158
Kusej, Martin 12, 63, 149, 166, 236

L

Langenscheidt, Florian 211
Lauda, Niki 158
Lebed, Tatjana 43, 119, 224
Lebrecht, Norman 117
Legge, Walter 127
Leopold, Prinz von Bayern 211
Lepka, Hubert 158

Levine, James 146, 196
Lopez, Jennifer 173, 203
Los Angeles Opera 63, 93, 200
Lucas, George 178
Lully, Jean-Baptiste 57

M

MacDowell, Andie 185
Madonna 14, 173 f., 176, 183, 203
Magdaliz, Nina 31
Mahler Chamber Orchestra 186, 191
Mansouri, Lotfi 105, 111
Mariinskij-Theater 13, 37 f., 44 f.,
    47–50, 53, 74, 77–80, 83, 87 f., 90,
    92 ff., 96–99, 102–105, 108 f., 112,
    117, 132, 135, 139, 148, 150, 159,
    168, 189, 210, 219 f.
Markwort, Helmut 15
Mateschitz, Dietrich 157
McNally, Terence 122
Mehta, Zubin 13, 132
Melles, Sunnyi 160
Melnikowa, Katja 219 ff.
Meneghini, Giovanni Battista 124, 130
Mescheriakowa, Marina 87
Metropolitan Opera 89, 94, 105,
    108, 111 f., 115, 118 f., 135, 139, 200
Minnelli, Liza 29
Minogue, Kylie 173 f.
Mölich-Zebhauser, Andreas 206
Moll, Kurt 140
Monteverdi, Claudio 56
Mozart, Wolfgang Amadeus 12, 17,
    44, 52, 57, 62, 65, 67, 79, 81, 91,
    95, 101, 104, 108, 140, 168, 175,
    178, 180, 189
Mutter Anne-Sophie 167, 172, 175, 196
Mussorgski, Modest 77

N

Nagano, Kent 177
Nannini, Gianna 31
Netrebko, Jurij 15, 18, 35, 120
Netrebko, Larissa 18, 27, 42, 44, 91, 119
Netrebko, Natascha 20, 25, 27, 31 f.
Nicholson, Jack 199
Nosbusch, Desirée 158
Noseda, Gianandrea 102, 168
Nowitschenko, Tamara 45, 72, 75, 77, 83, 91

O

Obraztsova, Elena 93
Onassis, Aristoteles 130, 199
Onassis, Tina 130
Opera Company of Philadelphia 112, 236
Otter, Anne Sofie von 168

P

Paterson, Vincent 175 f., 178, 246
Pavarotti, Luciano 14, 136, 188
Pawlowskaja, Tatjana 87
Peri, Jacopo 56
Philips 167
Pletnev, Mikhail 168
Ponselle, Rosa 136
Prokofjew, Sergej 26, 53, 103, 107, 159
Pucci, Emilio 219
Puccini, Giacomo 52 f., 58, 62, 168, 177 f.
Putin, Wladimir 14

Q

Quandt, Gabriele 211

R

Rachmaninow, Sergej 77, 95
Red Hot Chili Peppers 175
Remigio, Carmela 187
Röschmann, Dorothea 157
Rolex 201
Rolling Stones, The 204
Roscic, Bogdan 167
Rossini, Gioacchino 53, 91, 101, 133
Royal Opera House 89, 107, 117, 180, 216, 233
Ruge, Nina 204
Rummenigge, Karl-Heinz 211
Ruzicka, Peter 227

S

Sajtschuk, Irina 18, 26 f., 31, 116
Salieri, Antonio 57
Salzburger Festspiele 11, 42, 53, 63, 106, 117, 119, 128, 136, 145, 164, 197, 200 f., 204, 227, 237
San Francisco Opera 105, 112, 115
Saxx, Gitta 213
Schaaf, Johannes 149
Schäfer, Christine 157
Schmidt, Albrecht 211
Schwenkow, Peter 204 f., 231
Scotto, Renata 84, 93, 123, 132, 134, 186
Sementschuk, Jekaterina 87
Serafin, Tullio 127

Serdjuk, Nadeschda 87
Silja, Anja 157
Silvia, Königin von Schweden 155
Sony Classical 167
Späth, Lothar 211
Spears, Britney 14, 175, 179
Staatskapelle Dresden 169
Steve-O 175
Stockhausen, Karlheinz 157
Strawinsky, Igor 77
Strehle, Gabriele 211
Streisand, Barbra 29
Stoiber, Karin 211
Sutherland, Joan 76

T

Teatro alla Scala 96, 107, 117, 128, 134
Teatro Real 107, 117
Tebaldi, Renata 76
Timberlake, Justin 173
Tolstoi, Leo 25
Tomasini, Anthony 110
Tschaikowski, Peter 77, 95, 177
Tschussowa, Ljubow 33 f.

U

Universal 202
Uschi, Prinzessin von Bayern 211

V

Vanderveen, Jeffrey 15, 111, 116, 140, 195–203, 205 ff., 213, 223
Vargas, Ramón 172
Verdi, Giuseppe 17, 38, 53, 62, 66 f., 91, 104, 180, 201
Vengerov, Maxim 95, 165
Verne, Jules 36
Vilar, Alberto 139
Villazón, Rolando 180, 227, 229 f.
Voigt, Deborah 233

W

Wagner, Richard 14, 17, 58, 60, 62, 65, 67, 91, 127, 177
Washington National Opera 93, 105, 112, 115
Wassiljewa, Tatjana 31
Weber, Carl Maria von 53
Wiener Philharmoniker 168 ff., 176
Wiener Staatsoper 51, 62, 200
Wilford, Ronald 111, 196 f.
Williams, Robbie 14, 173, 204, 209, 225

Z

Zaremba, Elena 87
Zeffirelli, Franco 122, 128, 199
Zehetgruber, Martin 149
Zhidkova, Elena 238